JN082836

荘《しょう》直温《なおはる》伝《でん》

忘却の町高梁と
松山庄家の九百年

序 荘 芳枝
松原隆一郎

吉備人出版

荘直温伝

忘却の町高梁と松山庄家の九百年

序　荘　芳枝

松原隆一郎

序

私は今年94歳。姉も妹も先に亡くなり、身内といえる人々も既にいなくなってしまいました。900年続いた私の家も私で終わりになります。

そこで我が家の歴史、特に社会組織の変動が激しかった上に二度も大戦争があった明治大正時代、松山村長・高梁町長として郷土の安定と繁栄を願って私財を投じ、借金までして町の発展の為に一生を捧げた祖父荘直温《しょうなおはる》の生涯を地域の皆さんに知っていただきたく、「荘直温記念館」を作り、後世に残したいと考えました。然しそれは私が亡くなった後、その管理、運営、展示品の処理等の事を考えるといろいろな問題が多く残る事に気付き悩んでいました。そこで遠縁の栗野哲郎さんに相談し、いろいろと考えてもらいました。考えた末「記念館を作るより本にまとめて残すほうがよいのではないか」との提案がありました。哲郎さんは私の考えと通じる『頼介伝《らいすけでん》』という本を見せ「この先生にお願いして『荘直温』を書いていただいたらどうか」と言われました。

その本の著者は社会経済学者の松原隆一郎先生でした。とても私がお願いできるようなお方ではありません。哲郎さんがお願いに行ったところ先生は「行った事もない岡山の田舎の町の家の話など雲をつかむような事」だと大変困惑されました。然し哲郎さんの熱心なお願いによって遂に私がお会いできる事になりました。

私は家に伝わる系図や古文書、祖父が書き残した手紙や書類をまとめて先生にお渡ししました。

その後先生は何度も私の家に来られ、自転車まで購入し高梁中の役所、法務局、図書館、歴史美術館その他直温と関係のありそうな所へ行って自分が納得できる確かな情報を調べ、市内のいろいろな方々にも会って話を聞き、帰りには岡山へ寄り県立図書館などで調べ、東京では国立国会図書館などで裏付けのある資料を集めて執筆してくださいました。そして直温がここまで仕事ができたのは、背景に立派な先祖があったおかげである事に気付かれ、更に鎌倉室町時代に遡って荘家の歴史を確実な証拠を基《もと》に研究し書いて下さいました。

私の知らない事、そしておそらく多くの人々も初耳だと思われる記述が多く記載されています。私は今まで町の発展の為に一生を捧げた祖父の生き様だけはどうしても後世に残したいと思っていましたが、先生のご熱意と探究心責任感によって個人史から町史へ、町史から県史へ、県史から日本史の一部にまで幅広い歴史本になった事に対し、心から感動と感謝の念でいっぱいです。

皆様宜しく御高覧いただければ幸いです。

最後に執筆に関わったすべての皆様に感謝し、御礼申し上げたいと存じます。

庄家三十代目　松山分家六代目

荘 芳枝

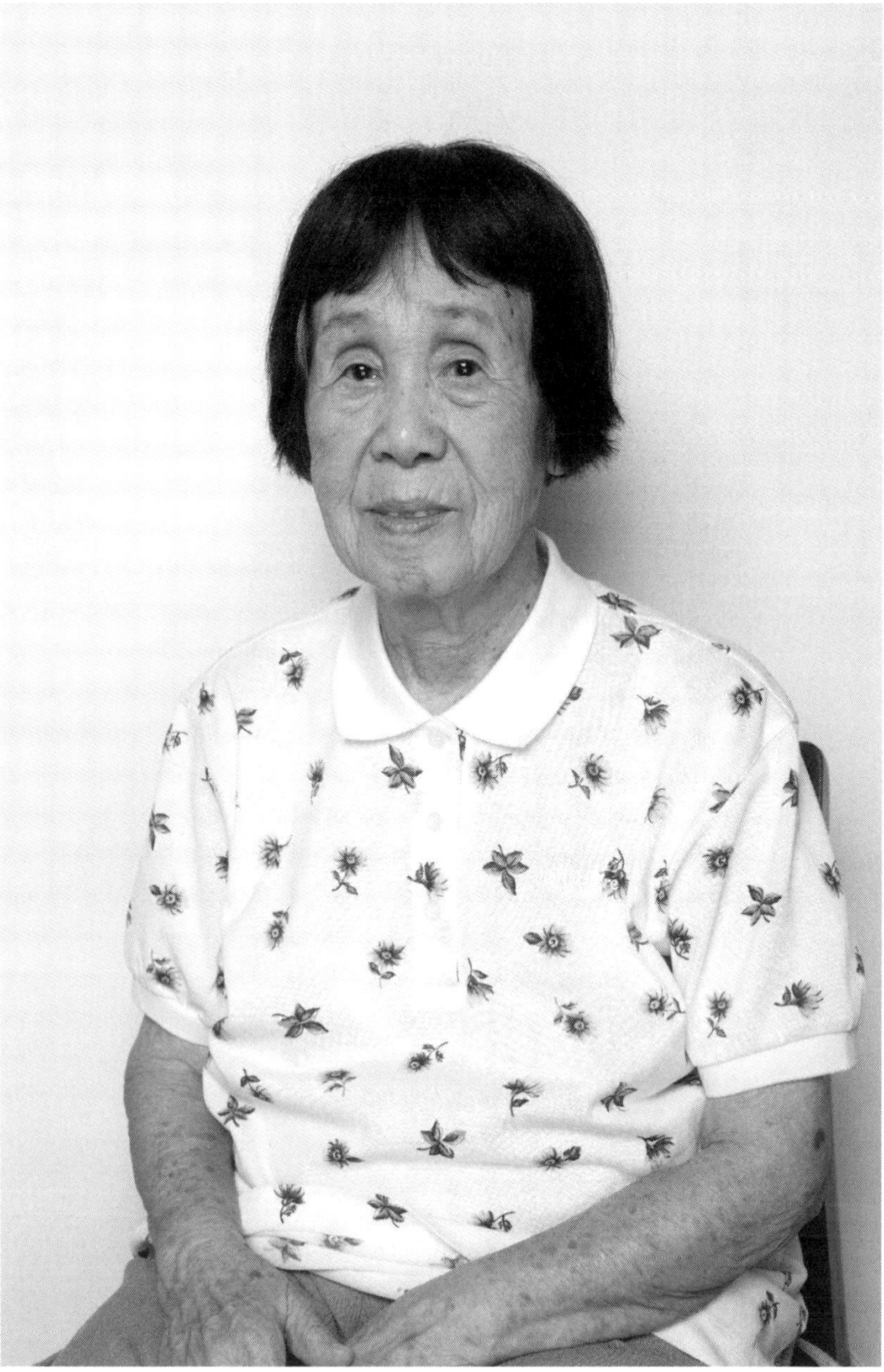

荘 芳枝（撮影・藤井泰宏）

序――荘芳枝

第一部

第一章　庄松山分家との出会い　13

第二章　系譜を特定するにあたり、参照すべき史料の資格について　23

第三章　松山分家から見た庄家系図　39

第二部

第一章　武将の時代（鎌倉・室町）――『平家物語』から松山城主、蟄居まで

庄家のはじまりと『平家物語』　54

頼朝から草壁の庄を賜る　62

猿掛城に登る　67

鎌倉幕府の崩壊――資房の自害　70

細川京兆家と庄氏宗家　75

勢力を拡大する庄氏　79

元資をめぐる謎　85

備中守為資、松山城主となる　91

三村氏に松山城を奪われる　98
備中兵乱と麦飯山の合戦　103
天下統一と毛利氏の敗北　106

第二章　庄屋の時代（江戸）――前半の躍進、後半の停滞

備中再編と「大名の大異動」　114
分家する庄家　118
代官・小堀二代の手腕　120
水谷三代と船舶流通管理　126
津々村で庄屋となる　132
元禄検地と百姓の嘆き　135
二十二代直勝の証言　138
今に残る呰部分家の庄屋家屋　140
帯刀を許される　142
士格を与えられた有漢分家　145
庄松山分家はどこにあったか　151
検地データから見る原西村　156
授受された手形や証文　161
江戸後期になぜ借金が横行したのか　165
山田方谷の藩政改革　167

幕末の松山藩　173

第三章　村長・町長の時代（明治・大正）――荘直温の矜持と手腕

1・維新後の高梁が求められたこと
一揆への対応　178
明治初期の高梁町の様子　183
二度の敗北を経て継承されたもの　186
新時代の高梁を担う人々　189
荘直温の履歴　197

2・荘直温の修行時代（明治24年まで）
庄屋見習いから戸長、教師、公務員へ　199
家政改革規定書　203
公共部門への寄付と産業育成　207

3・荘直温の松山村長時代（明治25年～大正3年）
無給の町長　213
荘活版印刷所の創設　215
日本生命からの督促　219
関西一の桜の名所　224
五軒の荘と家紋問題　230
父親としての直温　234

自治の木鐸 村民の師父 239
4・荘直温の上房郡会議員・高梁町長時代（大正5年〜昭和3年）
人々を鼓舞する人 243
伯備線誘致問題
高まる陰陽連結の声 247
鉄道はどこを通る？ 250
高梁経由vs成羽経由 254
請願書と優劣比較表 256
高梁通過が決定 258
備中高梁駅開業の日 262
町長再選から辞任へ 269
直温の死 273
感動の弔辞 275
第四章 忘却の町に生きる（昭和・平成）――庄松山分家のその後
直一・四郎の家督相続契約 288
未納総額の判明 294
貧困に喘ぐ 301
兄・直一が捨てたもの 308
弟・四郎が勝ちとったもの 316

鉄道敷設の効果①直温の想定 320
鉄道敷設の効果②現実 325
石川達三の予言 332
栄町大通商店街の興亡 340
鉄道と煙草と木材 343
「鉄道時代」から「自動車時代」へ 350
荘芳枝さんの人生 356

あとがき――忘却について 366

巻末注 375
関連年表 381
荘(庄)氏松山分家略系図 386
索引 i

第一部

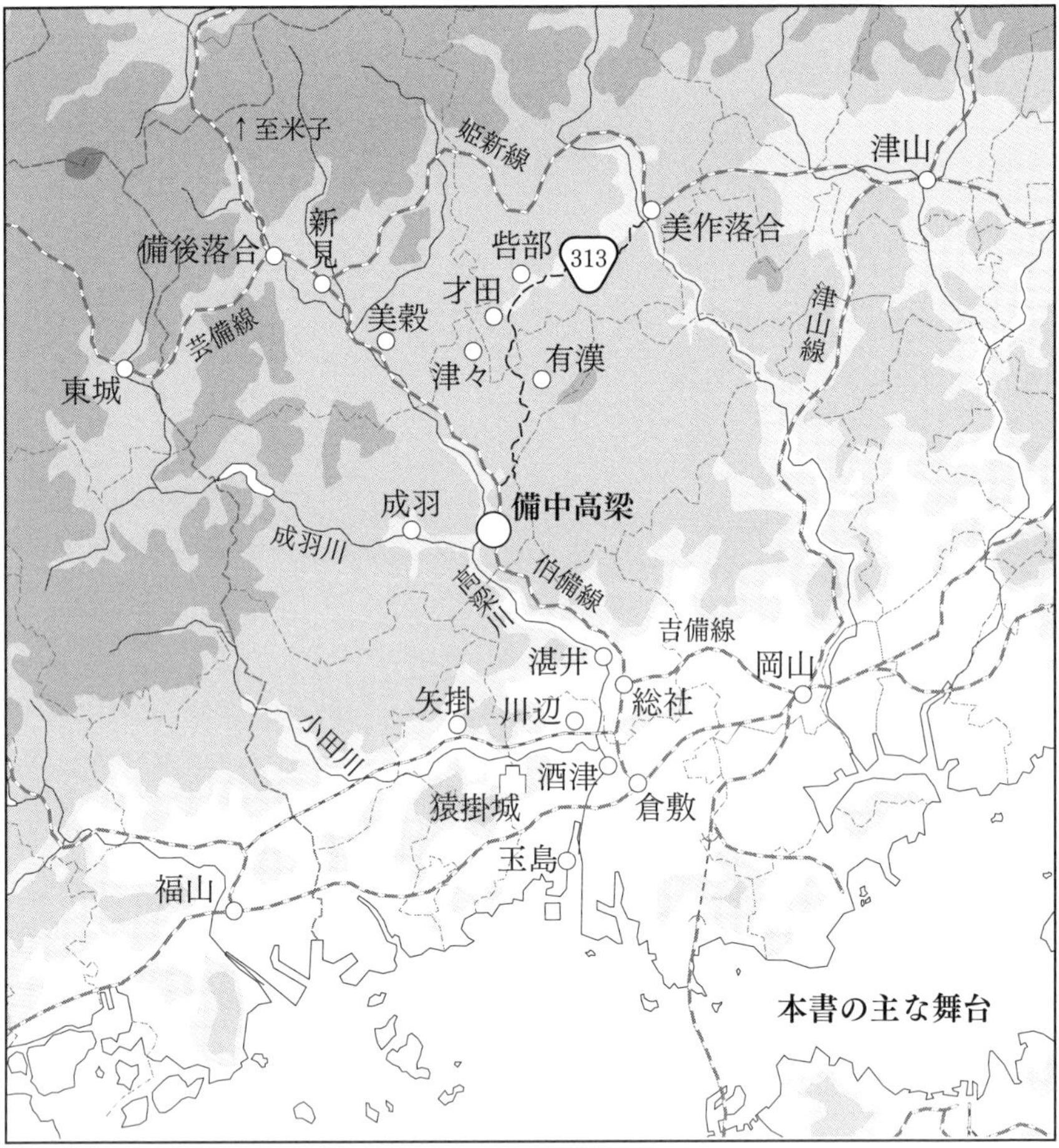
↑至米子
姫新線
津山
美作落合
備後落合
新見
呰部
313
才田
美穀
芸備線
津々
有漢
東城
津山線
備中高梁
成羽
成羽川
高梁川
伯備線
吉備線
湛井
岡山
総社
矢掛
川辺
小田川
酒津
倉敷
猿掛城
玉島
福山
本書の主な舞台

第一章

庄松山分家との出会い

霧雨に煙る岡山駅から普通列車が発車、車窓から見える市街地のビルは次第にまばらとなり、倉庫や一戸建ての住宅が続きます。やがて急斜面が線路際まで迫り、たまの平地には城の石垣のような厳めしい石組みに瓦屋根を乗せた家が建ち、墓地を併設しています。畑には晩生の葡萄が実を結び、背景となる山の中腹には霧がかかっています。

「清音《きよね》」、「総社《そうじゃ》」、「豪渓《ごうけい》」、「日羽《ひわ》」、「美袋《みなぎ》」。倉敷を越え停車するホームには、読みづらい駅名が続いて、この一帯の歴史が深く重いことを示唆しています。トンネルを何回かくぐり、1時間ほど経つと、突然左の視界が広がりました。河原が開け、霧の中を川がゆったりと流れています。「次は備中高梁《びっちゅうたかはし》」。のんびりしたアナウンスがあって列車が止まりました。

平成30（2018）年、12月3日。私は初めて岡山の地に降り立ちました。山間の街、高梁です。縁がなければまず来ることのない場所でしょう。空に目をやると山頂に雲がかかり、かすかに白い建物が見えます。それが天空の山城、備中松山城でした。

そのふた月前。私は東京都杉並区阿佐谷《あさがや》のとある茶房で、栗野哲郎氏と会っていました。栗野氏は家内が経営するカフェの顧客で、私の前著『頼介伝《らいすけでん》』（苦楽堂）を読み、折り入って頼みがあるとメールをくれていました。

「あのね、先生。頼みっちゅうのは、岡山の高梁市に私の叔母がおってですね、叔母といっても私とは血は繋がっていなくて、92歳になるんですが、先祖は庄為資、備中松山城の城主だったんです。その叔母は荘芳枝といって子どもがおらず、亡くなると家系が絶えてしまうんです。それで私は『頼介伝』を叔母に見せて、庄家の歴史とお祖父さんについて、先生に伝記を書いてもらおうと考えたんです」。

頼介というのは昭和63（1988）年に亡くなった私の祖父で、戦前に帆布、戦中には海運、戦後には製鉄で会社を興したものの、私が目撃したのは戦後の製鉄会社と碁を打っている姿だけでした。そこで私は法務局や外交史料館、現地へと足を運び、十代でのフィリピンへの渡航に始まる頼介の足取りを洗い出しました。そこから浮かび上がってきたのは、常に前向きに事業を興そうとする祖父の実像でした。それを八年かけて執筆、出版したのです。

栗野氏は系図やら庄家について書かれた手書き文書やらを拡げ、言います。「先生、この家《いえ》高っちゅう初代が源平合戦で手柄を立てて、それで備中の矢掛に土地をもらって移り住んだんですわ。それから庄家は代々、猿掛《さるかけ》城の城主となり、備中大合戦を企て、一時は松山城の城主にもなりました。江戸時代は庄屋です。明治になって「庄」を「荘」の字に替えています。お祖父さんは町長で、伯備線を高梁に誘致しました」。

うーん。「祖父の伝記」という一点は共通していますが、源平合戦だの備中だの、江戸の庄屋だの、歴史や地理に疎い私には、霧の向こうにあるような遠い存在です、だいいち私は、岡山県に足を踏み入れたことがない。まったく土地勘がありません。『頼介伝』を書いた際も、海軍に徴用された5隻の貨物船の行方に始まり、どう調べればよいのかも分からない問題が続出しました。めまいを覚えて立ち止まり、天の配剤で何かの手がかりに出合って乗り越えるといった難業を、十度は繰り返したのです。未踏の土地、未知の歴史に加え、縁もゆかりもない家系についてその調査をしようというのですから、何倍もの困難が待ち構えているに違いありません。

「まあ、歴史のほうはいろいろと書かれたものがありますから。それを使えばなんとか」と、栗野氏は私に袋を手渡しました。持ち帰って中の資料をパラパラとめくってみたのですが、頭の中で焦点を結びません。ネットで「庄家」について書かれた文章を検索してみても、詳細に書いてある割には要領を得ません。資料はそのまま部屋にしまい込み、栗野氏には依頼を断るよう家内に伝えました。絶対に無理。『頼介伝』の経験からするならば、最低限の感触がない限り、資料を探し出したり、そこから死者の声を聞き取るなど、不可能です。『頼介伝』で苦難の末に越えた山々の、さらに何倍もの距離と高さを踏破するなんて、私の気力や好奇心が続くはずがありません。

ところがもう一度会いたいとのことなので、家内のカフェに出向くと、栗野氏は開口一番こう言いました。「先生、まあ叔母に一度会って下さい。古文書とか、いろいろお見せするものもありますから」。

私としては、とても受けられる話ではない。それでも足を踏み入れたことのない土地を見ておきたい気持ちはありました。それでつい、年の瀬に、備中高梁駅に降り立つことになったのです。

駅からタクシーでしばらく行くと、古民家が立ち並ぶ通りに入りました。その一軒の引き戸から、年配の小柄な女性が顔を覗かせていました。芳枝さんです。居間に通され、お茶と干し柿をいただきながら、話を伺いました。「先生、こんな遠くまでようおいで下さいました。私のお祖父さんは高梁の町長や松山の村長をやっとったんです。感謝されたんですが、そんなことを知っとる人もみんな亡くなってしまいました。だからお祖父さんについて書いていただきたいんです」。

「『しょうなおあつ』さんですね。昭和3（1928）年6月、町長在職中に亡くなっている」。私なりに、ネットや資料から事前に情報を仕入れていました。ところが芳枝さんの答えは、意外なものでした。「いえ先生、『しょうなおはる』です。昭和3年の9月に亡くなりました」。

私が見たのは『高梁市の歴史人物誌』（平成25年）のネット版。高梁市の教育委員会が編集・出版した本で、同じ内容が『高梁歴史人物辞典』というタイトルでネットに公開されています。[*1]

その荘直温の項には「しょうなおあつ　生年不詳～昭和3年6月1日」「……6月1日、直温が急逝するまで2期高梁町長を務めた」とあるのです。市役所が市民の税金を使って出版する本で、高梁市の前身である高梁町の町長名の読み方を間違い、在職中に逝去したという（市役所としては間違うはずのない）誤りをわざわざ書き記し、印刷して配布するなどありうるでしょうか。直温の生年にしても「不詳」となっていますし、立候補した際に履歴書を町に出したはずですし、直系の親族である芳枝さんに聞けば生年は簡単に分かるのですから、これは調べる気がない、もしくは正確な情報を伝えねばならぬという使命感がないと言わざるをえません。

直温に対する市役所の扱いをきっかけに、私は直温や高梁につき、逆に好奇心を持ち始めていました。伯備線の駅名を見ても、備中に長く濃い歴史があったことは明らかです。しかしその歴史についての説明は、ちょうどこの町が霧に覆われているように、模糊として摑み所がありません。それは、ごく簡単なことも調べずに、誤解や間違いを郷土史家や役所が流通させているからではないか。「事実」は、学者が真摯に追求し、役所が公権力をもって確定させるべきものです。それがあからさまに裏切られている事例と初めて出合い、私は逆に興味を惹かれていました。

古い「モノ」が沢山あっても、それで歴史があることにはなりません。歴史とは過去についての理解の総体であり、間違いを丹念に正してこそたどり着けます。骨董品を観光用にいくら所蔵したり陳列しても、その由来に関心を欠くなら、歴史があることにはなりません。「この町には古いものはあるが、歴史がない」。芳枝さんとの対話から、そう私は感じ始めていました。この町についてなら、私のような素人にも、過去についての見通しを少しは良くすることができるかもしれない。いま活字にしておかないと、間違いを正す人もいなくなる。予想に反して私はそう考えるようになり、気がつくとこの仕事を引き受けていました。

私が気持ちを変えたのには、芳枝さんの真剣な眼差しもかかわっています。「先生、お恥ずかしい話ですが、私が子どもの頃は貧乏も貧乏、大貧乏で……。それは辛いとは思わなかったけれども、逼塞《ひっそく》しておったので、私は直温について何も言ってきませんでした」。私の目を見ながらそう何度も語る言葉を聞いていると、芳枝さんはこの町でそのように生きざるをえなかった自分の境遇が、歴史の中のいったいどんな経緯からそうなったのか、直温は私財を擲《なげう》ってまで尽くした町になぜ忘れられたのか、人生の終わり近くで納得したいと願っているように思われました。

芳枝さんは私にどっさりと重い古文書の山を手渡しました。「長い間かけて、整理しました」。それは「A　古文書集」「B　七十二年の足跡（一）」「C　七十二年の足跡（二）」「D　弔辞」「E　送辞」と分類され、紐で綴じられています。古いものは1700年代に書かれています。

これだけの古い文書が、誰にも読まれず芳枝さんの手元で眠っていました。それに親族が残した手紙や証書類。古紙にうねうねと墨で綴られた文章に何が書いてあるのか、私は読めませんが、専門家に依頼すれば読み解けるかもしれません。

　私はそれからの1年間、高梁の町を歩き回り、法務局や図書館、市役所に入り浸り、人の話に耳を傾け、インタビューを文字起こしし、史料を読み込んで別の史料、また別の史料と見つけ出し、岡山県立図書館で大正時代の山陽新聞を読み込み、古文書の内容をスキャンしてその解読を依頼しました。エクセルに打ち込んだ出来事を時系列で並び替え、日付に沿ってつなぎ合わせると、ひとつの物語が姿を現しました。当初は史料を読んでも霧の中を歩くようだったのですが、やがて陽の光が射すかのように、直温の足跡が見えてきたのです。それがこれからお話する「松山庄家の９００年」です。

　このお話は、備中松山城主であった庄為資を中継点として、江戸時代以降家督が分かれていく5つの分家のうち、「松山庄家」の現在に至る庄家の歴史をたどるものです。残りの四家、津々《つつ》庄家、呰部《あざえ》庄家、有漢《うかん》庄家、唐松庄家についても、為資以前は同じ歴史を共有し、それ以降は別々に分岐する家系の物語を描けるはずです。そして「松山庄家」においては、明治と大正を生きた荘直温が主役となります。直温は松山村長と高梁町長を歴任し、死後に両自治体は合併して高梁町となります。それが昭和29（１９５４）年に発足する「高梁市」*2の前身です。それゆえ松山庄家と荘直温の歴史は、高梁の歴史でもあります。

私には、高梁の特徴に、「忘却」があるように感じています。歴史とは過去についての事実の理解であるはずなのに、多くが忘れられているか、正確に伝えられていない。お城を巡っては、無数の人々の命の取り合いがありました。歴史の奥に消えていった人々が痛切に感じていたのは、この町が二度、外の勢力（毛利）と、藩財政改革の結果朝敵になるというほとんど不可避の大きな力によって、足腰が立たないほど手痛い負けを喫したということです。しかしそのたびにこの町を励まし、地域の礎となる人材を育てようとする人物が現れました。山田方谷《ほうこく》しかり、新島襄《じょう》やその教えを受けたクリスチャンしかり。荘直温もその一人でした。彼らについて想い起こしたい。そのため私は鎌倉時代にまで遡り、忘れられた高梁のひとつの歴史を以下で書き記すことにしました。

なお本書では、煩雑さを避けるため、存命の人物にのみ敬称を付けています。また庄家の系譜については混乱した記述が散在し、それは史料の資格を定義していないからなので、続く第一部第二章・第三章では、物語を語る以前に史料の資格を正確に定義し（第二章）、それにもとづいて松山庄家の系図を特定します（第三章）。そうした考察を飛ばして庄家と高梁の歴史物語を直接お読みになりたい方は、41～42ページの系図をごらんになりながら、第二部にお進み下さい。

第二章

系譜を特定するにあたり、参照すべき史料の資格について

私が芳枝さんから手渡された史料を仕分けしてみると、第一が庄《しょう》家の由来や本家・分家関係を証言する由緒書と古文書。第二が明治以降、とりわけ荘直温やその家族にかんする史料・写真と記念品。第三が高梁市史や高梁をめぐり芳枝さんが集めてこられた資料、と分類できることが分かりました。なかでも第一のものは大半が手書きで、とりわけ江戸期のものは毛筆で書かれており、私にはほとんど読めません。そこで専門家に「翻刻」*1を発注することが最初の仕事となりました。私は次々に送り返されてくる「読み下し文」を熟読し、霧に包まれたようにぼやけて見える庄＝荘家の歴史を手探りしていきました。

それ以外にも書籍やネットで庄家にかんする情報は多く得られます。ところがその多くが、論拠のない推論を含んでいます。そこでどの情報に注目すべきで、どれが不要かを検討する必要に迫られました。そのためには、まずどの資料が論じるに足りるものであるのか定義して、それ以外の資料と区別しなければなりません。その上で、論じるに足りる資料（史料と呼ぶことにします）どうしを付き合わせ、残る矛盾に合理的な推論を加えて、正しい情報や「確からしさ」が大きい（正しいとまでは断定できないが、正しさの度合いが高い）情報を導き出すという手順を辿らねばなりません。

まず、参照すべき史料の資格として、出典や所在つまり出所を明記していることが条件になります。さらに所在についても、誰がどこに所蔵しているのかを明記することも必要です。そうでないと、特定の情報について誰が目撃・証言したのか、何を根拠に推論したのかが分からなくなります。それらの明記がない資料は、そもそも論じるに足りません。

「参照すべき資格」を備えた史料が複数あるとして、次がその優劣をいかに判断するのかです。それには持ちよった史料を比較する必要があります。荘直温の生没日時については、私の手許に大正12（1923）年7月に高梁町長に立候補した際に町会に提出した履歴書と、法務局で取った戸籍謄本、そして息子である荘四郎の日記があり、そこに明記されています。この場合は、履歴書や戸籍謄本という史料が確からしさにおいて『高梁市の歴史人物誌』を上回ります。[*2]

本書では、全編を通じ、どの史料を参照すべきなのか、また優劣をいかに判断するのかを以上のように規定します。

本書の登場人物としては、松山庄家の現在の代（荘芳枝さん）に至るまで、家督を相続してきた人々を採り上げます。荘家の人々は、明治維新以前は「庄」を名乗っていました。本書では庄＝荘家の歴史を描きますが、といっても「ネットの電話帳」[*3]で現在、日本中で２１００人存在しているとされる（岡山県は約80人、もっとも多いのは兵庫県で約４６０人）「荘」「庄」姓のすべての方に触れるのではありません。

昭和22（１９４７）年に民法が改正されて長子相続が廃止されるまで、家族の財産や墓といった「家督」は指名された男子、多くは長男がまとめて相続していました。男子が生まれなかった家では、養子をもらって継がせることも盛んに行われました。誰が跡取りであるのか公認されることも、家系にとって死活問題でした。

備中松山城主になった庄為資《ためすけ》の家督は、江戸時代に五代後の津々與左衛門直明《よざえもんなおあき》が津々で農戸に転じ庄屋になったのち、次々に現れた分家に分散所有されていきます。長子ないし跡取りが家督をすべて引き継ぐのが室町時代に形を整えた家制度で、分家といえば家督を引き継がない次男以下を想像しますが、話し合いで特定の弟に財産が分与されることもありました。ある親に対して兄と複数の弟がいる場合、兄は本家として家督を継ぎ、弟Aにも財産を分け与え分家と認めるが、弟Bには認めず独立させるといった具合にです。弟においても、財産を分与する「分家」と分与しない「独立」、他家で家督を相続する「養子」の区別があるのです。たとえば庄一族において歴史に名を残した植木下総守《うえきしもうさのかみ》藤資《ふじすけ》は、庄為資の息子であり、高資《たかすけ》の弟ですが、分家ではなく「植木」家の開祖、つまり「独立」です。為資以前の分家と独立した家系、江戸以降に独立した庄家の末裔が、本書で扱わない2100人の庄・莊姓に当たるのです。

「莊家には、本家と4つの分家があります。津々が本家で、呰部《あざえ》、有漢《うかん》、松山。それと唐松の4つです」と芳枝さんは言います。為資の家督を継ぐ庄家の場合、誰を分家にするのかといった一族の重大事は、分家間の会合で決められていました。芳枝さんによれば、直温の生きた時代まで、年に何度か会合がありました。お互いを分家と認める場が本家に集まる会合であり、そこに呼ばれるのが5つの荘家です。庄家は津々本家から呰部分家→有漢分家→松山分家と分家を重ね、また唐松分家は津々本家から直接に分家しています。この末端の松山分家における最後の芳枝さんに至る家督相続の流れを、初代から順に描き出したい。ではこの系譜は、どうすれば特定できるのでしょうか。

私は芳枝さんから、『先祖由緒書』と手書きされた巻物を手渡されました。先祖のそれぞれの代で何人のきょうだいがいたのか、また誰がどの時点で分家したのかを、書いた系図です。『先祖由緒書』は現在でいえば戸籍ですが、国が戸籍を管理していなかった江戸時代以前、それぞれの家において誰が家督を継いでいるのかを証明することが重大事でしたので、それも含めて「由緒書」に記し、それぞれの家で管理していました。由緒書は、誰かが「分家」したり「独立」すると、新たな家系の創始者として巻物を書き起こしました。

まず本家の由緒書には、先祖から現在の跡継ぎまでが、嫡子もしくは養子を結ぶ系譜として描かれています。そして親と兄（親族会議が加わることもある）が弟Aに分家を公認すると、先祖から親まで、次世代では兄までが系譜でつながり、弟Aには「○○へ分家す」と書き込まれます。分家されない（おそらくは財産分与も行われない「独立」の）弟Bの名前には、何も但し書きがなされません。

そして弟Aが分家初代となるに当たり、本家の由緒書とは別に、親から弟Aへと系譜がつながる分家Aの由緒書が新たに作成されます。おそらく庄家では、本家・分家会議でその内容が承認されました。会議で確認されているので、互いに内容が矛盾しないであろう正統な由緒書が津々・呰部・有漢・松山・唐松という5つの庄家にそれぞれ伝わっているはずです。それが系譜を特定するための第一次史料になります。

一方、会合に呼ばれないような独立した庄家の由緒書は、内容がそれらとは矛盾する可能性があります。私が手に入れた巻物は、5つのうち松山分家のものでした。同様に他の4つの由緒書も内容を確認したいのですが、それぞれの家系で跡継ぎは絶えており、実物の所在はわかりません。なかでも唐松の由緒書は、火事によって焼失したとの証言があります。[*4]

そこで私は当初、松山分家に伝わる『先祖由緒書』（以下、松山由緒書）に描かれた系譜のみを「正史」とみなすと宣言して、話に入ろうと考えていました。ところがそうはいかないと、じきに気がつきました。というのも、松山由緒書にある系図は松山城主となる為資から始まり、それ以前については前書きで「小田郡旅掛（注・猿掛）を城地とす。広家《ひろいえ》より庄為資迄同城住す」とのみ記しているからです。

戦国時代の備中においては数多くの合戦が行われましたが、その多くに「庄」を姓とする武将が登場します。それが庄家の一族で、宗家は猿掛城を築城し、約365年もの間、城主でした。

とりわけ1400年頃から1553年に庄為資が没するまでは、備中に土着した豪族の中でも最大の勢力を誇りました。なかでも「備中大合戦」で、守護であり主家でもある細川家に刃向かうという大仕事をやってのけたのが、庄伊豆守元資《もとすけ》です。元資が系図においてどんな存在であるのか（ないのか）を説明しないならば、備中全体における庄家、そして庄家の系譜における庄松山分家の位置は浮き彫りになりません。

ちなみに元資は備中大合戦の主人公ですし、為資は備中松山城主に収まりました。その時代については比較的知られていますし、研究書もあります。[*5]それに対して江戸期に帰農して以降の庄屋としての庄家の研究は、田井章夫によるガリ版刷りの冊子『備中松山城主庄氏の歴史』（昭和63年、「中井の歴史叢書」第三冊改訂版限定20部、非売品）があるのみで、荘直温については『高梁市史』においても、為資の末裔であることは記されていません。[*6]

かといって、元資を含む系図ならばどんな文書も同列に扱うというわけにもいきません。文書の中には、史料として参照されるための条件を満たさないものが存在しているからです。たとえば芳枝さんから手渡された資料に、『備作名門八十家』と題されたハードカバーの分厚い本が含まれていました。新田文雄著、発行は「郷土史研究会」で、限定100部とされています。図書番号や価格が付されていないので、個人が印刷して配付したものでしょう。こうした種類の本は名門高校の同窓会名簿などによくあって、当事者にインタビューし、その内容を掲載して、インタビューされた当人に販売することを目的として製本されます。

『備作名門八十家』は荘家の系譜として庄家長から芳枝さんに至る系図を掲載していますが、出典が記されていません。しかも松山由緒書からすれば困ったことが記載されています。津々本家から分家した呰部の三代目である「庄三郎吉直亮《なおすけ》」が、備中松山原上村に分家した、と記しているのです。それが本当ならば、「直亮」が松山分家の初代です。また、呰部から直接に松山へ分家したとすると、呰部から分家した有漢分家の人々は、松山分家の誰とも親兄弟関係にないことになります。

一方「松山由緒書」には、「庄三郎吉直亮」は「呰部邑ヨリ有漢郷上村江分家致シ」」、直亮は明和元（1764）年に有漢の村役（村の役人・庄屋）になったと記されています。そしてその息子たちの中で長男である庄楠治郎直延《なおのぶ》の弟である庄菅助直英《なおふさ》が、「天明年中（1781～89）松山江分家致し」「当家（松山）之祖初代」であるとも明記されています。これだと、呰部→有漢→松山と分家が進み、枝分かれした分岐点での親と兄弟の名前も明確です。分家の派生について異なる解釈をしている『備作名門八十家』は、いったい何を根拠としているのでしょうか。

私は託された史料の中に、2つの古文書『由緒書　庄秀太郎《しゅうたろう》』（以下、秀太郎由緒書）と『弘化三丙午稔夏六月上旬改　先祖由緒　過去帳荘氏』があるのに気づきました。『秀太郎由緒書』

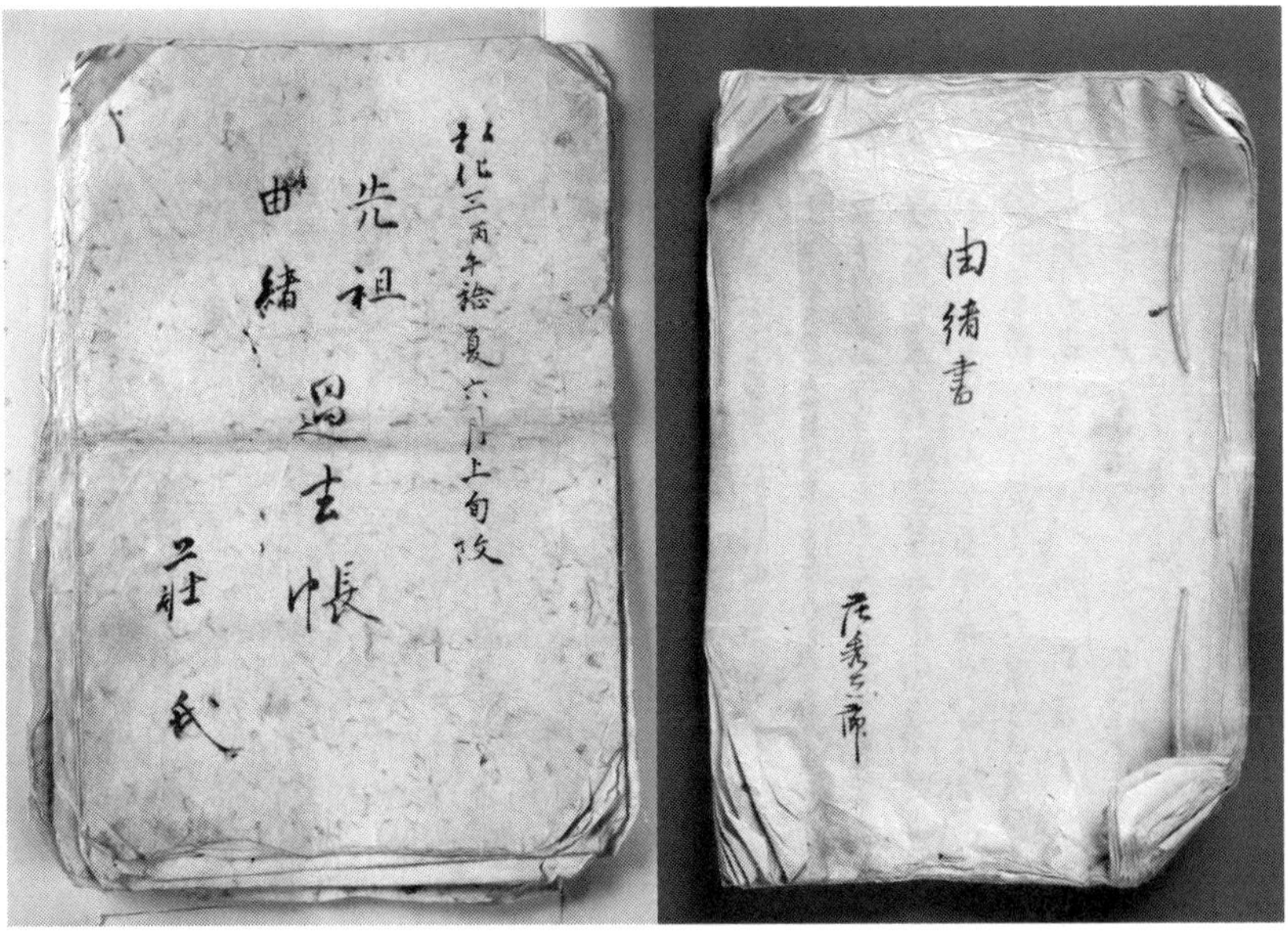

写真1-2-1（左）『弘化三丙午稔夏六月上旬改 先祖由緒 過去帳 荘氏』、
写真1-2-2（右）『由緒書　庄秀太郎』（いずれも撮影・藤井泰宏、荘芳枝所蔵）

の著者・庄秀太郎は庄三郎吉直亮のひ孫で、見聞きした当事者のみが書きうる筆致で、曾祖父の直亮、祖父の庄猪太郎《いのたろう》、父の庄半《はん》および自分の来歴という庄有漢分家の系譜につき生々しく記録し、「曾祖父三郎吉《さぶろうきち》義《ぎ》は二代目茂兵衛四男にて御座候。……呰部より御領内有漢上村へ分家仕《つかまつ》り候」と述べています。三郎吉直亮は呰部二代目茂兵衛の四男で、有漢の初代となったということです。

弘化3（1846）年に改稿された『過去帳』は、藤原家長に始まる前史と、江戸時代の分家についての文書で、津々から呰部が分家、次いで「荘三郎吉藤原直亮」が「呰部より御領内有漢上村へ分家」し、そちらは楠治郎が継ぎ、次男の菅助直英が松山藩に分家して西村の庄屋役を務めたと記しています。そして末尾に「先祖由緒略書　委《くわ》しくは別系図書写有之《これあり》　弘化三丙午歳夏六月上旬整　荘直亭」とありますので、筆者は虎蔵直亭、松山分家までの分家の事情について詳述したものと分かります。

この2つは個人が記した文書ですが、著者名が明記されて記述としての信憑性があり、松山由緒書とも整合性があります。さらに言えば松山分家の墓地は備中高梁駅近くの薬師院にありますが、そこには直亮の墓がありません。*7 以上からも、直亮が呰部から有漢へ分家し、直英が有漢から松山へ分家したのでまず間違いなく、直亮が松山に分家したとするのは誤りです。

ではいったい直亮＝松山初代説は、何を根拠としているのでしょうか。『備作名門八十家』については、芳枝さんによると出版した人が芳枝さんに話を聞きに来たといいますから、出所不明の系図に芳枝さんへのインタビューを張り合わせて作成した文書なのでしょう。ちなみに荘直温の孫、直一《なおかず》の息子・健次の名前は間違って「健二」と印刷されています。ゲラの段階で芳枝さんに再確認しなかったのでしょう。引用元が不明なので論じるに足りない文書と無視しても良いのですが、どこから誤りが生じたのか気にはなります。

私はネットを通覧していて、ある人が直亮＝松山初代説を含む系図は『吉備郡史』にあると述べているのに気づきました。けれども『吉備郡史』に掲載されているというその系図を誰が書いたのかまでは、記していません。そこで私は東京で永田町の国立国会図書館に出向き、『吉備郡史』を借り出しました。上中下の三巻本で、その中巻に庄氏にかんする二種の系図が収載されていました。「その一」は上房《じょうぼう》郡誌の転載なので、重要なのは「その二」の「呰部庄氏」なる系図です。津々本家からの呰部分家につき注記していて、直法《なおのり》―茂兵衛直重《なおしげ》（呰部分家初代）―茂兵衛直寛《なおひろ》（三上勘九郎男）―富治郎直政《なおまさ》―武兵衛直興《なおおき》と続き、直寛が呰部二代目、直政が呰部三代目、直興が呰部四代目としています。その直政まで見てきて、私の目が吸い付けられたように止まりました。その弟に三郎吉直亮の名前があって、「松山原上村に分家」と注記されているのです。『備作名門八十家』など巻間に出回る直亮＝松山初代説は、この注を引用したものだったのです。膨大な古文書を集めた『吉備郡史』は立派な史料集で、多くの研究者が引用して研究を進めています。けれども「呰部庄氏系圖」の史料としての正確さにつき検討を怠っているため、直亮＝松山初代という謬説が、『吉備郡史』の注から拡がったのです。

松山由緒書には、松山に分家した庄菅助直英が、寛政年間から「原西村」で役を仰せつかったと記されています。一方、『吉備郡史』の「呰部庄氏系圖」は、三郎吉直亮が「松山原上村」に分家したと述べています。これは「有漢上村」に分家したと書くべきところですが、「松山原西村」と混同して、「松山原上村」と誤記したのでしょう。

ではこの「呰部庄氏系圖」を書いたのは、いったい誰なのか。『吉備郡史』には、「庄系圖、安永八年亥八月吉日庄氏直頼《なおより》（判）に拠りて収録す」と、引用元が示されています。さらにその原文は、「庄辰三郎《たつさぶろう》氏所蔵」となっています。庄辰三郎なる人物の手元に、庄氏直頼が書いた系図の原文があるのでしょう。史料と呼ぶための条件を備えています。では直頼とは誰なのか。

私は他の庄家に伝わる「由緒書」で現存するものはないものかと調べていて、津々本家に伝わる古文書の内容が『岡山県古文書集』第一輯[*8]に収録されていることに気づきました。そこで国会図書館を再訪して閲覧してみると、幸いなことに「荘氏系譜」が含まれていました。これは津々本家に伝わる由緒書の写し（以下、津々系譜）でしょう。庄家について研究する歴史家の多くが「家系図」として引用しているのが、この津々系譜です。[*9]

その系譜を見ていくと、「直頼」の名がありました。「庄彦左衛門尉丹治《ひこざえもんのじょうたんじ》直頼」です。江戸時代に帰農してからの農戸六代目で、文化3（1806）年に亡くなっています。五代目の直《なお》庸《つね》を継いでいますが「太田仲右衛門二男」とあり、実子ではなく養子です。その直頼が安永8（1779）年8月に書き残したのが「呰部庄氏」系図だったのです。呰部への分家は元禄11（1698）年。安永8年の時点で二代目の直寛、三代目の、四代目の直興まで呰部分家が継承されていたことも分かりました。

ところで『吉備郡史』は、引用した系図の奥書に「庄彦左衛門尉丹治直頼改之《これをなおす》千秋萬歳万万歳」と書かれていると付記しています。由緒書には「千秋萬歳万万歳」などとは書かないものでしょう。これは本家・分家会議で公認された文書ではなく、直頼個人の覚え書きだろうと推測されます。

実は私の手元には、同じ直頼が作成した『安永三甲午天六月吉日　庄氏　萬日記　直頼改之文化八辛未九月吉日　写之』という古文書もあります。これは時々の検地に際して津々本家が受けた調査依頼にどう返答したのか、治右衛門直勝《なおかつ》や彦左衛門直頼といった時々の当主が書いた文章をまとめたものです。おそらくまずは直勝が書き、直頼が自分の代で安永3（1774）年に書きつなぎ、さらに文化8（1811）年に誰かが書き写したようです。直頼は勉強家で、養子として太田家からやってきて庄家や松山藩の由来に興味を持ち、熱心に研究したのでしょう。「萬日記」というタイトルは直頼が付けたらしく、2つの文書の共通点として「萬」の字が見られることがあります。

ともあれ『吉備郡史』の「呰部庄氏」系図は、津々系譜に分家系図を加えた直頼個人の研究成果であって、本家・分家会議では承認されてはいないと推測されます。だからこそ誤情報が残ってしまったのでしょう。とはいえ私の手元にはない呰部の由緒書を閲覧し、模写している可能性はあります。直頼自身が津々と呰部の一族会議で見聞きした情報を元に作成したのかもしれません。なにより直政と直興は、津々系譜と松山由緒書には存在しない名前です。

以上、松山庄家の現在の代に至るまで家督を相続してきた人々の系譜をたどるために参照すべき文献として、津々系譜と松山由緒書が第一次史料であるとしました。津々本家の系図は為資以前の家長から元資までの系譜を明記し、それ以降は本家筋を辿っていくのですが、これと為資以降が明記されている松山由緒書を組み合わせれば、初代から芳枝さんまでの系譜が描けます。『岡山県古文書集』の解題が慎重に記しているように、双方とも江戸期の編集になるものであるし、他にも由緒書を伝える庄家が数軒は存在しているようです。それらをつきあわせ、矛盾を解消する作業が必要ですが、本書ではまずは2軒の由緒書の比較と分析を目指すことにします。

さらに「直亮」＝松山分家初代説という間違いが起きた理由を尋ねることを通じて、『由緒書　庄秀太郎』と『弘化三丙午稔夏六月上旬改　先祖由緒　過去帳　荘氏』が津々・松山の由緒書を補完する第一次史料であることが確認されました。『吉備郡史』の直頼による「呰部庄氏」系図については、津々と松山の由緒書を前提すれば、参考文献として利用しうると判断しました。

もちろん、有漢と呰部の由緒書まで入手できることが望ましくはあります。その代わりに呰部由緒書の内容を確認すべく、呰部庄氏の墓を訪れてみました。それは真庭市下呰部の備中川右岸に位置する鍾乳洞「井弥《いや》の穴」の東隣にありました。平成31（2019）年8月28日、雨がそぼ降る中、枝や葉を傘で払いながら墓にた

写真 1-2-3　呰部庄分家墓地（撮影・藤井泰宏）

どりつくと、前年度の大水からか倒木によって墓が2基倒壊しており、残念ながら他の墓石の保存状態も悪く、目視では刻字が確認できないことが判明しました。備中地方の墓石は花崗岩であるため、多く表面が崩れているのです。墓石の刻字は、拓本を取るなどの手間をかけなければ、由緒書の矛盾につき推論する根拠としては期待できないようなのです。

第三章

松山分家から見た庄家系図

ここで芳枝さんに至る系図を特定することにしましょう。基本となるのは津々系譜と松山由緒書です。津々から呰部へ、有漢へ、そして松山へと分家する部分につきクローズアップして記したのが表1－3－1です。網をかけた部分が、本書で扱う庄氏松山分家の系図となります。唐松への分家は津々本家からなされていますが、私は正確な情報を持ち合わせていません。

注意すべき点として、巷間流布する系図に、家長《いえなが》の次から頼房《よりふさ》・頼澄《よりずみ》・房時《ふさとき》・頼資《よりすけ》となっていることがあります。これは先に挙げた『吉備郡史』の直頼「呰部庄氏」系図にある名前ですが、津々本家の系図は家次《いえつぐ》・朝次《あさつぐ》・時次《ときつぐ》・有次《ありつぐ》となっています。直頼《なおより》は自分の代では津々由緒書を預かっていたはずなのに、なぜそれを書き換えるようなことを研究成果として書き残したのかは分かりません。直頼は理由を付していませんから、私は津々系譜の方を採用しておきます。

津々本家二十一代目の直法《なおのり》には直勝《なおかつ》と直重《なおしげ》という息子がおり、直重が呰部へ分家します。ここは分家のやり方として明快です。親がおり、その次世代に兄弟があるときに兄が当家を継ぎ、弟が分家するのですから。ところが津々系譜と松山由緒書との間で、混乱が起きている箇所があります。呰部初代の直重から有漢の分家へという流れで、松山由緒書においては茂兵衛直重－茂兵衛時直《ときなお》と呰部分家の系譜が続きます。そしてその息子として、直亮《なおすけ》および直庸《なおつね》と直頼《なおより》の名前が記載されているのです。

松山由緒書には茂兵衛時直の次世代である三

津々本家	呰部	有漢	松山	唐松
初代　藤原庄権守廣高	〃	〃	〃	〃
2　庄太郎家長	〃	〃	〃	〃
3　庄小太郎頼家	〃	〃	〃	〃
4　庄三郎右衛門家次	〃	〃	〃	〃
5　庄左衛門朝次	〃	〃	〃	〃
6　庄太郎時次	〃	〃	〃	〃
7　庄太郎有次	〃	〃	〃	〃
8　庄左衛門四郎資房	〃	〃	〃	〃
9　庄七郎資氏	〃	〃	〃	〃
10　庄左衛門資政	〃	〃	〃	〃
11　庄小太郎資昭	〃	〃	〃	〃
12　庄掃部介氏貞	〃	〃	〃	〃
13　庄左馬允氏敬	〃	〃	〃	〃
14　庄駿河守元資	〃	〃	〃	〃
15　庄備中守為資	〃	〃	〃	〃
16　庄備中守高資	〃	〃	〃	〃
17　庄兵部大輔勝資	〃	〃	〃	〃
18　庄市之亮資直	〃	〃	〃	〃

表 1-3-1　松山分家から見た庄家系図（次頁に続く）

津々本家	呰部	有漢	松山	唐松
19 庄宗右衛門直清	〃	〃	〃	津々本家よりどこかの時点で分家、詳細は不明。
20 津々與左衛門直明 農戸初代	〃	〃	〃	直頼「呰部庄氏」系図では直明の弟・直久が「板屋」へ分家とあり。唐松との関係は不明
21 津々彦左衛門直法 二	〃	〃	〃	
庄治右衛門直勝 三	22 庄茂兵衛直重初代	〃	〃	
庄新左衛門時直 四	＝庄茂兵衛時直			
	23 庄茂兵衛直寛 二	〃	〃	
庄三左衛門直庸 五	庄富治郎直政 三	24 庄三郎吉直亮初代	〃	
庄彦左衛門直頼 六	庄武兵衛直興 四	庄猪太郎 二	25 庄萱助直英初代	
庄彦左衛門直阿 七	不明	庄半 三	26 庄虎蔵直亭 二	
不明	不明	庄秀太郎 四	27 荘萱助直則 三	
不明	不明	不明	28 荘龍太郎直温 四	
不明	不明	不明	29 荘四郎 五	
不明	不明	不明	30 荘芳枝 六	

郎吉直亮が呰部から有漢へ分家したとあり、そのまま有漢の系図に話が移ってしまいますから、同世代とされるあとの2人、直庸と直頼のいずれかが呰部を継いだかに見えます。ところ

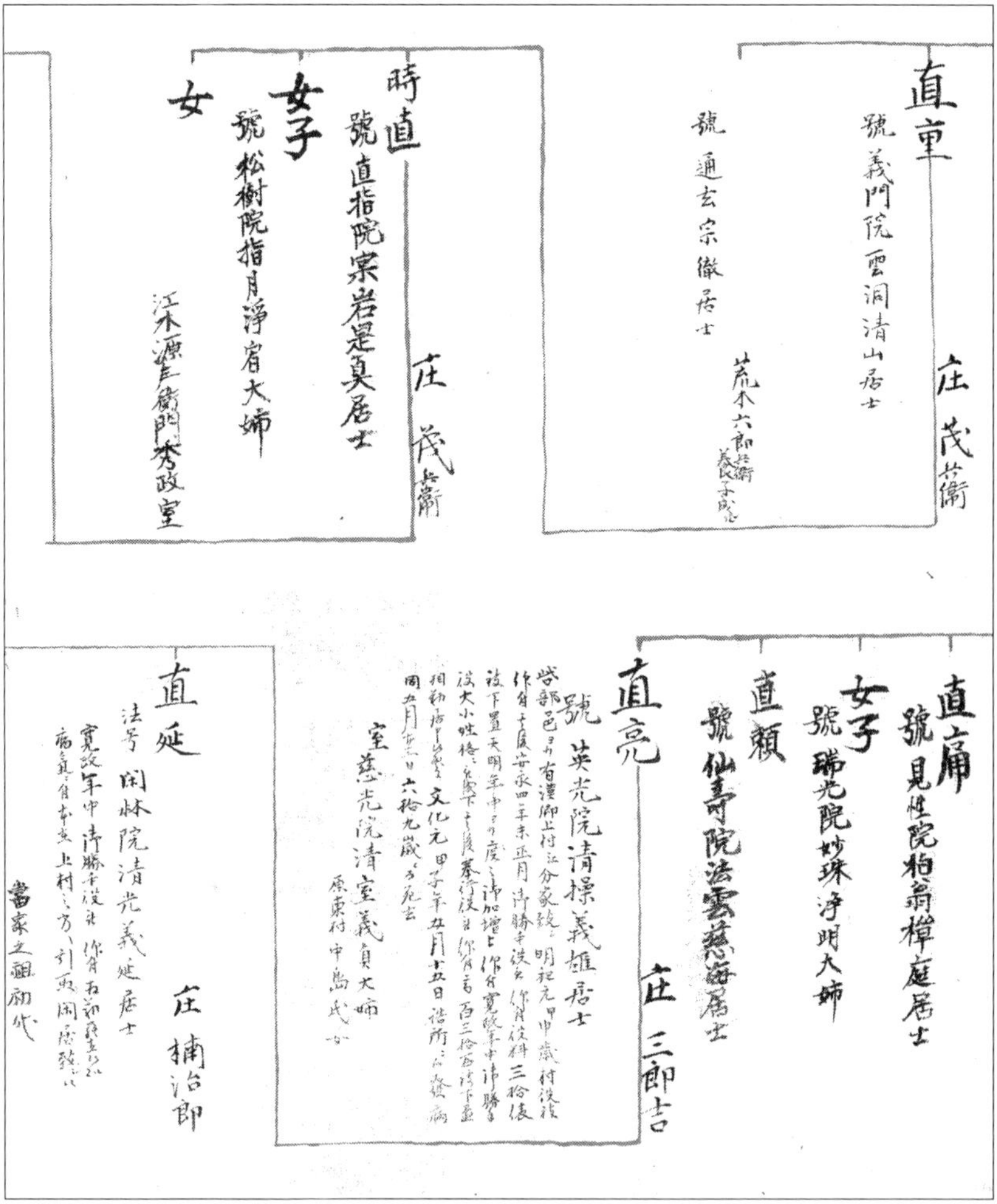
庄 茂兵衛
直重
號 義門院雲洞清山居士
號 通玄宗徹居士
荒木六郎左衛門
庄 茂右衛
時直
號 直指院案岩是真居士
女子
號 松樹院指月浄宥大姉
江木源左衛門秀政室
女
直庸
號 見性院柏翁樟庭居士
女子
號 瑞光院妙珠浄明大姉
直頼
號 仙寿院法雲慈海居士
庄 三郎吉
直亮
號 英光院清操義雄居士
室 慈光院清室義貞大姉
原東村中島氏女
庄 楠治郎
直延
法号 閑林院清光義延居士

写真 1-3-1　松山由緒書写真該当部（荘芳枝所蔵）

が津々系譜ではこの2人は、治右衛門直勝―新左衛門時直―三左衛門直庸―彦左衛門直頼と津々本家の系譜にあるのです。いったい、時直・直亮・直庸・直頼は津々の人たちなのか、それとも呰部に属するのでしょうか。

　この謎を解いてみましょう。2つの系図を眺めていて、私はあることに気づきました。

松山由緒書では、茂兵

衛直重の息子が茂兵衛時直となっています。ところが同じ「時直」の名が、津々系譜で直勝の跡目を継いだ農戸四代目「新左衛門時直」にも見られるのです。この2人の時直は、どんな関係にあるのか。そこで2人の戒名を、津々と松山の系図で確認してみました。驚いたことに、ともに「直指院亨岩是真居士」。つまり2人の時直は、同一人物だったのです。

時直はいったん父の直重から呰部茂兵衛の二代目を継いだのでしょう。だから松山由緒書の系図には、「茂兵衛時直」と書き込まれました。ところが津々本家の直勝には、その時点では跡取りがいなかった。それで時直が本家へ婿養子として移籍して、農戸四代目の新左衛門を襲名したのです。ちなみに直頼の「呰部庄氏系圖」では、時直の妻は「直勝嫡女キン」となっています。ということは、時直は津々本家の叔父(直重の兄)である直勝の娘、すなわちイトコのキンと結婚したのです。津々系譜でもそれは確認できて、直勝の長女は「女　養子時直妻」となっています。

こうして時直は、津々本家の跡を取ります。その次の代を直庸が継ぐのですが、津々系譜には直庸は「實は直勝末子」と書かれています。つまり直勝・直庸という父子の年齢が相当に離れており、直庸が幼かったため、時直は本家の家督を中継する役として直勝の婿養子になったのでしょう。法名を松山由緒書と津々系譜で確認すると、ともに直庸は「見性院栢翁禅庭居士」、直頼は「仙壽院法雲慈海居士」ですから、この

2人は津々本家における三左衛門直庸と、その後を継ぐ庄彦左衛門直頼で間違いありません。つまり時直－直庸－直頼は、津々の四代目から六代目とするのが正しいのです。

こう考えると、松山由緒書で時直の次世代が直庸・直頼・直亮と誤記された理由が分かります。元々、時直は呰部の直重を継いでいたので、松山由緒書は茂兵衛時直の名前を書き込みました。ところが時直が津々に移籍して新左衛門時直になってしまった。しかし墨で書いた文字を消すこともできず、時直から続く津々の系譜を、呰部の次世代であるかに書き継いだのでしょう。

私はさらに興味深いことに気づきました。津々系譜では、直勝の娘の一人には「女　呰部二代、庄茂兵衛妻」と書かれています。そして「右縁組の節、呰部　庄茂兵衛直寛《なおひろ》　引き請け整うよし云い伝う」という註記があります。これは少々謂われのある結婚であることを示唆しています。ここで言う呰部二代庄茂兵衛は、いったんそう名乗った時直のことではありません。呰部二代目茂兵衛は、時直が移籍したために空席になった名跡です。そこで登場するのが、時直から茂兵衛を譲り受けた直寛です。この人は直頼「呰部庄氏」系図では「三上勘九郎の息子」となっています。つまり呰部分家は三上家から直寛を養子に取り、津々から直勝の娘を迎えたのです。なんともややこしい本家・分家間の行き来ではありませんか。

さてそれでは、時直の次世代に当たり、呰部から有漢に分家する直亮とはいったい誰なのでしょうか。写真1－3－1で直亮は直庸・直頼と並べられていますから、あたかも時直の実子で三兄弟であるかに見えます。けれども時直の息子であるならば、津々本家で生まれて時直の後を継ぐことになります。ところがこの3人は、実はいずれも時直の息子ではないのです。

先に述べたように、直庸は直勝の実子、直頼は養子です。それに対して「秀太郎由緒書」では、直亮は「二代目茂兵衛の四男」とあります。「二代目茂兵衛」というと時直かと錯覚しますが、そうではなく、松山由緒書には名前のない直寛で、その息子が直亮なのです。直頼「呰部庄氏」系図もそれに触れていて、直亮は呰部二代目である茂兵衛直寛の息子で、富治郎直政《なおまさ》の兄弟とあります。つまり直政と直亮は実の兄弟で、兄の直政が呰部分家の三代目を継いだため、直亮は呰部から有漢に分家したのです。

呰部分家は時直と入れ替わって養子の直寛が二代目茂兵衛となったのですから、松山由緒書は、時直を消して直寛を書き込むべきでした。そして直寛の息子たちとして直政・直亮を並べていたならば、混乱は起きなかったのです。

次の有漢から松山への分家については、さほどの謎はありません。松山由緒書によれば、直亮には息子が7人いたとされます。そのうち庄菅助直英《なおふさ》が「天明年中（1781～89）松山江分家致し」ています。では有漢分家では、誰が直亮を継いだのか。直亮は文化元（1804）年5月23日に亡くなっています。ここで「秀太郎由緒書」を見ると、長男の庄楠治郎直延は寛政年中（1789～1801）にお勝手役をおおせ付けられたものの、病気につき有漢上村に引き取り閑居した、とあります。つまり長男は、直亮の逝去以前に療養生活に入っていました。庄猪太郎は「文化元年9月12日亡父三郎吉跡目にて」とあります。ですから有漢分家二代目は楠治郎ではなく猪太郎です。その猪太郎は文化4年に亡くなっており、庄半が跡目を継いでいますから三代目、秀太郎が続く四代目です。

これで本書が対象とする荘＝庄氏の系譜が明確になりました。それぞれの庄氏の生き方も、切れ切れにではありますが、津々系譜と松山由緒書に書かれています。それと日本史の教科書を並べてみると、味気なく感じてきた日本史が私にはぐんと血が通って見えてきました。それはどんな光景なのか。第2部で報告していきましょう。

第二部

庄＝荘家の歴史は、４つの時期に分かれます。

第１期は、藤原庄権守廣高《ひろたか》を初代、『平家物語』（高家と誤記）に登場する家長を二代とし、草壁の庄（現在の矢掛町）に定住して、ながらく猿掛城主であった武士の時代。日本史の時代区分でいえば鎌倉・室町時代にあたり、とりわけ為資《ためすけ》・高資《たかすけ》の二代にわたって備中松山城主となり、伊豆守元資《もとすけ》とともに備中動乱において台風の目となりました。郷土史家が注目する庄氏はおおよそこの時期を指します。

第２期は日本史の時代区分では江戸時代（徳川期、１６０３～１８６７）にあたる庄屋の時代。関ヶ原の戦いで西軍が敗れ、松山城を支配していた毛利も徳川に服すこととなり、江戸時代に松山藩は幕府の支配を受け、松山城には幕府の指示により様々な大名が送り込まれます。庄氏は幕藩体制下で武士であることをやめ、帰農して津々村に定着しました。その後、呰部、有漢、唐松、松山と分家し、それぞれが庄屋を務めました。

第３期は、松山村・高梁町で明治から大正にわたって長を務めた荘直温《なおはる》（１８５７～１９２８）の時代。日本全体が薩長に率いられて近代化を急ぐ中、旧松山藩は幕末に藩主板倉公が幕府側の幹部であったため明治維新においては賊軍であるかにみなされ、幕末期に藩政改革を推進した山田方谷《ほうこく》の死後、精神的支柱を喪って、虚無状態にありました。そうした時期に廃藩置県を迎え、家業の庄屋を廃業した直温は地方行政の道を邁進し、地元の名士たちとともに産業振興を軸として近代化を推し進め、松山村・高梁町（旧松山藩地域）の立て直しを図りました。その最大の貢献は、伯備線を誘致し備中高梁駅を開業したことでした。直温の時代には、5つの「荘」家が集まる会が頻繁に開かれていました。

第4期は私財を投じて高梁町の近代化に尽くした荘直温の死後、残された膨大な負債を負った三男・四郎と、孫である芳枝さんが生きた昭和から平成の時代です。高梁町は大正時代まで江戸期と変わらず本町・新町を中心とし、外部との交通手段は高瀬舟（高梁川）でしたが、そうした手工業と舟運の時代は、大正末に伯備線が誘致され鉄道が主体となって、過去のものとなりました。町の中心は駅近くの「原」（畑）に出現した栄町大通商店街へと遷り、本町・新町地区は寂れていきます。けれどもそうした駅周辺の隆盛は高度成長期をもって終わり、交通手段が自動車に替わると、物流の中心はさらに南の「ポルカ」や高梁川対岸の「ゆめタウン」などのショッピングセンターに遷ります。それにともない栄町は寂れてゆきます。

中井の津々本家、呰部、有漢、唐松とそれぞれの分家で跡を継ぐ者がおらず、養子を取らなかった松山分家の芳枝さんの代をもって、庄＝荘家は系譜を閉じることになります。本書は庄＝荘家のこれら4つの時期につき、比較的知られている第1期だけでなく、帰農した第2期、直温と四郎・芳枝が生きた高梁町＝高梁市の近代（第3・4期）にも光を当てます。

第一章

武将の時代（鎌倉・室町）――『平家物語』から松山城主、蟄居まで

庄家のはじまりと『平家物語』

松山分家の「先祖由緒書」は、こう始まります(以下、引用原文のカタカナはすべてひらがなに変換)。

天児屋根命《あめのこやねのみこと》二十一代、大職冠鎌足《たいしよくかんかまたり》後胤、藤原末師内大臣より分れ、庄権頭《ごんのかみ》藤原広高、武家と成り武蔵国に住す。

天児屋根命は藤原氏の祖神ではありますが、とりあえず神話の領域です。また内大臣で藤原末師なる人物は、史料には見当たりません。そうした冒頭はさて置くと、この文章が宣言しているのは、庄家の祖が藤原氏の系統で庄権守藤原広高だということです。

日本史の教科書には、「権」は「仮」、「頭」は律令の官制における内匠寮《うちのたくみのつかさ》(天皇家の調度品や儀式用具などを作製した職人)などの長官を指す、とあります。津々系譜では、元祖である「藤原広高」が「故ありて始めて武家になる」となっています。行政の部局長だった藤原広高は思うところあってそれを辞し、帯刀して武家になったのでしょう。

広高四代の孫同国児玉党《こだまとう》住み旗頭《はたがしら》庄太郎藤原高家、同三郎家長、摂州一ノ谷において平武蔵守朝昌を討ち取り、又落足の時塩谷方にて三位中将重衡《しげひら》を生け捕る。其の功名により恩賞に奥州室地の庄を賜る。

「武士」はもともと朝廷に武芸をもって使える武官でしたが、国司として地方に赴任すると土着して、武士団の棟梁（統率者である軍事貴族）となるものがありました。武士団の組織は「主人」が「家」をなし、「家人《けにん》」を従え、さらにその下に「郎党《ろうどう》」や「下人《げにん》・所従《しょじゅう》」を配するという形を取りました。児玉党は武蔵国に割拠し武蔵七党と呼ばれた武士団群において、最大勢力を誇ったとされます。本拠地は現在の埼玉県本庄市で、藤原庄権守広高はそうした武士団を束ねる旗頭でした。

10世紀までは、律令制にもとづく地方制度である国郡制のもと、貴族や寺社が墾田を農民に耕作させ、荘園として経営していました（墾田地系荘園）。ところが11世紀になると、土地をみずから開墾する開発領主が現れます。開発領主にとっての悩みは、せっかく拡げた土地を強奪されることでした。そこで開発領主の間で、より強い者に所領を寄進し、保護を仰ぐ傾向が現れます。これを「寄進地系荘園」と呼びます。寄進を受ける側は「領家」、最上級の領家が「本家」と呼ばれ、寄進する側の「家人」（鎌倉では「御家人」）は開墾した土地を保護されました。平清盛は西国一帯の武士を家人とし、寄進を受けました。一方、東国では、源氏が勢力を拡大していきます。

こうして武士団としての平氏と源氏が領地を拡げ、それぞれが西と東を勢力圏として二分するまでに育ったとき、勃発したのが源平合戦でした。源平合戦において源頼朝は、新たに「御恩と奉公」なるルールを考案しました。合戦で武勲を挙げた者には、恩賞として土地を与えるというのです。これは源氏方の御家人を奮い立たせました。そして四代を経た庄の高家と家長が、源平合戦において源氏側で出陣したというのです。一連の合戦は京都から一ノ谷（神戸）・屋島（香川）、そして壇ノ浦（下関）と西へ移動し、西国から平家が一掃されます。

一ノ谷は現在の神戸市須磨区の海岸。合戦は、義経が鵯越《ひよどりごえ》の奇襲戦法をかけたことで知られます。その一ノ谷の合戦において、庄太郎藤原高家《たかいえ》と庄三郎家長《いえなが》が、平武蔵守朝昌（注・知章《ともあきら》の誤り。清盛の子・知盛の長男）を討ち取り、さらに敗走していた三位中将重衡《しげひら》を塩谷（現・塩屋。一ノ谷の西）の浜で生け捕ったというのです。古川日出男訳河出書房新社版（日本文学全集09、２０１８）の『平家物語』には、そのシーンが「重衡生け捕り」として描かれています。

それからお一人、副将軍が。
入道清盛公の四男が。
本三位中将重衡卿《しげひらきょう》は生田《いくた》の森の副将軍であられたが、その軍勢はみな逃げ失《う》せた。ただ主従二騎になられていた。三位中将のその日の装束は、褐《かち》の地に黄の染め糸で岩に群がる千鳥を刺繍《ししゅう》した直垂《ひたたれ》に、紫裾濃《むらさきすそご》の鎧を着られているというもの。そして、「童子鹿毛《どうじかげ》」という評判の名馬に乗っておられた。従う者は乳母子《めのとご》の後藤兵衛盛長《ごとうびょうえもりなが》で、こちらは滋目結《しげめゆい》の直垂に緋威《ひおどし》の鎧を着て、三位中将が秘蔵しておられた「夜目《よめ》なし月《か》毛《げ》」という馬に乗っていた。その馬を三位中将より預けられていた。

追われたてまつっていた。

梶原源太景季《かじわらげんたかげすえ》と庄《しょう》の四郎高家《しろうたかいえ》が、あれは平家の大将軍に違いないと目をつけ、鞭《むち》鐙《あぶみ》を合わせて馬を飛ばしていた。

渚《なぎさ》には助け船が幾艘《いくそう》もあったが、後ろから敵が追い迫り、船に逃げ乗る余裕がない。湊川《みなとがわ》を、刈藻川《かるもがわ》を、走らせた馬で渡られる。蓮《はす》の池を右手に見、駒《こま》の林を左手にし、板《いた》宿《やど》を、須磨《すま》をも走り過ぎ、西へ、西へと逃げられる。三位中将はなにしろ比類なき名馬に乗っておられるし、追う側もそうと知る。梶原源太景季は、すでに戦場で走り疲れさせた自分たちの馬では追いつけまい、とそう断じ、しかも間がどんどん開いたから、鐙を強くふん張って立ちあがり、「もしや、万一にも」と遠矢をじゅうぶんに引き絞り、射つ。

上向きに、射放つ。

弧を描き、飛ぶ。

すると三位中将の馬に当たる。その馬の、尻のほう、高く背骨が盛りあがった部位に、深々と刺さる。馬が叫ぶ。馬が悶《もだ》える。馬が弱る。それを見て、三位中将に従う乳母子の後藤兵衛盛長は、自分の馬がとりあげられるに違いないと思ったのか、鞭をあてる。

鞭をあてて逃げる。逃げ去る。主《あるじ》に乗り替えられないようにと、そう思っているのか。

「なんと、盛長、盛長!」三位中将がこれを見て言われる。「年ごろ日ごろはそんなふうには約束していなかった。重衡を見捨てて逃げるなど。どこへ、この私を捨ててどこへ!」

三位中将は声高に言われる。

後藤兵衛は聞こえないふりをする。わざと。それどころか、鎧に付けてあった平家の赤印《あかじるし》をかなぐり捨てる。ただ逃げに逃げる。

三位中将はお一人。敵は近づいている。馬は弱っている。海に乗り入れられるが、沈もうと図っても沈まない――遠浅の海は水底《みなそこ》へと没して死なれることも許さない。三位中将は、馬から下り、鎧の上帯《うわおび》を切り、胴を吊《つ》るした高紐《たかひも》を外し、着用した鎧甲を脱ぎ捨てて、腹を切ろうとなさる。

今、切ろうと。

そこに庄の四郎高家が、梶原源太よりも先に、鞭鐙を合わせて馳《は》せ来《きた》る。「――いけません!」と急ぎ馬から飛び下りる。「ご自害など、そのようなこと! さあ、どこまでもお供いたしましょう」

庄の四郎高家は自分の馬に三位中将を担《かつ》ぎ乗せたてまつり、鞍《くら》の前輪《まえわ》にそのお体を縛りつけ、自らは予備の、乗り替えの馬に乗って自陣に帰る。

写真 2-1-1『平家物語絵巻』九（下） 重衡生け捕りの事（部分）。
左が重衡、右が高家。（出典：林原美術館所蔵『平家物語絵巻』。
画像提供：林原美術館／ DNPartcom）

「庄四郎高家」は津々本家の系図では初代廣高の弟、家長は廣高の息子です。[*2] 重衡の馬が矢で射られ、走られなくなったと察知した乳母子の盛長は、重衡を見捨てて一目散に逃げ去ります。観念した重衡が遠浅の浜辺で腹を切ろうとするのを間一髪、高家が押しとどめ、自陣に連れ帰ったというのです。重衡は、東大寺の大仏や興福寺を焼き払い（南都焼討）、治承４（１１８０）年には平等院に籠もった源頼政を破った平氏の中将で、源氏の家臣が我先にと追った大物です。大仏を火にかけるという大それたことをしでかしたのですから、奈良では呪詛の的。生け捕りは大殊勲です。

『平家物語』ですから、ひょっとして絵巻などないものか――と思いつつ、岡山県庁近くの林原美術館を訪れると、なんと『平家物語絵巻』が所蔵されているではありませんか。現物は展示されていませんが、画集が販売されています。ただ気に掛かるのが、『平家物語』では、手柄を上げたのは高家のみとしている点です。高家のみの功績だとすれば、恩賞として貰った土地は高家に続く系譜に受け継がれ、廣高から息子である家長への系譜の家督ではなくなってしまいます。一方、松山由緒書では、重衡を生け捕った恩賞として「奥州室地の庄」（現在の岩手県、場所の詳細は不明）を得たのは、高家および家長だとされています。

これには諸説ありますが、私が説得力を感じるのは植木成行の説[*3]です。『吾妻鏡』には、重衡を生け捕ったのは大手源範頼《のりより》軍で、そこに家長が属したと記されているというのです。一方、高家は大手軍には名が見えず、別のくだりに元義経家人とされていますから、合戦時はかなり東の鵯越で、義経軍にいた可能性がある。津々系譜は、「家長は大手範頼軍に相従い、平武蔵野守朝昌および重衡を生け捕った」と、高家には触れていません。『平家物語』は史実にもとづくとはいえ口承文学ですから、改変が混じっていても不思議ではありません。ともあれ津々系譜は、高家と家長が得た土地につき「これ、平家追討恩賞の始めなり」としています。高家が家長の間違いならば、絵の右が庄家の二代目家長です。

それにしても、「家人が領家に寄進する」とか「恩賞に土地を与える」とは、どういうことでしょうか。天皇や貴族が支配した平安時代が終わると、合戦が延々と続く鎌倉・室町時代に突入します。日本史の教科書では史実が並ぶだけなので分かりにくく感じますが、社会経済学の立場からは、土地の確保を軸として一連の合戦を理解することができます。

江戸期までは経済の中心は原初的な農業ですから、生産要素の中では土地が稀少性を持ちました。生産要素には他に労働と資本(機械設備)がありますが、それらはまだ重視されていなかったのです。機械化の進まない原初的な農業では、米の収量を増やすには耕作地を拡げる必要があります。そしてより広い耕作地を持つには、2つの方法がありました。開墾するか奪うかです。既存の権力である朝廷は、みずからの財産は守るものの、民間の財産を守ってはくれません。そこで土地を開墾して拡げつつ、奪われないにはどうすればよいかが問題になります。

つまり農業が経済の基本である時代には、開墾する動機と、耕地の保護が同時に保障されなければならないのです。*4 この2つを「生産力の原理」と「安全保障の原理」と呼ぶとすると、庄家が武将として備中に名を馳せた鎌倉時代から室町時代まで、この2つの原理を両立させる制度が模索され、完成に至るまで大混乱が続きました。

武士の台頭、鎌倉幕府の成立(1190前後)、朝廷の反発(13〜14世紀)、鎌倉幕府の崩壊(1333)と室町幕府の成立(1336)、南北朝時代(1336〜92)。ここで細川家と「奉公衆」

がしばしの安定をもたらしますが（15世紀）、「奉公衆」が内部分裂すると戦国時代に突入（16世紀）、江戸時代の前半になって徳川幕府により土地の強奪合戦に終止符が打たれ、ようやく開墾に専念できる環境が整います。

鎌倉時代と室町時代において、武家としての庄氏は雌伏し（13〜14世紀）、次第に勢力を伸ばし（15世紀）、元資と為資が備中の覇者へと名乗りを上げます。主家である細川氏に楯突いたのですから下克上ではありますが、じきにより強大な尼子・宇喜多・毛利、そして信長と秀吉、家康による天下取りの大戦争に巻き込まれ、武士を廃業してしまうのです。以下、本章では、庄氏のそんな波瀾万丈の命運を、系図からたどってみましょう。

頼朝から草壁の庄を賜る

さて寿永4（1185）年に平家が滅亡すると、頼朝の勢力肥大を恐れた後白河法皇が、同年義経に頼朝追討を命じます。けれども頼朝は、逆に軍勢を京都におくって法皇にせまり、諸国に守護を、荘園や公領には地頭を任命する権利を獲得します。[*5] こうして頼朝は、諸国に一人ずつ軍事や行政を指揮する「守護」を置き、軍役や租税徴収を行う「地頭」に御家人を任命しました。

けれども頼朝が守護と地頭を任命した頃は、天皇のみならず依然として荘園・公領に経済的な基盤を持つ公家や大社寺からの反対も根強く、赴任先は平家を追い出した地域（没官領）に限られました。松山由緒書はこう述べています。

其の後文治年中、庄三郎家長嫡子庄小太郎広家備中半国所領、これより同国小田郡旅掛を城地とす。広家より庄為資まで同城住す。

「広家」は家長の嫡子である「庄小太郎」ですから、津々系譜では家長の嫡子庄家三代目「庄小太郎頼家」のこと、また「旅掛」も「猿掛」の誤りとなります。ただ、頼家だとすれば、一ノ谷の合戦（１１８４）に児玉党本宗家六代目として出陣、若くして討ち死にしており、夫人である妙清禅尼が建立したとされる供養塔が本庄市の宥勝寺《ゆうしょうじ》にあります。当然、文治年中（１１８５～90）までは生きていません。それゆえ家長は弟である三男の家次を兄・頼家の養子（四代目　庄三郎右衛門家次）にし、跡を継がせました。ですから、「文治年中」が正しいのならば地頭として備中に赴任、半国を所領としたのは家次です。「広家」は頼家および本宗家七代目のまま備中庄氏となった家次の2人に相当するとして、ここでは津々系譜に従い、三代目は頼家、四代目を家次としておきます。

家長と家次の行き先は、現在の小田川の流域で小田郡矢掛《やかげ》町横谷《よこだに》周辺、「草壁の庄」と呼ばれた地域でした。草壁の庄は、平家が撲滅させられた後、国司もしくは領主のいない「闕国《けっこく》」となっていました。庄家はその東に位置する山に猿掛城を築き、以後ここを拠点とします。

建久元（1190）年、頼朝は念願の上洛を実現し、2年後に後白河法皇が亡くなると征夷大将軍に任じられます。津々系譜の注記によれば、頼朝の上洛には家長が随行しています。読み下し文で引用しましょう。

建久元年庚戌十一月七日、二品《にほん》（注・頼朝）ご入洛。先陣には三騎の兵が随行し、別に張替持が一騎、甲腹巻き（注・背面引き合わせの鎧）で行縢《むかばき》（注・旅や猟で袴の上から穿く）の者が一騎、また随行した小舎人童《こどねりわらわ》は頭は上髪に結い、負征箭《おいそや》（注・箙にさして背負った戦闘用の矢）・行縢の出で立ち。それぞれが前を行き、それ以外に騎馬武者の装束を着けない郎従も二十八人おり、庄太郎家長はその列にあった。建久五年甲寅三月十日、将軍頼朝公東大寺供養、御南都東南院に着く。庄太郎家長が随行した。

家長は、頼朝に随行するほどの信頼を得ていたというのです。南都（現在の奈良市主要部の半分に相当）を焼き払い、大仏の頭部や腕が崩れ落ちるほどの被害を与えた重衡を生け捕りにした手柄から、東大寺の供養にも付き添ったのでしょう。重衡はすでに平家滅亡の元暦《げんりゃく》2（1185）年、衆徒の要望により南都に引き渡され、木津川畔で斬首、首が公開されました。その様子も『平家物語絵巻』が描いています。合戦とは「首を取る」ことであり、その手柄に対し土地が与えられる。そのことをありありと

写真 2-1-2『平家物語絵巻』十（上）首渡（部分）。
（出典：林原美術館所蔵『平家物語絵巻』。画像提供：林原美術館／DNPartcom）

示す絵図といえます。

かくして天皇・公家や寺社と並び立つ権力体系として鎌倉幕府が誕生しました。これは経済面では「荘園公領制」と呼ばれます。貴族たちが公領を知行国主―国司―惣司・郷司《ごうじ》・保司《ほうし》からなる階層で支配するのと並列させて、武士は荘園を本家―領家―荘官（現場管理者。開発領主もしくは領家が派遣した家人）という階層で保護・経営したのです。[*6] 頼朝は荘園に封建制度の原則を活用します。「寄進と保護」に「ご恩と奉公」を加えると、従者は合戦で奉公し、主人は土地を与え、またその所有権を保障するという原則が生まれます。鎌倉幕府はこの封建制度を実現した、最初の政権でした。頼朝は地方に守護・地頭を配置し、並行して鎌倉に中央機関として侍所や政所、問注所を整備していきました。

幕府の側はまだまだ朝廷の権威を必要としましたが、寄進系荘園が増大するほどに公領は圧迫され、朝廷は幕府を承認しつつも経済的な権益が侵害されることに強い危惧を覚えます。それが噴出したのが、鎌倉幕府において源氏の血統が絶えたことを理由に、後鳥羽上皇が執権の北条義時《よしとき》に兵を差し向けた承久の乱（1221年）でした。これは朝廷と武家政権の間で起きた初めての武力闘争でしたが、朝廷側は返り討ちに合い、後鳥羽上皇は隠岐に配流されます。

義時は上皇方についた貴族や武士の所領約3000カ所を没収、戦功あった者に恩賞として与えました。この戦功で相模国（現在の神奈川県）から有漢に移動した秋庭《あきば》氏が、延応2（1240）年に備中松山城の原型を築城するのです。こうして地頭が全国に普及しますが、承久の乱以前の地頭を「本補地頭《ほんぽ》」、以後のものを「新補地頭《しんぽ》」と呼びますから、時期からすれば庄家は本補地頭です。それ以降、幕府は京都に六波羅探題を置いて朝廷を監視、皇位の継承にも介入するようになります。

さて津々系譜の系図では家長―家次―朝次―時次―有次と続き、いずれも「本庄太郎家長」「本庄三郎右衛門」「本庄左衛門朝次」「本庄太郎時次」「本庄太郎有次」と、「本庄」を氏にしたとしています。けれども児玉党を継いだのは庄本家二代目・家長の四男時家《ときいえ》ですから、家次以降は庄氏の本家が備中に移動しており、時家は「庄氏のもともと」という意味で「本庄四郎左衛門尉時家」を名乗ったと推測されます。それゆえ備中に移動した庄氏には、わざわざ「本庄」を名乗る理由がありません。本書では家長以下、「庄」を姓としたとしておきます。[*7] かくして庄氏は、赴任先の備中に本家が定着することになったのです。

この家次から有次までは、東国の武士団の動静に詳しい『吾妻鏡』にも登場しています。「本庄新左衛門尉[8]」の名は、嘉禎《かてい》4（1238）年「二月十七日条」では四代将軍藤原頼経の入洛に際し先陣の御所随兵192騎の25番として、また同年「六月五日条」では同じく直垂を着て帯剣し将軍頼経の御輿の左右に並んで歩いた15人の1人として、記されています。『吾妻鏡』は人名に誤記が多いことで知られますが、これは五代目「庄左衛門朝次」のことでしょう。

建長2（1250）年「三月一日丈」「閑院殿造営の雑掌」では、「東鰭」六丈に「本庄三郎左衛門入道」の名前があります[9]。これは庄家四代目「庄三郎右衛門家次」かと思われます。このように庄氏は、京都での公事に呼び出される地位を担っていました。

猿掛城に登る

さて津々系譜は、家長が猿掛城を築いたと述べています。倉敷市真備《まび》町から小田郡矢掛町にかけての山城で、標高は230mあります。早ければ1200年頃でしょうが、実際には誰がいつ築城したのかは定かではありません。居城が「猿掛城」と明記されるのは十代の資政からで、それまではどこを拠点としたのか不明です。八代目庄左衛門四郎資房については「片山村幸山城高山城を領す」とあり、延慶年間（1308

〜11）前後に現在の総社市南部、旧山手村《やまてそん》と旧清音村《きよねそん》の境にある山上に幸山城（高山城）を築城したと目されます。

庄氏は幸山城から次第に猿掛城へと移動していったのでしょう。仮に猿掛城が建永元（1206）年の築城とすれば、庄勝資《かつすけ》が出雲に身をくらましたのが元亀2（1571）年ですから、庄氏が猿掛城主だった期間は365年となります。3世紀半もの長い期間、庄家がこの地を支配したことは間違いありません。

猿掛城に登ってみました。江戸時代に入り廃城とされたため、今は面影も残っていません。登山口は無人で、民家の合間にあります。好天ではありましたが前日に雨が降ったため、足下には枯れ葉が濡れそぼり、湿気が立ちこめていました。私は半袖Yシャツにズボンという出で立ちでしたが、じきに汗でずぶ濡れになってしまいました。蚊が絶えず食いつき、足を止めると痒いので早足で登るしかありません。太い枝が横たわり階段になっていますが、土の坂道はすべります。20分ほど上ると「寺丸」に着きました。ここには細川勝久軍に急襲された際（86ページ）、孤軍奮闘の末に切腹した香西五郎衛門の位牌堂があり、まばらに岩石が置かれています。

さらに急斜面が続き、息が切れた頃に「大夫丸」にたどりつきます。さらにしばらく登ると馬場が左に見え、いよいよ「六の丸」に到達。ここからが平地です。猿掛城は「連郭式山城」なので、隣り合うように「五の丸」「四の丸」「三の丸」「二の丸」が続き、「本丸」はだだっ広い平地。南北200m、東西51mが公称です。「大手門」と書かれた位置には崖、裏から襲撃してくる敵兵に石を落としたのでしょう。大井戸跡もあります。登山路は現在、搦手《からめて》道が閉鎖されています。昔も2本しか道がなかったわけで、籠城する側からすれば、大手門を守り切れば大

写真 2-1-3　猿掛城遠景（撮影・藤井泰宏）

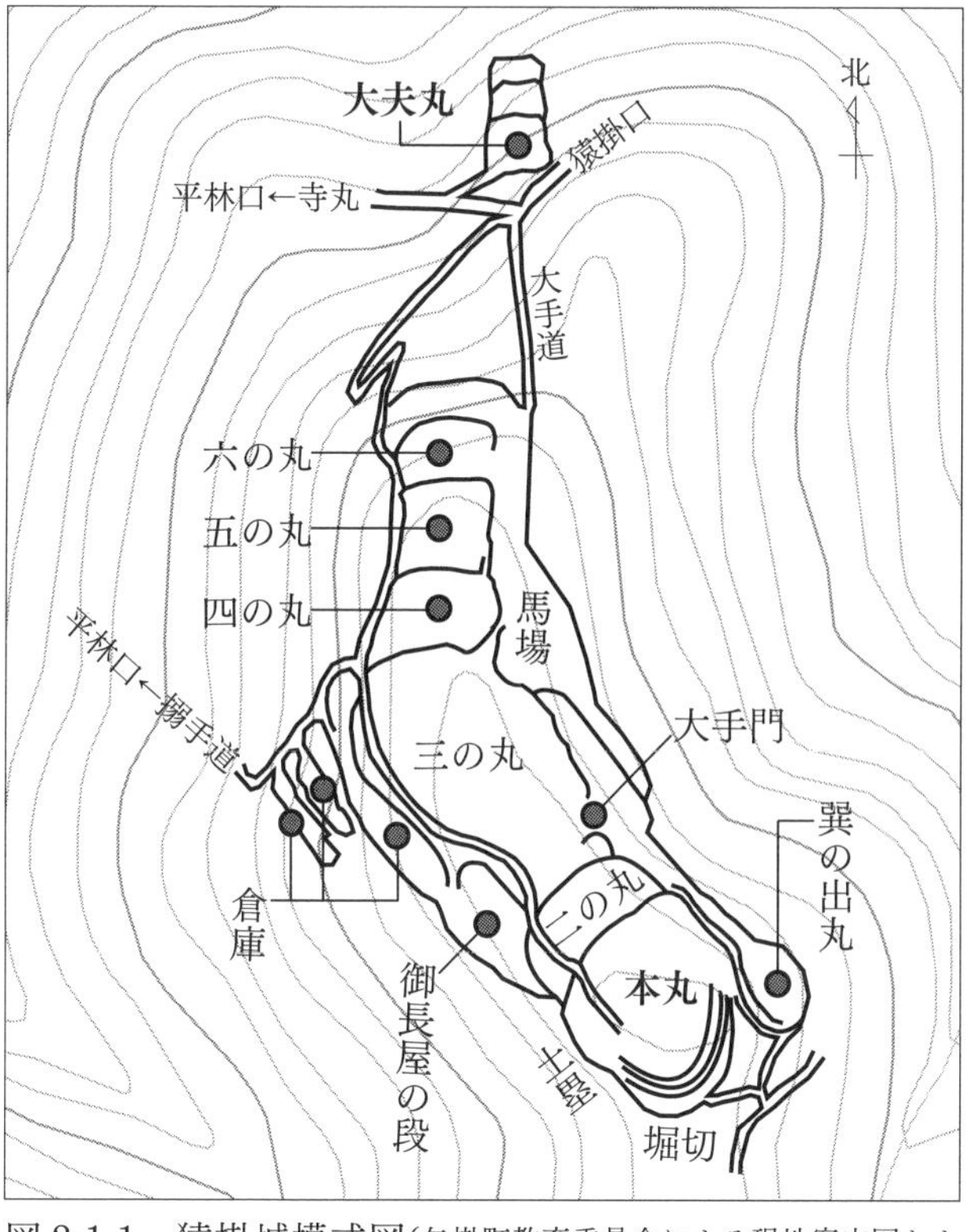

図 2-1-1　猿掛城模式図（矢掛町教育委員会による現地案内図および国土地理院基盤地図を元に編集部作成）

勢が乱入してくることはありません。難攻不落と称された所以です。

では庄家の人々は、どのような暮らしを送ったのでしょうか。城といっても天守閣や石垣、堀を持ち壮麗なのは近世のもので、鉄砲が普及していない中世は、戦時に立て籠もり、地形を生かして敵を撃退する山城が多く建てられました。武士たちは、平時は裾野の平地に館《たち》を設け、生活していました。猿掛城の西南山麓の斜面、現在の住所でいえば岡山県小田郡矢掛町横谷御土井に、土塁らしき高まりがあります。竹藪に石碑がぽつんと立ち、「庄氏館址」と刻されています。一町歩の障壁があったとされますから、敷地が1万㎡はあったのでしょう。藪の中にはいくつか井戸も確認できます。

当時、武士は河川近くの微高地を選んで館をかまえ、周囲には堀・溝や塀をめぐらして暮らしました。[*10] 館の周辺部には、年貢や公事《くじ》のかからない直営地を設け、下人や所領内の農民に耕作させました。地頭として農民から年貢を徴収し、国衙や荘園領主におさめ、収入として（年貢以外に徴収する）加徴米を得たのです。

鎌倉幕府の崩壊――資房の自害

資房《すけふさ》が元弘の変で自害した経緯につき、津々系譜はこう説明しています。

　資房、身上衰え困窮の折から、元弘（1331～34）年中、六波羅より触状《ふれじょう》（注・呼び出し

写真 2-1-5　庄氏舘址近くの井戸（撮影・藤井泰宏）

写真 2-1-4　庄氏舘址碑（撮影・藤井泰宏）

の書状）来たり。松山に高橋、笠岡に陶山、庄、小見山、真壁など国中の勢を催し、京都へ馳せ登り、所々の敵を防ぎ、二心を抱かず、越後守仲時も左右の手足と頼られたり。

この時、諸方の味方も心替して、鎌倉譜代の侍散々に落ち行き、終に仲時も京を落ち、東国へ帰りて重ねて人数を集め賊徒を追伐せんとて近江国番場まで落ち給うところに、野伏ども物具を剥とらんとて道路を塞ぎ、箭《や》の降ること雨露の如し。この時、左衛門四郎資房、十方へ馳せ廻り野伏を追い払い、既に糧もつき箭種もなく、下部雑人ばら一人も無くなりければ、力に及ばず、六波羅殿始め一門の人々、備中衆残らず自害、資房も忠死す。

地頭である庄氏は鎌倉時代を通じ、北条氏得宗家（北条氏惣領の家系）の支配下にありました。北条得宗家は知行国を増やして隆盛を誇りましたが、元寇（文永の役1274年、弘安の役1281年）の後、御家人たちの奉公に対する恩賞が滞りました。とりわけ九州の御家人には異国警固番役の負担が重く、それに相応する報償がなく没落に瀕し、幕府への不満が募りました。

ここには鎌倉幕府が打ち出した方針である「御恩と奉公」の致命的な欠陥が露呈しています。国内にふたつの集団があり、合戦が生じたとして、勝利した集団に奉公すると、敗者から奪った土地が御恩として与えられます。封建時代を通じて、この原理は合戦する双方に適用が可能でした。ところが幕府を襲撃してくるのが元のような外敵であった場合、合戦で勝利しても土地を奪うことができません。それゆえ奉公に対する報償が滞ったのです。そうした時代にあって資房もまた身上衰え、困窮を託いました。

幕府への不満が募る世相が到来した正慶2（南町暦元弘3、1333）年、後醍醐天皇は天皇親政と倒幕を目指して幽閉先の隠岐の島を脱出、伯耆国・名和の湊（鳥取県西伯郡大山町）にたどりつきます。地頭の名和長年が匿って船上山《せんじょうさん》（鳥取県東伯《とうはく》郡琴浦町）で挙兵すると、後醍醐天皇はここで倒幕の綸旨《りんじ》を発します。幕府に反発する武士たち、「悪党」と呼ばれた楠木正成らも呼応して、各地で反乱の狼煙が上がります。

北条氏側である資房は幕府から触状を受け、備中松山城主であった高橋宗康、笠岡の陶山ら備中勢とともに京都の六波羅探題に加わります。後醍醐天皇を逃した隠岐守護の佐々木清高ら幕府勢力は失態を挽回せんと京都へ向かい、北条仲時に付き従う庄資房らが合流して奮戦するも、六波羅探題は足利尊氏に攻め落とされました。一同は敗走、近江国番場で野伏に襲われて、力尽き自害したというのです。資房は忠義を示しつつも、鎌倉幕府とともに倒れました。

一方、資房の嫡子で高山(幸山)城主、九代目の庄七郎資氏《すけうじ》は、

元弘年中、後醍醐天皇船上へ臨光の時、宣旨を蒙りて御迎えに参上。御乗輿の節、扈従《こじゅう》奉り(注・御輿に付き従って)上洛す(津々系譜)。

幕府軍崩壊の報を受け帰洛する後醍醐天皇を迎えに参上したのが資房嫡子の資氏でした。資氏は後醍醐天皇御の綸旨を賜り、御輿に付き添うべく参上したのです。このように庄家は幕府側であるのか天皇側に付くのか、親子でも敵味方に割れているかに見えます。

けれども元をただせば、鎌倉幕府はダメだが朝廷もダメだ、それが武士たちの本音だったのでしょう。鎌倉幕府は朝廷の荘園制に代わるひとつのやり方を示したものの、北条得宗家のみが独占的に豊かになり、御家人は没落にさらされました。封建制度は、いまだ完成には至りま

せん。けれども朝廷の中央集権制に立ち戻ったとて、土地が与えられるわけでもありません。実際、後醍醐天皇が「建武の新政」を打ち出すと、その時代錯誤な内容に、武士たちは短期間で離れていきます。そうした声なき声を吸い上げた足利尊氏が建武2(1335)年に後醍醐天皇に反旗を翻すと、天皇は建武3(南朝暦延元元、1336)年、吉野に逃れます。こうして明徳3(1392)年まで続く南北朝時代が始まりました。

この時代の相続制度には、土地の生産性をめぐり新たな傾向が現れつつありました。それまで財産は兄弟で分割相続され、土地は代を追うごとに細分化していきました。耕地が小さすぎると農業の生産効率は下がります。そこで鎌倉時代後半から、嫡子がすべての所領を相続する単独相続が拡がってきました。

これは兄弟間に不平等をもたらす制度かと思われますが、好意的に見るならば、養子制度を併用することで、能力の高い者を跡取りに選抜するシステムとも考えられます。弟であっても能力があるならば、男子のいない家へと養子に行けるからです。養子は必ずしも血縁によらず、地域で懇意にする地縁もたどり、優秀な男子が指名されます。[*11] 村上泰亮他『文明としてのイエ社会』(中央公論社、1979)が述べるように、「ウジからイエへ」と、血縁よりも家督が重視されるようになったのです。こうして耕地の細分化には歯止めがかかりましたが、他方では兄弟全員に財産を分け、本家と分家が分立しつつ結束を固めるという惣領制は瓦解し、庶子は本家（宗家）の嫡子に従属するようになります。

細川京兆家と庄氏宗家

資氏から家督を継いだのは十代目の庄左衛門資政《すけまさ》ですが、津々系譜によれば資政は資氏の弟です。弟となれば独立する立場ですが、兄・資氏の養子として本家を継ぎ、猿掛城主となりました。津々系譜にはこうあります。

正平八(1353)年、南朝奉仕。北畠准后、権大納言顕能に従い、足利尊氏執事高武蔵守師直と屡《しばしば》合戦、軍功有りて感状を給う。

北朝側は暦応元（1338）年に尊氏を征夷大将軍とし、高師直《こうのもろなお》が執事となって、武力で所領を拡大していました。対する南朝側は、北畠親房を中心に抗戦します。資政は南朝に出仕して高師直としばしば合戦、手柄を上げて感謝状を貰ったというのです。混乱のなか、庄家は南朝にかかわっていました。

そうした混乱のなかで、細川氏が着実に勢力を拡げます。細川氏の出自は三河国（現在の岡崎市あたり）でしたが、南北朝時代には足利尊氏に従って北朝・幕府側で活動し、近畿・四国を中心に一門で8カ国の守護を務める守護大名に育ちました。足利尊氏の孫である足利義満が永和4（1378）年に京都・室町の邸宅（花の御所）で政治を行うと、これが室町幕府と呼ばれ、細川頼之《よりゆき》は斯波《しば》氏・畠山《はたけやま》氏とともに義満を補佐する「管領《かんれい》」となって、将軍の命令を諸国の守護に伝達する役割を担います。この細川氏との出会いが、庄家の運命を大きく変えました。

津々系譜は猿掛城主・十一代目の庄小太郎資《すけ》昭《あき》について、こう述べます。

> 永和三（１３７７）年、朝鮮国使来時、足利将軍義満の執事細川右京大夫より馳走役命ぜられ、資昭これを承る。その後明徳三（１３９２）年、南北御和睦。南帝御入洛、足利将軍義満の命として供奉の将たり。又、応永廿二（１４１５）年、上杉氏憲《うじのり》作乱の時、畠山尾張守満家に従い軍功あり。

「右京」とは南を向く天皇の玉座から見て右、すなわち西側を指します。「右京太夫」の職は京都を実質的に支配するもので、これを世襲する細川宗家は「京兆家」と呼ばれます。資昭はその細川右京太夫から朝鮮国使の馳走役という大役を仰せつかり、また明徳３（１３９２）年に足利義満が南朝側と交渉して南北朝の合体を実現すると、義満から南帝（後亀山天皇）の入洛に付き添うよう命じられたのです。

また幕府が関東十ヶ国を統治するため設置した「鎌倉府」において、実権を握ろうとした上杉氏憲が更迭され作乱（反乱）を起こした応永23（１４１６）年の「上杉禅秀の乱」では、軍功を上げました。これらから、資昭は在京して細川京兆家の周辺に詰めていた、つまり細川京兆家の被官（家来）であったと推測されます。

守護はもともと幕府から任命され、京都に邸宅を構えましたが、次第に世襲化されます。国衙の機能を吸収し、地域支配権を拡大して、「守護大名」と呼ばれるようになりました。観応元（１３５０）年、備中国では守護に有漢郷の秋庭備中守が任命されますが、延文元（１３５６）年頃には細川氏本家（管領家・京兆家）の細川頼《より》之《ゆき》が幕府管領と兼務（細川備中守護初代）していますます。明徳３（１３９２）年に細川頼之が死去すると、以後、満之《みつゆき》（１３９２～１４０５）、頼重（兵部大輔下総守、１４０５～30）、氏久《うじひさ》（治部少輔、１４３０～34）、勝久《かつひさ》（兵部大輔、１４６１～92）、之持《ゆきもち》（讃岐守、～１５１１）、と、細川氏が備中守護を世襲します。*12 この家系は備中守護家と呼ばれ、細川氏には他に阿波守護家、和泉守護家、淡路守護家がありました。

公領は縮小し、庄家のような地方在住の地頭は「国人《こくじん》」と呼ばれて、守護のもとで力を付けていきます。これが「守護領国制」で、守護代（守護の代官）が在地して年貢の徴収に当たりました。１４００年代、その守護代は庄氏が担います。国人である小見山氏と継続的に婚姻関係を持ちましたが、氏敬《うじのり》の母は幸山城主・守護代の石川氏の出で、この頃から石川氏との関係を深めます。これが庄氏・石川氏の「両守護代制」です。植木成行（２００８）によると、庄氏の守護代は表２－１－１のようになります。

ここで守護代となった人々は、津々系譜には名前が見当たりません。つまり庶子です。ということは、庄一族は宗家が在京して細川京兆家の被官となり、庶子が備中で石川氏とともに守護代を務めたのでしょう。のちに「内衆《うちしゅ》」と呼ばれる細川京兆家の被官には、庄駿河四郎頼《より》資《すけ》、庄十郎三郎、庄四郎次郎、庄伊豆守元資《もとすけ》、庄四郎次郎春資《はるすけ》があり、宗家・庶子双方から出ています。今で言えば、さしづめ国家公務員と県庁職員を輩出する名家といったところでしょう。

年次	守護代	備中守護	出典
1399	庄六郎左衛門尉	細川満之	岡山県史編年史料編1622
1419	庄甲斐入道	細川頼重	成羽町史史料編2-25
			矢掛町史史料編
1423	庄沙弥永充	〃	吉備津宮文書41
1425	庄甲斐入道道充	〃	吉備津宮文書43
1426	庄甲斐守	〃	備中惣社宮造営写
1431	庄甲斐入道	細川氏久	児玉町史史料編補遺10
1434	庄信濃守	〃	岡山県史編年史料編1753
1436			児玉町史史料編補遺11
1444	庄貞光	〃	総社市史史料編132
	庄出雲守(貞光)		〃　133
1448	庄出雲守(貞光)	〃	重玄寺文書9
1459	庄藤右衛門尉(資信)	〃	石清水文書236
1460	庄末子法師	細川勝久	法泉寺文書9
1461	庄甲斐守	〃	山手村史史料編108
1464	庄経郷(右京亮)	〃	岡山県史家わけ史料百合文庫577
1492	庄甲斐守	〃	山手村史史料編142
1502	庄甲斐守	細川之持	岡山県史家わけ史料百合文庫480

表2-1-1　庄氏守護代（植木（2008）p.34-35より抜粋）

勢力を拡大する庄氏

猿掛城主であった十二代目の庄掃部介氏貞《うじさだ》について、津々系譜はこう述べます。

永享十一（１４３９）年、関東合戦、足利左馬頭持氏に従う。普広院殿誅せられさせ給う時に氏貞も戦死す。

足利持氏は京都に住まう室町幕府の将軍が関東を統治するために設けた鎌倉府の長官である「鎌倉公方」で、４代将軍義持から「持」の字を賜って持氏を名乗りました。持氏は将軍になることを望みましたが、京都の将軍と鎌倉公方はながらく対立していました。六代将軍には、管領らが協議して籤引きで義教が選ばれました。憤った持氏はそれ以降、細事にわたるまで抵抗し孤立無援となって、永享11（１４３９）年義教の配下が攻撃すると、持氏は自害、嫡子・義久も自害します。この関東合戦において氏貞は持氏に従い、戦死したというのです。もっとも義教は衆目の一致するところの暴君で、嘉吉元（１４４１）年に宴席で赤松氏に首を刎ねられるという異常事態を招きます。義教に抗議した氏貞は、必ずしも反幕府的とは言えないでしょう。

猿掛城主を継いだ十三代目の庄左馬允氏敬《さまのじょううじのり》について、津々系譜はこう述べています。

宝徳元（1449）年、足利将軍源義政公、左大臣拝賀のため御参内、従兵の内。又、長禄二（1458）年、南朝より神璽入洛。管領細川右京大夫勝元、供奉を命ず。恩賞として吉光刀一振賜る。

義教の死後、足利義勝が第七代将軍となったものの早世し、元服を迎えた足利義政が宝徳元（1449）年、第八代将軍に選ばれました。その義政が朝廷の左大臣（高司房平）に拝賀するため宮中に参上した際、氏敬は兵として従ったというのです。また三種の神器のひとつである神璽は嘉吉3（1443）年に後南朝（南北朝合体の際の「南北交互に皇位を継承するという」条件が履行されないことに抗した南朝勢力）側に奪われていたのですが、義教の首を刎ねたため断絶させられていた赤松家の家人が長禄2（1458）年、後南朝の拠点・吉野に討ち入り、奪回して京都に持ち帰って、義政は赤松家を赦免します。この神璽入洛に際し、氏敬は管領であった細川勝元に供奉に命じられ、恩賞として名刀の誉れ高い吉光の刀を一振賜わったのです。氏敬は管領・細川勝元の被官として一目置かれていたのでしょう。

庄氏の宗家は京都にあって細川京兆家の被官でしたが、一方庶子も備中に在地して、石川氏とともに守護代を務め、備中では無視できない存在となっていました。一時期は窮乏した庄氏がそれだけ復活した背景には、草壁の庄（横谷・里山田・南山田）の土地柄があったと思われます。

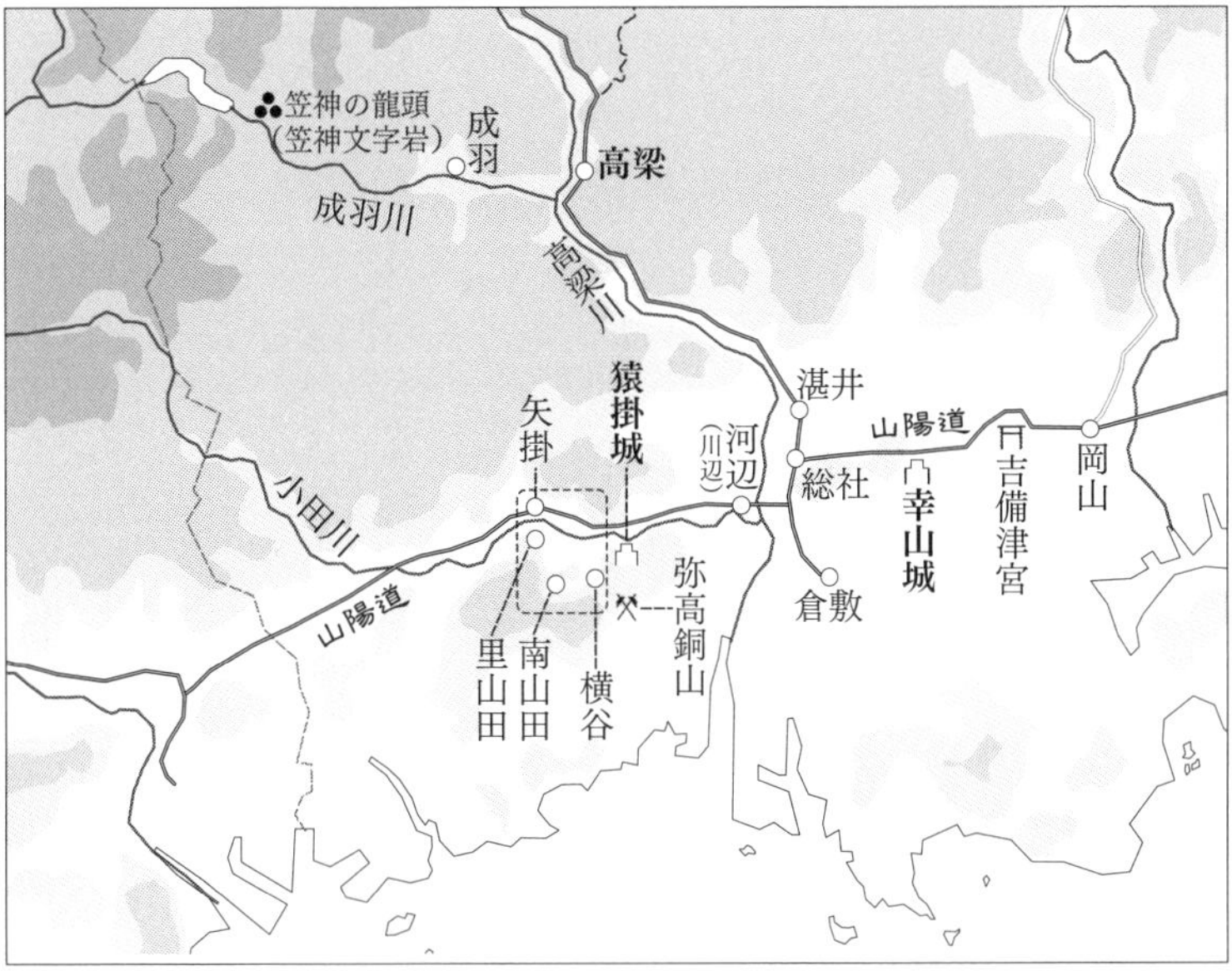

図 2-1-2　猿掛城付近の交通（点線で囲んだ部分が草壁の庄）

第一に草壁の庄は、中世備中の交通においては至便といえる場所にありました。庄氏庶子は備中守護である細川氏の庇護を受けるばかりでなく、みずからも経済的基盤を固めていたと思われるのです。現在の矢掛町は小田川が流れ山に囲まれたごく普通の田舎ですが、中世において猿掛城付近は、東西交通路の要衝に当たっていました。

備中の山地では、古くから高瀬舟が流通を担っていました。成羽川の流れが洗う巨岩に十行ほどの文字が刻まれており、考古学者で住職でもあった大本琢寿《おおもとたくじゅ》が昭和15（1940）年頃に解読したところ、鎌倉時代の徳治2（1307）年に奈良西大寺が奉行となり、その末寺であった成羽善養寺が施行して、「笠神《かさがみ》の龍頭《りゅうず》」（現在の高梁市備中町、小谷~田原間）の上下瀬10余カ所で、高瀬舟を通じる船路を開く工事が完成したという旨が書かれていました。[13] 1307年にすでに船路が開かれていたというのですから、1400年代ともなれば小田川でも高瀬舟の交通が活発化していたはずです。しかも陸路の山陽道が、中世には小田川沿いを通っていました。とするならば、高瀬舟で小田川まで運ばれた荷は、山陽道に積み替えられたことでしょう。『中国兵乱記』には「横谷村猿掛城舟路の関所」という文言がありますので、庄氏が河関で通行税を徴収したとも考えられます。

また備中では銅が比較的浅い地盤から採掘され、産地として海外までその名が知られていました。なかでも弥高銅山は横谷の奥にあり、庄氏舘址の御土井は鉱山がある谷の入り口に位置します。草壁の庄の交通は、銅を運び出すのにも適していたのです。

第二に、鎌倉末期に庄氏は草壁の庄を東西に2分割し、東方に地頭屋敷を置いています。[14] 様々な文書から、草壁の庄内に土居（住まい）は5つあったと推定されます。[15] 庄一族は屋敷を草壁の庄に固め、さらに勢力を拡げていきます。

第三に、地頭であった庄氏は守護代になりま

年次	土居名称（当主名）
文安5（1448）	庄上殿（庄掃部助資冬）
長禄4（1460）	庄長屋（庄長屋道珍入道）
寛正3（1462）	庄新殿（庄新若狭入道道春）
寛正4（1463） 文明4（1472）	庄北殿（庄北則資）
不明	庄西殿（不明）

表2-1-2　草壁の庄の土居一覧（出典:『矢掛町史』本編、p.249）

す。もともと地頭は幕府と主従関係にあった荘官で、地頭給田を与えられていましたが、それには飽き足らず、次第に公領である荘園や国衙領に「押妨《おうぼう》」していました。押妨とは他人の所領に押し入って乱暴したり不当に課税することで、これに耐えかねた荘園や国衙の領主は幕府に訴え、妥協策として地頭と下地《したぢ》を分割(下地中分《ちゅうぶん》)したり、一定額の年貢を引き渡す約束で、軍事官僚であった守護には荘園の経営と年貢の徴収を請け負わせる「守護請《しゅごうけ》」が命じられました。鎌倉時代に地頭であった庄氏が守護代となるには、こうした背景がありました。それでもなお年貢は約束通りには引き渡されず、庄氏の押妨も止みません。

備中に南禅寺領「三成荘《みなりそう》」という荘園があり、守護代である庄氏がしばしば押妨したという記録が残っています。[*16] 応永11(1404)年、南禅寺が幕府に「三成荘は諸般が免ぜられているのに、田へ一律に課税する守護段銭《たんせん》を請求されて困る」と訴えています。守護段銭は、幕府が朝廷や幕府の重要な国家行事に際し臨時にその費用を徴収するものでしたが、庄氏と推定される守護代は、私的理由でも徴収したというのです。

庄氏が兵糧米・段銭・借用と称して荘園に勝手に課税する事件はその年に止まらず、応永17(1410)年には三成荘で外宮・役夫・工米を請求し、幕府が備中守護細川頼重に停止命令を通達します。応永21(1414)年には管領細川満元が守護細川頼重に「三成荘の諸公事・段銭・人夫などの臨時課役は免除されているので守護使は干渉してはならない」と施行状を出し、応永26（1419）年には備中守護細川治部少輔が守護代の庄甲斐入道と高橋駿河入道に同様の命を出しています。こうした施行状は長禄2（1458）年にも出ており、幕府や管領・備中守護が命じても、守護代である庄甲斐入道らは聞く耳を持たず公領である荘園への押妨を止めませんでした。

　ここから窺われるのは、守護代である庄氏が、備中守護家の命令にも耳を貸す気が毛頭なかったということです。細川氏が形だけでも守ろうとしていた荘園公領制は、実質的に崩壊に向かっていました。かくして備中守護代としての庄氏の権勢は、東は山城国長福寺領薗東荘《そのひがしのしょう》（吉備郡真備町薗あたり）から石清水八幡宮領水内北《みなちきた》荘、西は南禅寺領三成荘あたりまで及びます。*17

　第四にその繁栄ぶりは、洞松寺《とうしょうじ》への寄進からも見て取れます。庄一族が菩提寺とし、江戸時代には末寺が1200余にのぼることになる洞松寺は矢掛町に現存しますが、庄一族からの寄進状を抜き出すと、表2－1－3となります。*18

年次	寄進または沽券を行った者	内容（沽券は△）
1448	庄掃部助資冬	田1反△
	鶴若丸（慧稠）	米7石
1456	庄元資	米7石
1460	庄長屋道珍	田180歩△
1462	庄新若狭入道道春	田1反△
1463	庄北則資	田1反
1468	庄藤四郎資長	田1反△
1472	庄北則資	田1反
1474	藤原元資	銭10貫　祠堂銭
不明	元資	田5反　八田庄内

表2-1-3　庄一族の洞松寺への寄進状
（出典：「洞松寺文書」『岡山県古文書集１』）

主家が細川京兆家・備中守護家と異なっても、洞松寺が庄氏一族の共通の菩提寺とされていたことが分かります。

洞松寺への寄進で目立つのは、庄（藤原）元資です。元資がそれだけの隆盛を誇ったことは間違いありません。「鶴若丸」は元資の幼名であり、父の慧稠《けいしゅう》が代わりに寄進したと「洞松寺文書」の「庄鶴若丸寄進状写」に書かれています。*19

本書が庄氏の宗家とみなす津々系譜は、京兆家の家臣として活動しました。応仁の乱（1467〜77）の最中、細川勝元が死去すると、若い細川政元を補佐するため、京兆家家臣は各分国に配置され、様々な役割を果たすことになります。そうした家臣は内衆《うちしゅ》と呼ばれ、幕府の中軸となる「京兆家－内衆体制」が構築されるのです。*20

庄氏の本家も内衆であれば、備中に拠点を戻していた可能性があります。ところが京兆家内衆としての庄氏本家もまた、守護代である庄氏庶子の勢いを制することはありませんでした。

元資をめぐる謎

ここで「備中大合戦」と呼ばれる大事件が勃発します。庄氏を語る上で外せませんので触れておきましょう。備中守護代であった庄伊豆守元資が、延徳3（1491）年10月21日、備中守護細川上総介勝久の被官たちの居所を急襲したのです。

京都相国寺鹿苑院《ろくおんいん》内にある蔭涼軒主の三代にわたる公用日記である『蔭涼軒日録』の同年11

月2日の条はこう述べます（原文は漢文体）。

昨坂東語云。去月廿一日備中において大合戦あり。守護方と庄伊豆守の取り合い也。上総守殿一家の家子廿四人。被官八十人。全部で五百人ばかり討ち死にす。松田菅は宮内の倉に打ち入り、庄四郎次郎は河辺の倉に討ち入る。家財すこぶる多く。三日三夜運び取るといえども尽きず。米銭には目をかけず。故に備後の衆皆これを取る。[*21]

庄伊豆守元資は備前松田氏らとともに、吉備津神社（岡山県吉備津）門前の宮内の倉と河辺（倉敷市真備町川辺）の倉へ討ち入ります。細川上総介一家24人、被官88人、その他500人が死亡するという大惨事です。

河辺は高梁川と山陽道の交差点（81ページ地図参照）ですし（現在の真備町。2018年に大洪水災害が起きた地域）、そこから吉備津宮に至る地域は穀倉地帯ですから、小田川と山陽道の交差点を本拠地とする庄氏にとって進出すれば権益を大いに拡大できます。この河辺荘の権益を巡っては、前年の1490年にも元資が京兆家の内衆であった安富氏（新兵衛尉元家）と争った形跡があります。[*22]

この報を受けた備中守護の細川上総介勝久は、年末に京都から備中に戻り、3月28日に猿掛城を包囲します。猛烈な反撃に庄元資は城を捨てて逃走。上野玄蕃も5ヶ所に傷を受け没落して、香西五郎衛門尉は猿掛城で切腹しました

（『蔭涼軒日録』永徳4［1491］年4月6日の条）。

ここで元資と勝久は和睦したようですが、これには後日談があったようで、合戦は再開します。元資が石見安芸から4~5艘の軍船を動員、文亀2（1502）年になって今度は元資側が勝利したとも言われます。*23

敵対した安富氏、元資に加担した上野氏・香西氏は、いずれも京兆家内衆です。つまり元資は内衆を誘い、備中守護家のみならず京兆家にも弓を引いたのです。すでに備中における庄氏の勢力拡大は、京兆家―内衆、そして守護家という体制では、抑えられなくなっていました。

その勢いで、もしくは吉備津周辺での争いを避け北方に活路を求めて、嫡子である為資が備中松山城へと進出するのですが、私はこの話には今ひとつ納得いかないところがあります。津々系譜は庄左馬允氏敬の嫡子である十四代目の庄十郎太郎駿河守元資について、こう述べています。

享禄四（1531）年、管領細川武蔵守入道高国、同右京大夫晴元と闘戦に及びける。時に晴元、加勢として舅佐々木六角定頼、播州に赤松左京大夫政祐、三好筑前守長基、その外、別所、衣笠、佐用、柏原以下の者ども、爰《ここ》を詮と相戦う。高国浦上士卒を励まし、屡《しばしば》戦といえども力尽き矢竭つき、近藤盛久、大将高国を諫め難波尼崎へ落とし、盛久天王寺の塔の第七層に飛び上がり、力に任せて早鐘を撞き鳴らし、「入道常桓武運尽き自害するぞ」と高らかに喚りける。敵は是を常桓なりと思い、我討ち取ると争い登る。庄十郎太郎出で、首取りて高名にせんと郎等十人ばかり従え登り、終《つい》に盛久を討ち取ると云う。

これはいわゆる「大物崩れ《だいもつくずれ》」という話で、細川京兆家が跡取りをめぐり内部分裂を来たしたというスキャンダルです。細川京兆家で勝元の跡を継ぐ政元には実子がおらず、澄之《すみゆき》・澄元《すみもと》・高国《たかくに》という三人の養子を迎えていました。そこで激烈な跡継ぎ争いが起きます。まず澄之を押す勢力が政元を殺害します（永正4［1507］年、細川殿の変）。一方、高国は澄元を推し、澄之を攻め立てます。敗れた澄之は自害して、澄元が京兆家の家督を継ぎます。ところが翌年、澄元と高国が袂を分かち、以後23年間、将軍や西日本各地の武将も巻き込む抗争が続きます。最後は高国が享禄4（1531）年に天王寺の戦いで敗れ、敗走しました。その際、高国を天王寺から尼崎へ逃がそうと、身代わりになった近藤盛久を間違って討ち取ったのが庄十郎太郎（元資）だというのです。逃れた高国も、尼崎でうつぶせにした瓶に隠れていたところを捕らえられ、自害させられるという顛末です。

けれどもそう述べる津々系譜には、おかしな点があります。第一は、庄元資を語るのに「人違い殺人」という、庄家史上もっとも不名誉な逸話を採っているということです。庄元資といえば備中大合戦であり、備中守護家に刃向かった下克上の走りですから、大事件です。それに一言も触れていないのは、奇妙です。

写真 2-1-6, 2-1-7　「藤原元資父」位牌。(写真左が表、右が裏。洞松寺所蔵。撮影・藤井泰宏)

第二は明確な誤りです。津々系譜は庄駿河守元資の法名を「洞松寺殿桂室常久大居士」と記しています。そこで矢掛町にある洞松寺を訪ねてみると、「当寺開基洞松寺殿駿州刺史桂室常久大禅定」と書かれている位牌があります。津々系譜が記している「庄駿河守元資の法名」は、この位牌の法名を略したものに違いありません。なぜなら「寺殿」は寺を創設するくらいでないと与えられない、もっとも高い位の法名だからです。為資の位牌にも「寺殿」の法名が書かれていますが、安置している上合寺へと栗野氏とともに私を引率して下さった吉備中央町の功徳山檀《だん》度《ど》坊《ぼう》住職の西山宗弘氏は、「僕は話には聞いていたが、見たことがなかった」と証言してくれました。住職でも見ることが滅多にないのですから、「当寺開基」で「寺殿」と書かれた位牌は2つとないでしょう。

ところがその位牌の裏には「康正二丙子八月廿二日　藤原元資父」と書かれている。つまりこの位牌は元資自身のではなく、元資の父親のものなのです。津々系譜は、元資父の位牌を庄駿河守元資のものと取り違えています。

第三に、康正2年は西暦では1456年。その年に洞松寺に寄進した人のなかに「庄元資」とありますから、父慧稠への追善の寄進でしょう。けれども津々系譜は、庄駿河守元資が1531年に大物崩れで近藤盛久の首を取ったとしています。そうだとすると、元資は寄進をしたのがゼロ歳であっても、75歳で合戦に加わったことになります。もっと言えば、幼少時の元資は鶴若丸ですから、文安6(1449)年にはすでに誕生しています。それだと合戦時に82歳。これはさすがに無理ではないでしょうか。

第四に、津々系譜では庄駿河守元資の父親を氏敬としています。その氏敬は長禄2(1458)年に神璽に供奉して上洛しています。一方で元資の父親は位牌からすれば康正2(1456)年に亡くなっていますから、それは氏敬ではありえません。

庄駿河守元資の法名は津々系譜が完全に間違っていますが、それ以外はこう推論できます。まず備中大合戦を起こした庄伊豆守元資と大物崩れの庄駿河守元資は、年齢の離れた別人です。康正2(1456)年に洞松寺に寄進した人物と備中大合戦を起こした人物は同じ庄伊豆守元資で、その父（藤原元資父）の法名は「当寺開基洞松寺殿駿州刺史桂室常久大禅定」。この人物は、洞松寺への寄進状からすれば、幼い鶴若丸＝庄伊豆守元資の代わりに寄進した「慧稠」でしょう。彼ら親子は庄家の庶子かつ備中守護家の被官で、したがって津々系譜には登場していません。ちなみに位牌には家紋がある表面の上部が消えており、藤原家を模す為資以降の「下がり藤」と同じか否かは確認できません。

一方、宗家の庄駿河守元資は細川京兆家の内衆で、30年ほどの後に京都で細川家の内紛にかかわります。その父親が氏敬です。こう考えるなら、庄駿河守元資についての津々系譜の説明が備中大合戦ではなかったのは当然です。松山由緒書が元資に触れず為資から始まるのも、この問題を回避するためかもしれません。

とはいえ備中大合戦が示唆するように、16世紀の初頭には荘園公領制や細川家による実行支配が風前の灯火となっていたことは間違いありません。全体の秩序を実力で律する権力が空白となったのですから、その代わりを狙う地位、後世に守護大名と呼ばれ、戦国大名となる武将が現れることは必然です。こうして戦国時代の火ぶたが切られるのです。

備中守為資、松山城主となる

天空の城として人気のある備中松山城は、標高487mの臥牛山《がぎゅうさん》の峰々に連なるようにして築かれた山城です。臥牛山は北から大松山《おおまつやま》・天神の丸・小松山・前山の４つの峰の総称で、松山城は時を追って増築されました。まず仁治元（１２４０）年に有漢の秋庭三郎重信が大松山に築城。秋庭氏は90年間、五代の城主となります。次いで元徳３（１３３１）年からは高橋宗康が城主となり、城を小松山まで拡張します。高師秀《こうのもろひで》が守護職となった後に、再び秋庭氏が五代、１４０年間城主となります。その後、上野頼久・頼氏が守護代になりました。

　その松山城に、庄家十五代目の庄備中守為資が攻め入るのです。津々系譜はこう述べます。

　　先祖家長公より為資公まで、代々備中猿懸並びに高山城を衛領す。天文二(１５３３)年、松山城主上野伊豆守兄弟を討ち捕り、大松山、小松山を持つ。是より為資、備中半国壱万貫の地を領し、備中守に成り、自ら国号屋形す。

　庄駿河守元資の跡を継いだ為資は天文２（１５３３）年に高梁川を北上し、実弟である植木下総守藤資とともに松山城を攻め立てました。上野伊豆守兄弟を討ち捕り、大松山、小松山を獲得したのです。その上でみずからを備中守と号し、一万貫の領主となりました。為資の松山城入城は、武将期における庄家の頂点を画する出来事でした。合戦の流れにつき津々系譜は、為資の弟（松山由緒書では息子）である植木下総守藤資の項でこう説明します。

藤資より呰部に住す、よって地名植木を氏とす、天文二年大松山の城主上野伊豆守と猿懸の城主庄為資と合戦す、植木藤資馳せ来たりて横を入れ、伊豆守討ち死にす、それより大松山を乗っ取り、小松山に上野右衛門居けるを、植木が一族若林治郎右衛門首を取る、為資公より藤資に斎田の城を給うと云う。

「横を入れる」とは向き合って合戦している横から別の一隊が槍で襲うことで、植木藤資はその攻撃をもって大松山で上野伊豆守を討ち取りました。小松山では植木の一族である若林治郎が上野右衛門の首を取ったというのです。こうして為資は、高梁川中流域、北に有漢川、南は成羽川とつながる高瀬舟交通の要所を手に入れました。津々系譜は、為資について続けます。

(承前)時に呰部、上合寺山城を築く。又、中津井、斉田の城を給わると云う。斉田の城には植木下総守藤資を置き、この時、一国の旗頭は庄為資也。植木に植木下総守、津々に津々加賀守、呰部に福井孫六左衛門は庄が一家なり。三村氏を始め、高山に石川源左衛門尉久式、新見に楢崎、竹ノ庄に工藤、野山に宮内少輔は庄が縁者也。又、近縁に、竹庄に矢倉畝田中掃部介直久、離小屋に大槻源内信繁、唐松に伊達隼人、石賀に石賀與兵衛、その外、小給人の保障は各の家人どもなりと云う。

為資は松山城の周囲に点々と山城を築き、一族を配していきます。松山城の西北部、呰部の山上には上合寺を開き（それゆえ為資の法名も「上合寺殿前備中太守花岩柳紅大居士」と、「寺殿」を含みます）、丸山城を併設、そこに福井孫六左衛門を据えます。*24

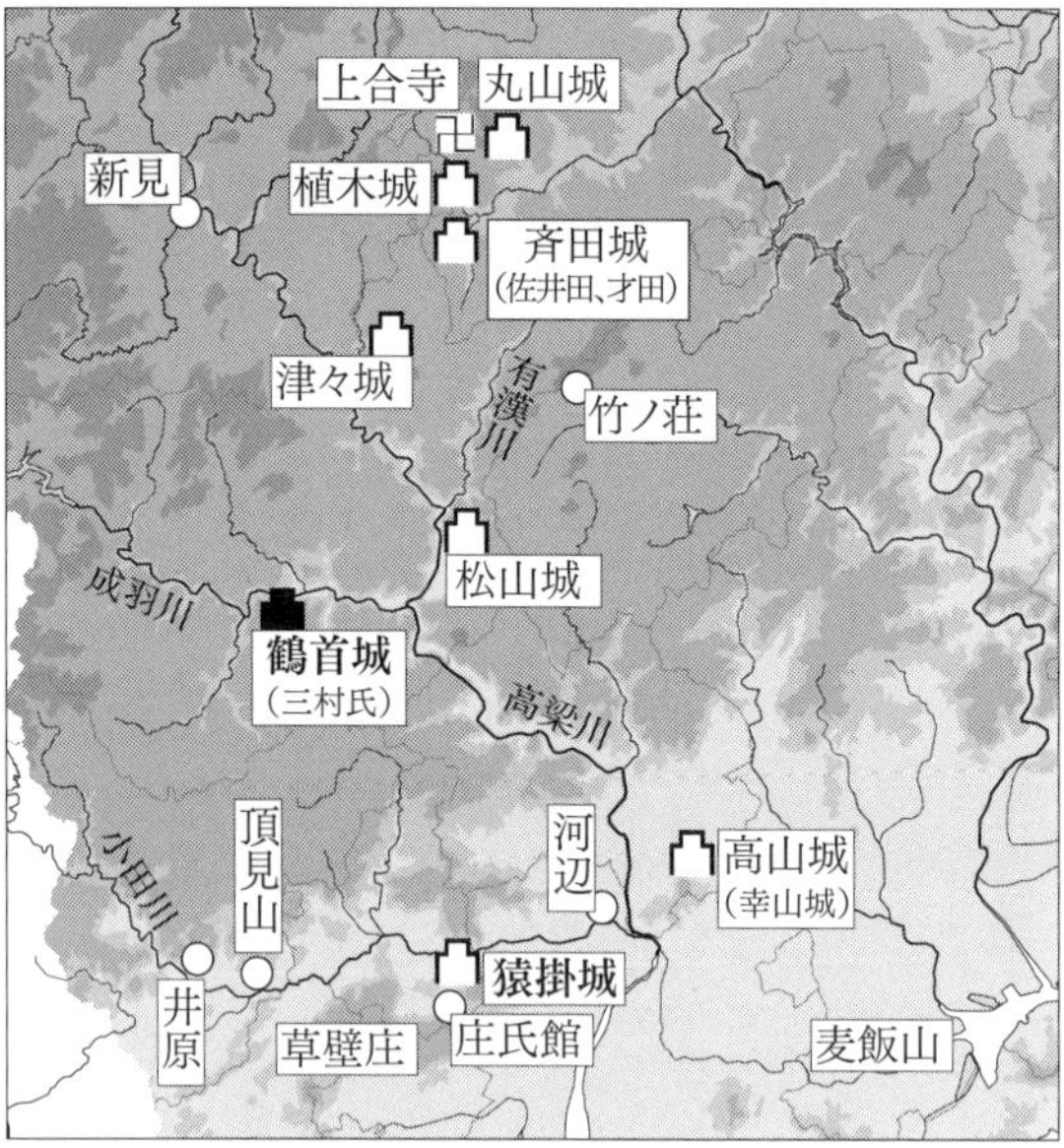

図 2-1-3　庄氏関連城

中津井の斉田（佐井田、才田）城には植木下総守藤資、植木城には植木下総守（秀長）、津々城には津々加賀守（資朝）。そしてここには書かれていませんが、留守にする猿掛城は穂田《ほいだ》実近。さらに高山（幸山）城は、庄氏とともに守護代として備中を支配してきた石川源左衛門尉久式。そして成羽の三村氏、新見の楢崎氏、竹ノ庄の工藤氏、野山の宮内少輔らに至るまで、すべて庄の縁者で固めました。

高梁川流域が重要であることには、他の戦国大名たちも気づいていたようです。備中は外から狙いを付ける戦国大名たちによって、包囲網

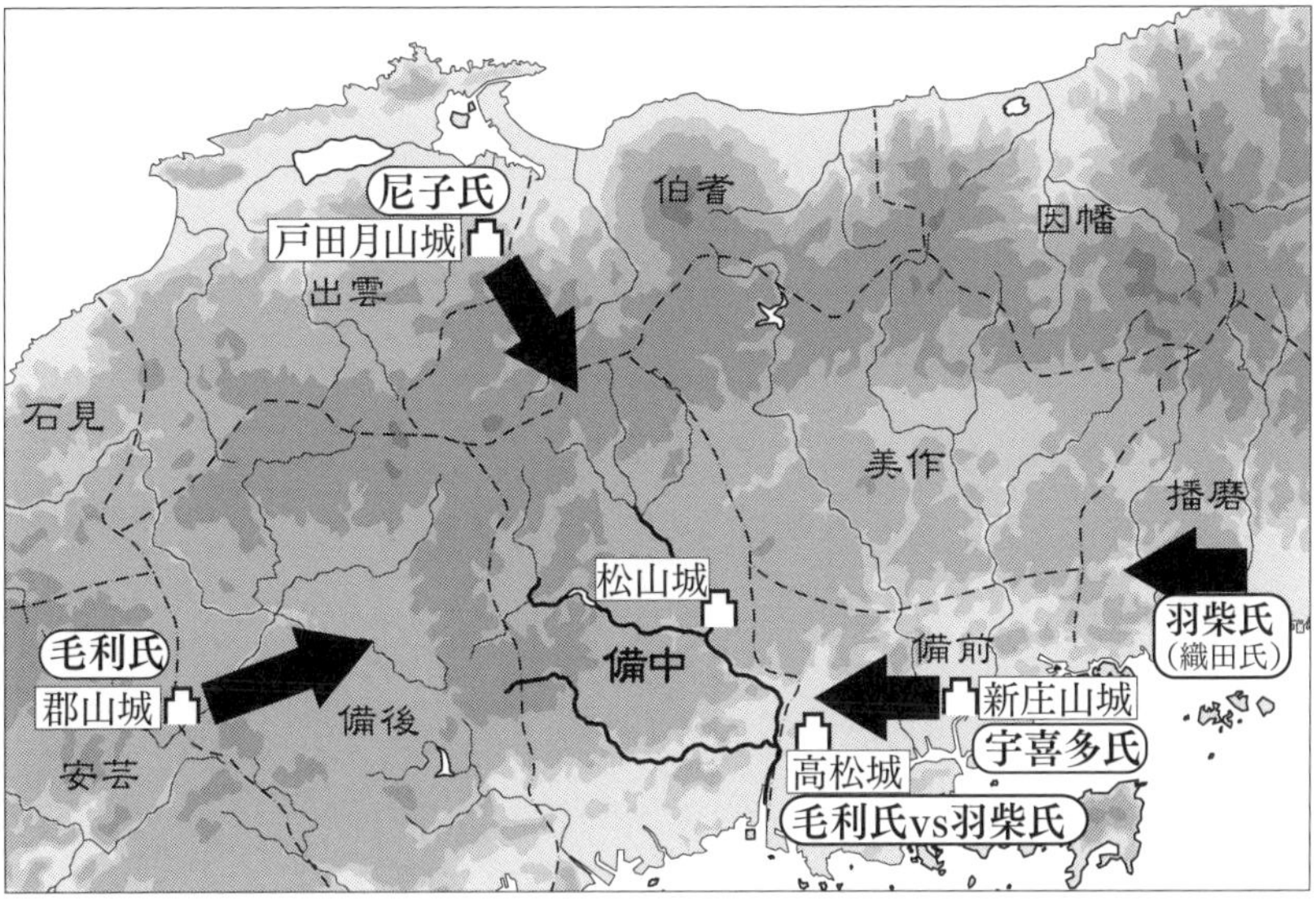

図 2-1-4　松山城を取り囲む戦国大名たち

を敷かれた情勢にありました。ここから40年間にわたり、松山城の争奪戦が続くのです。図を掲げましょう。西からは安芸の毛利氏。北からは出雲の尼子氏。そして東からは備前の宇喜多（浮田）氏。彼らが虎視眈々と松山城および高瀬舟の交通網を狙っていました。この時点から外部のどの勢力と組むのかで、庄氏の敵はめまぐるしく入れ替わります。

安芸のさらに西では大内氏が防長2国を統一し、一時期は戦国大名として西国最大の勢力を誇っていました。庄為資に敗れるまで松山城主であった上野氏は、大内氏の支援を受けていました。けれども天文元（1532）年には、出雲の尼子氏が作州（美作の国、岡山県北部）に侵入します。為資はこの機に乗じて尼子氏と結び、北上を成功させました。[*25] 上野氏と庄氏の松山城での激突では、背後には大内氏対尼子氏という巨大な力の対立があり、その代理戦争が現実化したのです。

その後、いよいよ直接対決の火ぶたが切られます。まず天文9（1540）年には、尼子晴久が雲・伯2州を中心とする8カ国の兵3万を率い、数ヶ月間にわたって毛利元就を郡山城に囲み、猛攻を加えました。これに元就が耐え、尼子勢が出雲に退却すると、毛利元就の名声は俄然上がります。その毛利氏に支援を乞うたのが三村家親でした。

もともと三村氏は庄氏の縁者で、元資の起こした備中大合戦では歩調を合わせていましたた。けれども草壁庄・猿掛城から為資が打って出て、松山城主となったのみならずその北側にも着々と築城していくのには心穏やかではおられなかったと思われます。庄氏の勢力は、図2－1－3のように、三村氏の根城である成羽の鶴首城《かくしゅじょう》を取り囲んで拡がったからです。

そうした折り（おそらく1551年頃）、猿掛城の穂田実近が三村氏の領地に侵入します。山野上村の頂見で、三村軍と戦ったのです（頂見《いたみ》山の合戦）。頂見寺《ちょうけんじ》には立派な伽藍がありましたが灰燼に帰するほどの大火となり、勝った実近は梵鐘を奪い取って猿掛城へ持ち帰ります。[*26] 一敗地にまみれた三村家親は、尼子を背景とし備中の豪族を多く従える庄氏の勢力下で生きるよりも、毛利氏に援軍を求めることを決意します。

こうして毛利元就は天文22（1553）年備中

に侵入、井原に陣を据え、三村家親の１５００騎を先陣として猿掛城を攻撃、矢掛に火を放ちました（矢掛合戦）。ところが猛将・穂田実近は、三村どころか毛利にも決戦を挑むかのごとき気迫で抵抗します。これに押された毛利・三村軍は撤兵を余儀なくされ、つまり庄軍の勝利に終わったのですが、実近は事後処理で大きな過ちを犯しました。毛利と本格的に対立することを望まず、三村氏と和睦するに当たって三村家親の嫡男・元祐を穂田の養子として猿掛城に置き、みずからは大夫丸（68ページ参照）で隠居したのです。これは三村・庄両氏がともに毛利の麾下に入ることを意味し、尼子は後退させられます。

為資はその頃、死去しています。[*27] 上合寺にある位牌には、「天文二十二（１５５３）年二月十五日」と記されています。そこで嫡子である十六代目の庄備中守高資が松山城主となりますが、自分たちの根城である猿掛城を三村氏の長男が継いだことには、心中穏やかではおれませんでした。そこで高資は、提携を申し入れてきた尼子に心を動かされ、以前に復して手を結ぶこととします。けれども尼子は甘くありませんでした。松山城に高資の監視役として吉田左京亮義辰を送り込んだのです。剛の者として鳴る義辰の干渉ぶりは高圧を極め、高資はなんと松山城を空けて猿掛城に身を寄せます。

その様子を覗っていた三村家親は毛利元就に要請、元就は永禄４（１５６１）年、小早川隆景に命じて３０００余の兵で松山城を攻撃しました。劣勢となった吉田左京亮義辰は、末代まで語れとばかりに猛然と切腹し、河に飛び込みます。こうした経緯から、備中における毛利氏の支配はさらに確かなものとなりました。その結果、高資は松山城に戻らされ、今度は三村家親に監視されることになりました。

毛利氏はその後、九州で大友氏と対峙するため、備中の兵を引き上げます。ところが毛利の留守を虎視眈々と狙っていたもう1つの勢力がありました。備前の宇喜多直家です。直家は永禄11（1568）年8月、9000の兵をもって突如備中に乱入します。これに対し松山城にあった高資と斉田城の植木秀長は、毛利の援軍も期待できず、多勢に無勢と投降、宇喜多の幕下となりました。

三村氏に松山城を奪われる

こうして庄氏一族は宇喜多（浮田）派の庄高資・植木秀長と、毛利派の三村・穂田に二分裂し、斉田城の戦いを迎えます。毛利元清・穂田元祐・穂田実近・三村元親ら併せて2万の兵が植木秀長の才田城に襲いかかったのです。これに対し防戦巧者の植木秀長は容易には陥落せず、合間を縫って密使を備前に派遣します。宇喜多直家が援軍にかけつけ、戦況は混沌、激戦の結果、穂田実近が戦死、毛利元清は退却を余儀なくされます。この戦闘の模様を、津々系譜は秀長の項で講談のように生々しく描いています。

永禄十一年十一月、秀長、斉田の城に在りけるが、毛利家より大軍を以て攻め来たる。若林甚左衛門、隅野源蔵より兵粮の難儀を秀長に訴えければ、家臣嶺本與兵衛を使者として、浮田家へ援兵を乞う。浮田、安心院花房の両大将一万余騎を以て加勢を真窪山まで差し出し、兼ねての合図の狼烟を揚げければ、城兵勇悦、毛利の寄手大いに驚き、先手の勇将鬼神とも云うべき穂井田実親をば、植木が郎等根来徳久、鎗付き首を取る。この時、植木浮田が手に討ち取る首数、八百余級と聞こゆ。

毛利を押し返す宇喜多（浮田）の攻勢を見て、鳴りを潜めていた尼子が息を吹き返します。尼子は宇喜多との強力な連合軍を組み、元亀2（1571）年に高資の嫡子・十七代目の庄兵部大輔勝資を大将に据えて、上房《じょうぼう》郡竹之庄へと進軍します。毛利元就は病床にありましたが、これを聞いて最後の力を振り絞り、手薄となっていた松山城へ三村元親以下の兵を派遣しました。勝資の留守を狙った急襲に、高資は討ち取られてしまいます。津々系譜はその最期をこう伝えます。

毛利輝元大いに驚き、叔父元清を大将として三万余騎備中へ差し向けらる。家親、案内者たるゆえ先陣を請い受け、不意に松山へ押し寄せる。城主庄備中守高資、折節一子勝資を始め数多の軍勢多気ノ庄（竹之庄）表に差し遣わし、ただ小姓近習の輩五六十人ばかりの小勢なれば、洪水を手にて防ぐにも猶劣りて、術計尽き果て、思い思いに討ち死にす。寄手は多勢なれば、今一息に乗り破らんと四方より責め込む程に、城主高資始め悉く討ち死にす。忽ち落城に及びければ、元清、三村が軍功を感じ、松山の城を与う。是より家親、松山に住居せり。斯て松山落城の由、竹ノ庄へ聞こえければ、諸勢大いに気を失い、十方へ逃げ散る。

こうして松山城には三村元親が入城します。庄氏が松山城主であった期間は38年間で終わり、勝資、秀長の嫡子・秀資《ひですけ》らは尼子の勢力下である雲州へ身を寄せることとなりました。

当時の合戦を偲び、松山城に登ってみました。『岡山県史　第26巻　諸藩文書』（1983）には、松山城が図2－1－5のように描かれています。

しかしこれはのちの完成形です。日本で天守が残る12の城のうち山城は備中松山城だけですが、天守は織田信長が安土城を建てた天正4（1579）年以降に権威の象徴の意味合いが付加され、五重以上に発達しました。松山城の天守もやはりその頃に築造されたと見られます。それゆえ庄氏の合戦を偲ぶには、むしろ山道の高低や地形が明示された地図の方が感慨を湧かせてくれます。図2－1－6は「ふいご峠」に

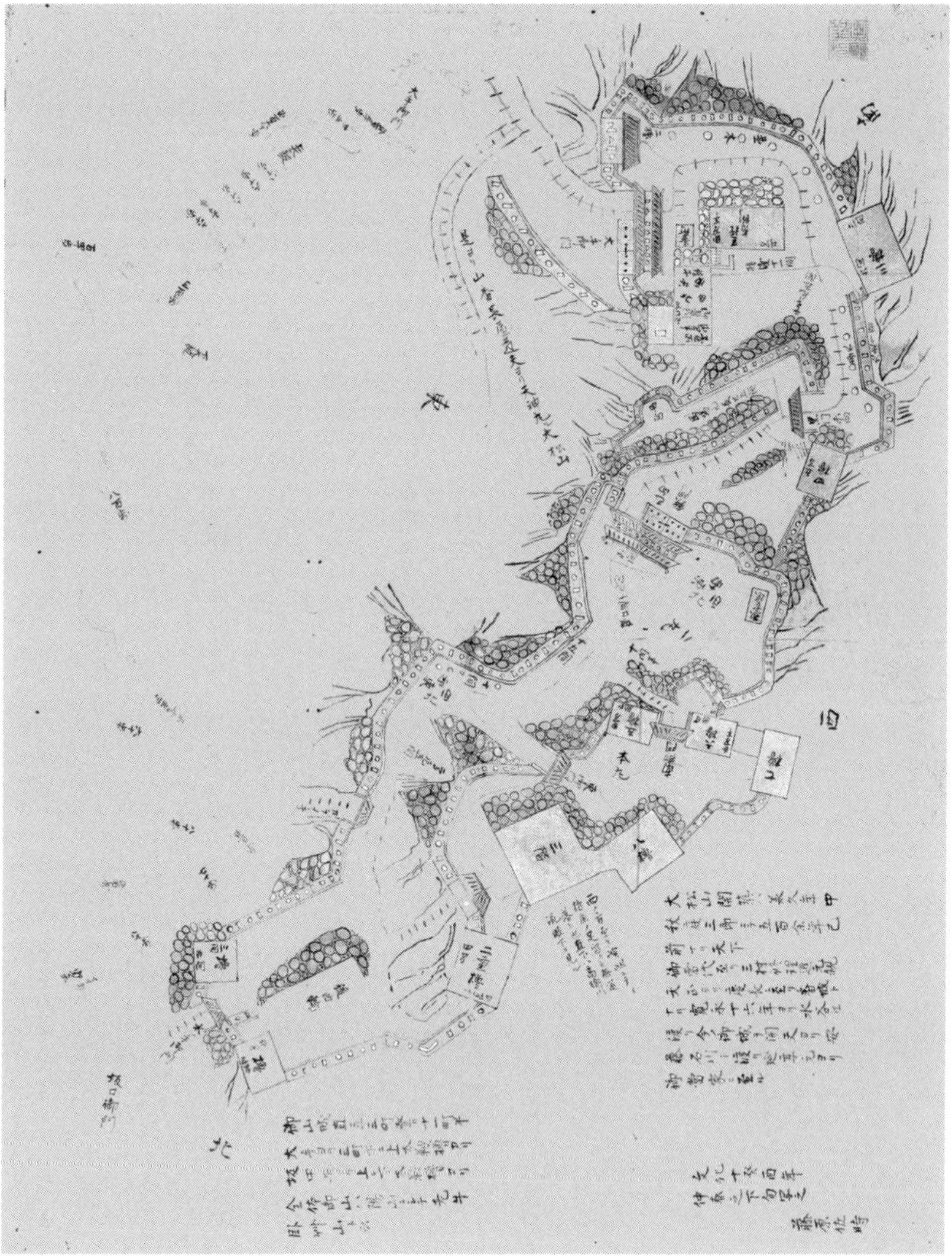

図 2-1-5　松山城絵図（出典：岡山県史編纂委員会編纂『岡山県史 第26巻 諸藩文書』1983）

立っている看板です。

　高梁駅からバスや自動車で城見山公園駐車場まで行くと、12月から2月までを除きシャトルバスが出ています。それに乗って「ふいご峠」まで行くと、そこに登城口があります。私は「御根小屋跡」に建てられた美しい石垣の高梁高校まで自転車で行き、そこから徒歩で自然遊歩道を登りました。土で泥濘んでいた猿掛城とは異なり、岩で階段が整備されていますが、高いと1段が50㎝近くあります。猿に注意とか様々な看板があるので気は晴れますが、40分間繰り返し、自分の上体を一歩一歩、太腿で持ち上げねばなりません。途中に人気もなく、すれ違ったのは1人だけ。夕方の登山だったため次第に日が陰り、焦って汗だくになった頃、人の声が聞こえてきました。登頂し終えたかとほっとするとそうではなく、そこがふいご峠でした。バスで上がった人は、ここからが登山口です。

　気を取り直して坂道に戻ると、次第に堀切や石垣が姿を現わし、最後に小松山の天守が見えてきました。意外に小さい。江戸城・姫路城など平地に立つ巨大な近代城郭を見慣れると、城

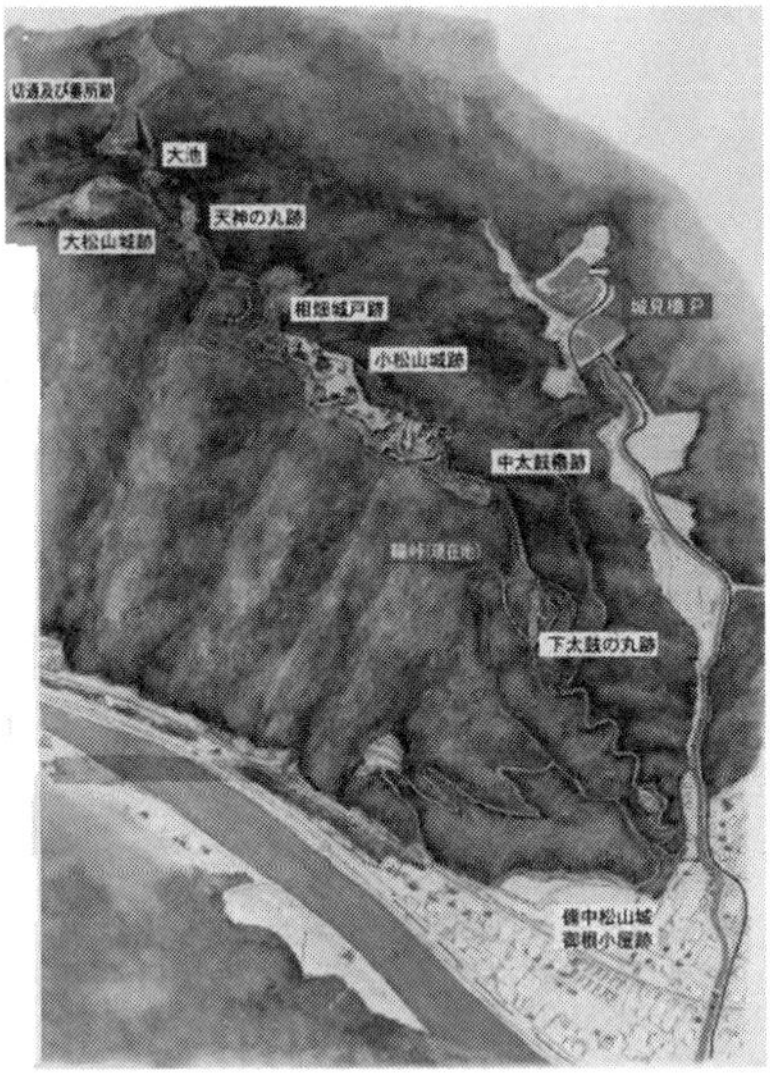

図 2-1-6　備中松山城鳥瞰図（ふいご峠に設置された案内板より）

には天守があり、殿様はその中で生活して、と錯覚しますが、この城は戦いのための砦です。高資や勝資はここに籠城し、攻める側は私と同じように平地から登りました。鎧を着ての行軍ですから、きつさは倍加したでしょう。さらに大松山まで行くと「大池」があり、刀の血糊や切り落とした首を洗ったとされます。高資の首もここで洗われたのでしょうか。首は毛利元清が本陣とする猿掛城に持ち帰られ、禅応寺に葬られました。私は小松山で引き返し下山しましたが、全体で2時間は要しました。山道の徒歩でそれくらいかかる距離を登り切り、それからが本番の合戦です。弓矢と刀、槍が交錯し、首を取り合う厳しさを実感しました。

備中兵乱と麦飯山の合戦

本書の本筋からは逸れますが、悲劇として知られる「備中兵乱」に一言触れましょう。三村元親の父である家親は、永禄9（1566）年に宇喜多直家に言い含められた顔見知りの浪人に銃殺されます。宇喜多直家は暗殺と策謀の達人でした。元親は宇喜多を仇敵とみなし復讐を誓いますが、三村の後ろ盾である毛利はあろうことか天正2（1574）年に宇喜多と和睦します。この和睦は元親には耐えがたく、毛利から離れるという悪手に踏み切ります。その結果、天正3（1575）年、元親が籠もる松山城は毛利・宇喜多軍に攻められ、落城するのです。

元親は城から出て辞世の句を詠み、自害。家親とともに高梁の頼久寺に葬られました。この「備中兵乱」の悲劇を経て、備中一円は毛利家の支配下となったのです。

その4年後の天正7（1579）年、宇喜多直家は織田信長に帰属し、毛利と袂を分かちます。天正9（1581）年、毛利輝元は宇喜多支配下にある児島攻めを決断します（麦飯山《むぎいざん》の合戦）。この考えを聞いた小早川隆景はこう述べたと、津々系譜が伝えています。

「浮田直家は名高き弓取、容易には攻め難し。児島を攻めるとも直家後詰めせば大事の合戦なり。直家が籌策を挫ん者は今当家には候わず。某《それがし》、年老いて役には立つまじけれども、元就卿に属し奉りて軍の勝負は粗覚候《あらおぼえそうろう》（注・心得ている）。某に二万の兵を添え給わば参りて児島を取り申さん。案ずるに、備中国庄・植木が党、数度の軍に勇敢を顕し候。この者ども出雲に行き浪人の体なれば本国へ召し返され、児島の先手をさせては如何」。

「勇敢」というのは、武将としての庄氏を敵ながら天晴れと認めた言葉です。そんな庄勝資、植木下総守、福井らを出雲から呼び寄せ、児島攻めの先兵にさせようというのです。勝資と植木は輝元からの使者を受け出陣します。小早川隆景・安国寺恵瓊を大将、庄・植木を先魁として、2万余騎が児島麦飯の城に襲いかかりました。毛利方は兵粮も豊富でしたが、宇喜多は運送路を巧みに塞ぎ、植木下総守が深手を負います。それでも毛利軍が勝利しますが、勝資は果敢に闘い、落命します。その様子を津々系譜はこう伝えます。

城方大将明石源三郎、一文字に切り出て円石を大山の峰より転倒する如く働く。隆景・安国寺、これを見て、麾《さしずばた》を振りて士卒を下知す。城方已《すで》に敗北す。庄兵部少輔勝資、白星の甲を着け、黒糸縅《くろいとおどし》の鎧に十文字の鎗を提げ、士卒を勇ましめ、つと走らせ入りて明石源三郎を突き伏し首を取りて立ち揚る所を、源三郎が手の者、勝資を突き伏す。明石が家老田中源四郎を植木孫左衛門鎗付け首を取る。

勝資は明石源三郎の首を取ったものの、敵に突き伏されたというのです。この勝資の討死にを、毛利輝元は大功とみなしました。そこで2歳であった宮若丸を勝資の嫡子とし、勝資の叔父である庄右京進と植木孫左衛門両人を後見とします。所領としては、宮若丸に2万石、右京進・孫左衛門には5000石ずつ、一族の津々加賀守・福井孫六左衛門にも各2000石ずつを与えました。領地は水田、呰部、中津井、津々、西方、野々上、悪地、布施、戸目倉、美作内久米郡とされました。水田《みずた》、呰部、西方《にしがた》は、為資以降の庄氏の勢力圏となった、現在の真庭市にある地名です。「悪地」は現在の真庭市阿口《あくち》でしょうか（布施、戸目倉は現在の位置を確定できません）。中津井は庄氏がかつて斉田（才田、佐井田）城を、津々は津々城を構えていた地です。毛利輝元に「大功」を認められた庄氏は、往年の領地の一部を取り戻したことになります（「美作内久米郡《くめ》」は真庭市から東に離れた津山市の南にありますので、「飛び地」も得たのかもしれません）。宮若丸は長じて庄三治郎信資を名乗りますが、幼少である間は勝資の弟である庄市之亮資直が庄家の家督を継ぎ、庄家十八代目となっています。

天下統一と毛利氏の敗北

その市之亮資直の元に、天正5（1577）年、一通の驚くべき書状（朱印状）が届きます。差出人は織田信長。印章には「天下布武」（天下に七徳の武を布く）とあります。「七徳の武」とは中国の『春秋左氏伝』にある言葉で、「暴を禁じる、戦をやめる、大を保つ（王位の安定）、功を定める、民を安んじる、衆を和す、財を豊かにする」を意味します。*28 天下を統一し戦乱を収めるという決意を示すため、信長が美濃を制圧した永禄10（1567）年頃から用い始めた文言です。

その面《おもて》に至り進発すべく候。それに就き、羽柴筑前守差し越し候。万端その意を成し、羽柴次第、忠節抽《ぬき》んずべきこと専一候也。

九月廿七日　　織田信長朱印　天下布武

庄市助とのへ

「その方面に出陣すること。それにつき羽柴筑前守（秀吉）を派遣するので、全て羽柴の意を汲み、忠節を尽くすことが肝要」、といった内容です。天正5（1577）年、信長は天下統一の途上にあり、方面軍を編成していました。北陸は柴田勝家、大坂は佐久間信盛（のちに畿内を明智光秀）、そして「中国攻め」を秀吉に命じます。毛利が中国から播磨へと勢力を伸ばしているので、叩いておけという指令です。そこですでに毛利の配下にあった庄一族は毛利を裏切り、秀吉に従えというのです。怖ろしい誘いもあったものです。

備中国三強の一角・宇喜多直家は天正9（1581）年に病没、その子秀家は秀吉の麾下にありました。秀吉はその宇喜多の1万を加えた3万の兵を率いて備中高松城を襲撃します。高松城では備中兵乱で三村氏が滅びた後、その家臣であった清水宗治が毛利の傘下にあって城主を務めていました。翌天正10（1582）年、秀吉は有名な「水攻め」を敢行します。猿掛城を本陣としていた毛利輝元は、秀吉の勢いを肌で感じて織田勢の強大さを察知します。熟考の末、毛利は備中・美作・伯耆の3ヶ国を差し出し、和睦に応じます。清水宗治は秀吉が出した自刃という条件を飲み、すべての責任を負って見事に自刃を果たします。秀吉は宗治につき「武士の鑑」なりと讃えました。

この備中高松城の戦いのさなか、信長は本能寺の変で明智光秀に討たれ、秀吉は急遽毛利と和睦し、山崎の合戦で光秀を討ちます。毛利は和睦にもとづき領国割譲を要請、西伯耆と備中高梁川以西の広大な地域を領国としました。秀吉は天正18（1590）年、天下を統一します。

　ところが秀吉は戦いに飽くことなく、文禄・慶長の役に突き進みました。文禄元（1592）年、明の征服と朝鮮の服属を目指し、宇喜多秀家と16万の軍勢を朝鮮に差し向けたのです。勝資の嫡子、宮若丸は長じて庄三治郎信資となっていましたが、蔚山《ウルサン》において2年後の遠征で落命してしまいます。津々由緒書はこう記します。

　文禄元（1592）年、高麗陣の節、宮若丸最早成人にて庄三治郎信資と云う。毛利家無二の幕下なれば、渡海あるべきところ、初合戦には植木孫左衛門、小早川の手に属し出陣す。後の御陣、文禄三（1594）年、庄三治郎信資、その外、舎弟宗右衛門直清・植木五郎兵衛尉、三将出陣これ有るうち、庄三治郎信資家臣福井・若林・太田・平田・日野・川野・隅野・宗本・池田等を始め、室・湯浅・鈴木・長木・武村・蜂谷、下々の侍、都合五十余騎、大将信資一同毛利に随い、冷泉《れいぜい》民部（注・元満。毛利家家臣）と相備（注・隣の陣）なり。蔚山の外構に居る漢南人と戦いて討死す。

　蔚山といえば加藤清正が日本式の山城を築いて戦ったことで知られていますが、それは慶長

2（1597）年のことです。信資はそれ以前に「外構」で戦没したのでしょう。それにしても、封建時代は土地の取り合いですから、これは秀吉とは思えない悪手です。元寇に対する国防と同じく、恩賞としての土地を支払えないのですから。戦略に合理性を持たせるには、征服ののち常駐するしかありません。

信資は子のないままで戦死したため、弟の宗右衛門尉直清が跡を継ぎ十九代目になります。津々系譜は述べます。

直清は毛利家宍戸備前に属し、五郎兵衛も同じく関東御陣に従い、旗奉行を務むと云う。

「関東御陣」とは秀吉の北条征伐（小田原征伐）のことで、兄信資の生前に当たる天正18（1590）年の戦役です。天正10（1582）年の高松城の水攻めを機に毛利氏は秀吉に服しており、直清は秀吉－毛利－宍戸備前守の傘下で従軍します。次いで朝鮮遠征にも出向きますが、無事帰国しています。

ところが慶長3（1598）年、秀吉が没すると、慶長5（1600）年には豊臣政権内部の政争から、関ヶ原の戦いが勃発します。西軍は秀吉との縁から毛利輝元が総大将で、宇喜多秀家は副大将として参戦しました。東軍は徳川家康が中心でした。ここで西軍が勝てば毛利幕府の誕生となったところですが、残念ながら東軍が勝ち、徳川幕藩体制が幕を開けます。松山由緒書はこう述べます。

慶長年中濃州《のうしゅう》（美濃）関ケ原一乱後、毛利輝元領国七ケ国没収仰せ付けられ、当国も闕国《けっこく》に罷《まか》りなり、麾下《きか》（旗本）の国士一同に其の節浪人致し、宗右衛門尉直清津々邑《つつむら》へ引籠り、……（略）。

毛利は秀吉政権下で、西伯耆および備中高梁川以西を領国として得ていました。ところが関ヶ原の戦いで西軍の大将として一敗地にまみれたため、徳川政権においては備中の領地を没収され、最盛期に中国地方112万石を誇った毛利氏は、周防と長門のわずか2国（36万9000石）に転封《てんぽう》を命じられました。中国地方の多くは領主を欠いた闕国《けっこく》の状態となります。備中一円のこれまでの闘いは何だったのか、と呆然とさせられる結末です。浪人となって津々村に引きこもった直清もそんな心境だったに違いありません。

武将時代の庄氏は運命の荒波に翻弄され、めまぐるしくその立場を変えました。まずは地頭として小田川と山陽道の利を生かし、成り上がります。京都では本家が細川京兆家で重用され、地元では庶子が守護代として地力を付けます。やがてその力は京兆家も守護も押さえられなくなるまで膨らみ、伊豆守元資は既存の政治のしばりを無視して備中大合戦を引き起こします。為資の時代には松山城主に成り上がりますが、ライバル三村との確執はより大きな勢力を持つ尼子・宇喜多そして毛利を備中に招き込み、結果的に毛利が備中の覇者となります。

庄家からは、三村・毛利との対立で勝資が備中を離れ、毛利に乞われて児島攻めに出陣したものの討ち死に。嫡子である信資も秀吉の命で出陣した朝鮮侵攻で戦死してしまいます。小田川・高梁川流域の経済力を背景に日の出の勢いだった庄氏も備中外のより強大な力の渦に巻き込まれると、なすすべありませんでした。

ところが毛利もまた信長・秀吉の天下統一の潮流に飲み込まれ、一歩退いて確保した豊臣政権下の大老の地位も内部対立に端を発した関ヶ原の敗戦で奪われてしまいます。毛利までが逼塞させられたことで、備中の諸勢力は行き場を失いました。芭蕉の「夏草や兵《つわもの》どもが夢の跡」という句は、庄氏、三村氏を始め、備中を舞台に勇躍した武将たちにこそふさわしいと思われてなりません。

第二章

庄屋の時代（江戸）——前半の躍進、後半の停滞

備中再編と「大名の大異動」

庄宗右衛門直清は、慶安2（1649）年まで生きながらえます。跡継ぎは庄家二十代目の津々與左衛門直明ですが、津々系譜には興味深い注記があります。「津々村本家農戸初代　本姓庄氏、故ありて毛利家の命にて改む」。「改む」というのは「庄」の姓を「津々」に変えたということです。なるほど庄家にとって毛利は、津々系譜で表現されるように「無二の幕下（家来）」となった相手で、毛利の命でかかわった合戦において勝資と資直が戦死しています。

けれども毛利氏は関ヶ原の合戦における敗軍の長として備中を手放しますから、直清の死後となると毛利と庄家の縁が切れて半世紀も経っており、命令が及ぶはずがありません。ということは、毛利が備中を支配していた時期に、早々と家督は直明に移行していたのでしょう。直清は天正18（1590）年の関東御陣（小田原征伐）、天正20（1592）～慶長3（1598）年の朝鮮出兵に従軍し、備中が関ヶ原の敗北で闕国になってから津々村に引き籠もっています。となると「庄」の名を消して居住地の津々に変えたのはそその時以降、毛利が備中から撤退するまでの期間でしょう。土豪は幕府により取りつぶされる可能性があるので、それを避けるためには過去を消せという、親心からの命令だったのかもしれません。ともあれ直明は「津々」を名乗り、武士であることを捨て、農戸として再出発します。

背景にあったのが、徳川家康による「大名の大異動」命令でした。そもそも「御恩と奉公」を原則とする封建体制では、合戦で殊勲を挙げれば領地を拡大できます。庄家は成り上がりの途中で断念させられましたが、毛利は安芸国吉田荘から始めて周防、長門、備中、備前と領土を拡げ、豊臣家の臣下として関ヶ原の合戦では西軍の総大将となるまでに急成長しました。幕藩体制を築くに当たり家康がもっとも腐心したのは、このように力を付けて挑戦してくる者が二度と現れないような体制を築くことでした。つまり「生産力の原理」と「安全保障の原理」のうち、後者を大幅に手直ししたのです。

室町時代においても1500年頃、細川京兆家が単独で最大の権力を持ちました。ところがその細川が命じても、元資の領土拡張欲は制御できませんでした。徳川家が権力を独占するだけでは戦国時代の再来は防止できない。そう痛感した家康は、熟考を重ねたに違いありません。

これについて『高梁市史』が興味深い指摘をしています。家康は「領土も自分の手で得た私有物という考え方を改め、将軍がすべての土地を管理しており、大名はその一部の管理権を将軍家より与えられるという考えへ変え[*1]」ようとしたというのです。

その目的を達成するため、家康は合戦終了からの2年間で戦国大名たちの処分を断行しました。西軍に属した大名の93家は改易（除封《じょほう》、取りつぶし）。宇喜多秀家は備前・美作・備中半国の全領土57万石を没収、毛利は安芸・石見・出雲・隠岐・伯耆・備後・備中を没収され、周防・長門の37万石へ封じ込められました。[*2]

藩の配置についても、大胆な所替えが行われました。中部と畿内・関東という中枢部には、尾張・紀伊・水戸の御三家（親藩、徳川の近親）および関ヶ原以前から徳川家に使えてきた「譜代」が置かれました。また外様同士が接触したり協力できないよう、その間にも譜代が割り込んで監視しました。天皇家に対しても京都所司代や伊勢の山田奉行を置き、全国の主要都市や金銀山・貿易都市は直轄領にして、郡代や代官・奉行が派遣されました。

この大改造の目的は外様大名を孤立させ監視することにありましたが、それだけではありません。強い戦国大名には共通点がありました。心を寄せる同族および領民を「おやかた様」（大名）が率いるという一体感です。そこで領主と領民を結びつける歴史的な紐帯を断ち切り、領主は幕府が所有する土地を貸与され経営する「官僚大名」へと改心させられました。[*3]

改易・減封・所替えといった大改造は、備中においては慶長6（1601）年頃の支配地図2－2－1のように行われました。松山城周辺から津々を含み現在の新見市に当たる領域は「御領」、すなわち幕府など公儀が直接支配する直轄地とされました。松山城の真北は豊臣家の領地になっていますが、これは関ヶ原の戦いの後も秀吉の子・豊臣秀頼が大坂城にあって名目上は秀吉の地位を継承していたためです。幕府が水谷《みずのや》氏を赴任させると、豊臣家の領地と新見市に当たる御領は合わせて水谷氏の領地となり、それ以外は早水氏が備前池田氏、その東の御領が木下氏へと支配者が替わるものの、面積の変化はほとんど見られません。その後、幕府が改易や所替えを駆使しつつ、大名たちを根無し草にしていくのです。

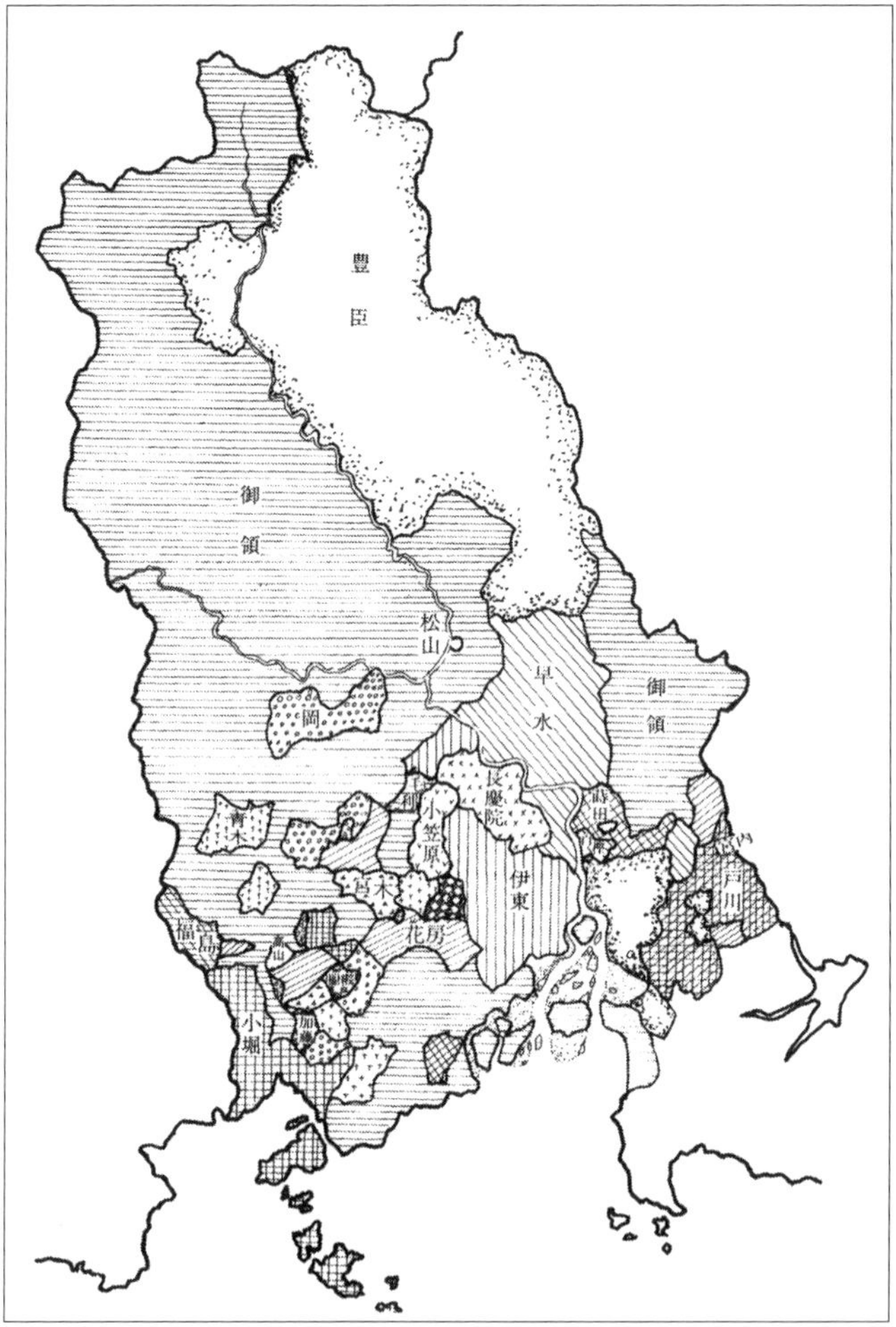

図 2-2-1　小堀氏時代領地地図（『増補版高梁市史』上巻 p.270）

分家する庄家

江戸時代において「大名」とは、幕府が領主権を承認し、知行地と石高が記された「知行目録」を発給された者を指します。[*4] 松山藩においては、まずは小堀氏二代が代官となり（1600～16）、池田氏が入封《にゅうほう》しのちに除封《じょほう》（1617～41）、水谷氏三代が入封しのちに除封（1642～93）、安藤氏が入封しのちに転封《てんぽう》（1695～1711）、石川氏が入封しのちに転封（1711～44）、板倉氏七代が入封して統治（1744～）し、1868年の明治維新を迎えます。

代官や大名といっても、彼らは幕府から指名されて備中を統治した人々です。戦国大名が知謀を駆使して合戦を仕掛け、領地の拡大を目指したのとは対照的に、彼ら代官と大名は赴任先を幕府から指示され、農地の収穫と開墾、そこからの財政収入を増やすことを目的として、社会経済政策を施行しました。軍事中心の武断政治は、産業振興とまちづくりを二本立てとする社会経済運営へと大きく転換したのです。以下、江戸期に農戸となった庄家について述べますが、まずは背景として、いかなる社会経済状況においてどんな政策が講じられたのかを大摑みにしておきましょう。

大きく言えば、1600年代は積極的に社会経済の環境整備が行われた成長の時代です。小堀氏二代から池田氏の時代まで、松山の城下町ではまちづくりが行われました。ここで現在につながる町割りや道が設定されています。次の水谷三代は、公共事業の時代です。松山城を改修し、麓に御根小屋を建設しました。上流から下ってくる高瀬舟からいったん松山で荷を降ろさせる「継舟制」を制定して、流通に税を掛けました。高梁川が瀬戸内海に注ぐあたり、玉島に松山藩の領地を飛び地のように持ち、新田や塩田を開拓、港を整備しました。その上で高梁川とつなぐ水路を開き、商品を高瀬舟で河口まで運び、玉島港で瀬戸内海の西廻り航路に載せ替えて、大坂や江戸へと送りました。こうして山々に囲まれた松山藩の経済が、日本全体の経済循環に結びついたのです。第2部第4章で述べるように、まちづくりが有効には機能していない昨今の高梁を思えば、信じがたいほど見事な構想力と実行力が発揮されたのです。

ところが1600年代の末頃までに生産性の高い未開墾の土地がなくなると、原初的な稲作では総収穫量は頭打ちになります。それとともに、政策は収穫の成長を引き出すよりも、現にある収穫から税をいかにかすめ取るかに力点を移しました。これは悪政でした。当初、財政は潤沢だったのですが、五代将軍綱吉による元禄の大奢侈により、徳川幕府は破綻に瀕します。そこで全国に広まったのが、貨幣改鋳（悪鋳）と検地の苛酷化でした。安藤・石川時代から板倉八代の時代まで、耕地の拡大も技術の革新もないままに、除封・転封のたびに検地が課されました。

経済は停滞し、嘉永2（1849）年になってついに農民層から俊英・山田方谷が起用され、藩財政に改革のメスが入ります。それが成功したせいで藩主の板倉公は幹部に取り立てられ、幕府の改革を担当。一方で時代は幕末へと歩みを進め、幕府側である松山藩は維新の敵とみなされるのです。

この間、庄家はというと、1600年代の成長の時代には慶安2（1649）年に直清、承応2（1653）年に直明が亡くなっていますが、直法は正徳4（1714）年まで長く当主を務めました。直重の砦部への分家は元禄11（1698）年と時代の境目に当たり、それまでは藩経済の安定期でした。直亮による有漢への分家は村役を仰せつかった明和元（1764）年以前、直英による松山への分家が天明年間（1781～89）で、菅助直則が明治維新を体験するまで、砦部分家以降は経済停滞の時代に当たります。

代官・小堀二代の手腕

以上が江戸期における松山藩と庄家の動向です。ここからは松山藩の政策を確認しつつ、庄家の系譜を辿りましょう。まず小堀氏二代（正次・遠江守政一）の16年間にわたる代官ですが、土豪も毛利も退去した権力の空白地で手腕を振るうのですから、幕府の期待にどれだけ応えるかが問われました。

ひとつは検地です。慶長総検地とも備中では小堀検地とも言われるもので、農地に課税する際に前提となる、それぞれの土地の生産性を調べました。戦国時代までは農民が村（惣村）を単位として自己申告で領主に年貢を納め、しかも有力農民が中間でとりまとめたり、複数の領主に収めたりしていました。検地の目的はそんな曖昧さの払拭にあり、所領の規模は面積や貨幣価値ではなく米の生産高（石高）で統一表記され、年貢は石高に応じて徴収されるようになりました。

1石とはおよそ大人ひとりが1年間に食べる米の単位で、1000合に換算されます。[*5] 1石をひとりの年俸とすれば、1万石で1万人が養えることになり、これは武力も意味します。土地の生産性は、面積およびそこから収穫された米の量を枡で測ることで設定され、田畑は等級付けされました。検地により、幕府は中央にいるままで各藩が農民に対し実際に課すことが可能な年貢を把握できるようになって、大名の財力・戦力が明るみに出されました。

二つには大坂冬の陣（慶長19年）で、小堀氏は大量の米や鉄を大坂へ急送しました。それには高瀬舟を用い、当時港の形をなしつつあった河口の玉島から瀬戸内海に荷を移す手法を構築し、その手腕が評価されて、小堀氏は江戸に呼び戻されました。

ただ私としては、小堀氏二代が備中兵乱で荒廃した城ではなく、頼久寺で執務したことも業績に挙げたいと思います。遠州守政一は境内で作庭し、美しい蓬莱式枯山水を残しました。頼久寺の庭園は砂が海、石や植え込みが島で大海

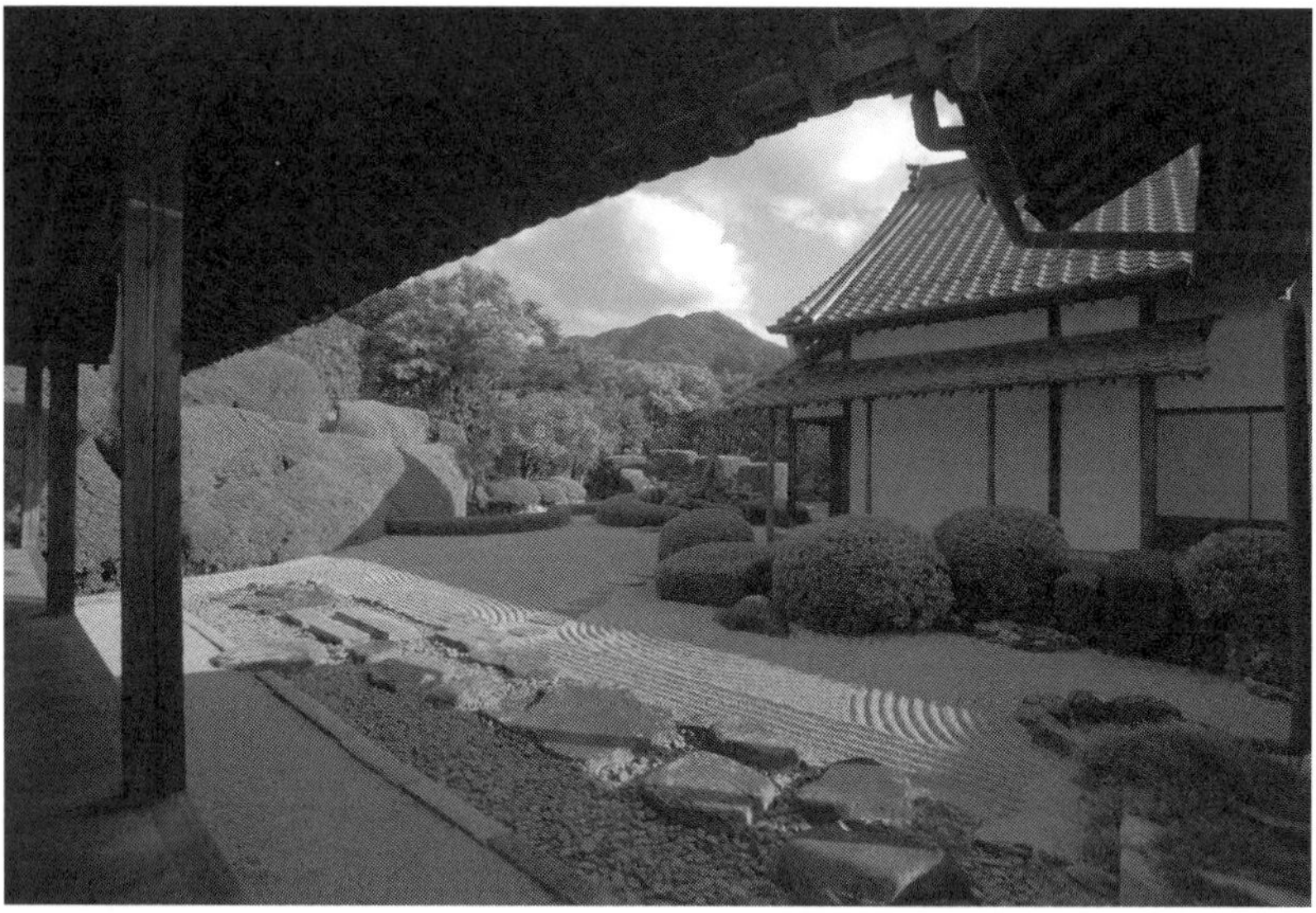
写真 2-2-1　頼久寺庭園（撮影・藤井泰宏）

を表すといった意匠で有名ですが、それだけではありません。高梁の特徴は、遠景として霧のかかった愛宕山をいただいていることです。それを借景し、中景としての庭園が構築されているのです。この構図は絶妙です。寺の縁側に座る、見る者自身の身体を近景とすると、近景が働く人々、中景が街並み、遠景が山々とする高梁の伝統的な町並は、頼久寺庭園の眺望を模するかのようです。電線や電柱、けばけばしい看板で景観が汚染されている現在の高梁からは隔絶された光景で、いまなお心が洗われます。現代人は便利さを優先しますが、こうした景観を頼久寺外の街並にも持てた江戸人はどれほど豊かであったかと、想像するだけで陶然とします。
小堀氏二代は頼久寺近くの「御根小屋」建設

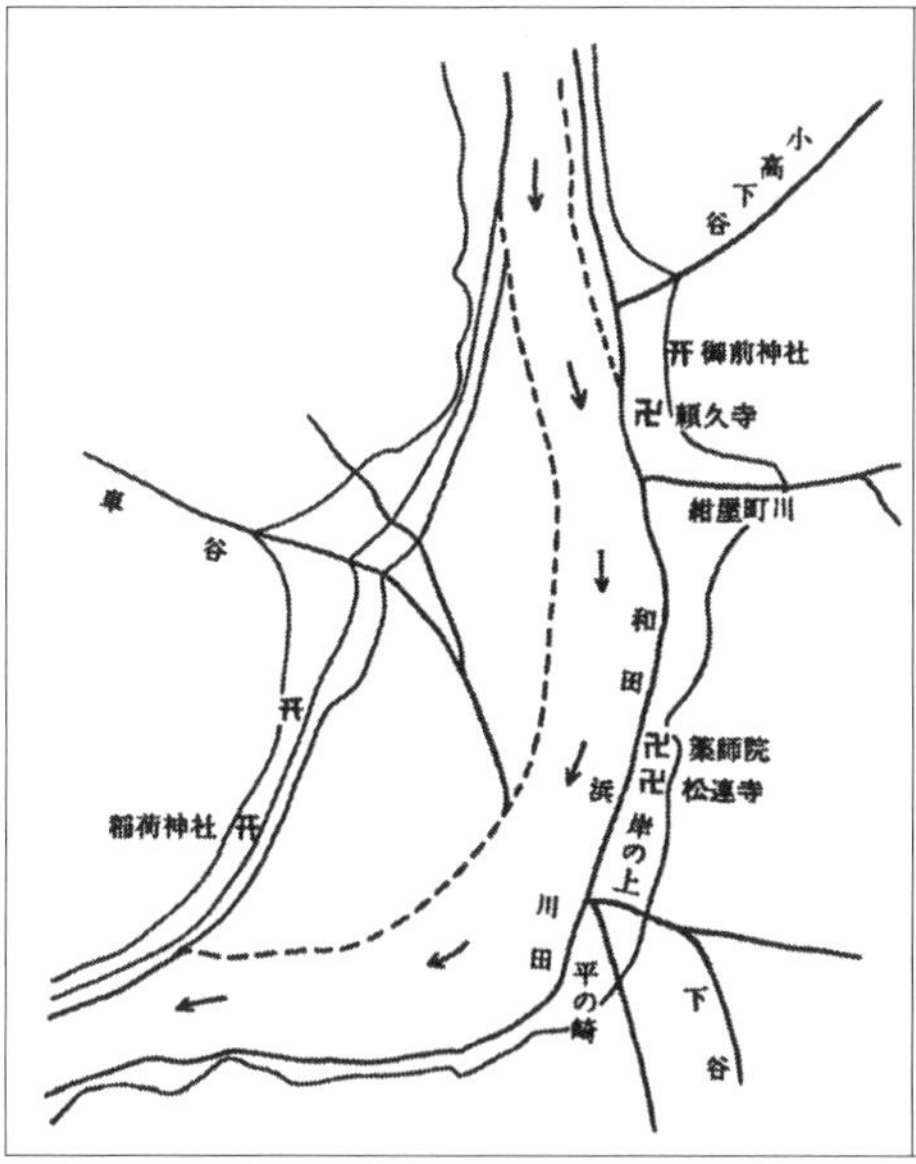

図 2-2-2　15世紀の高梁川流路
(『増補版高梁市史』上巻 p.17)

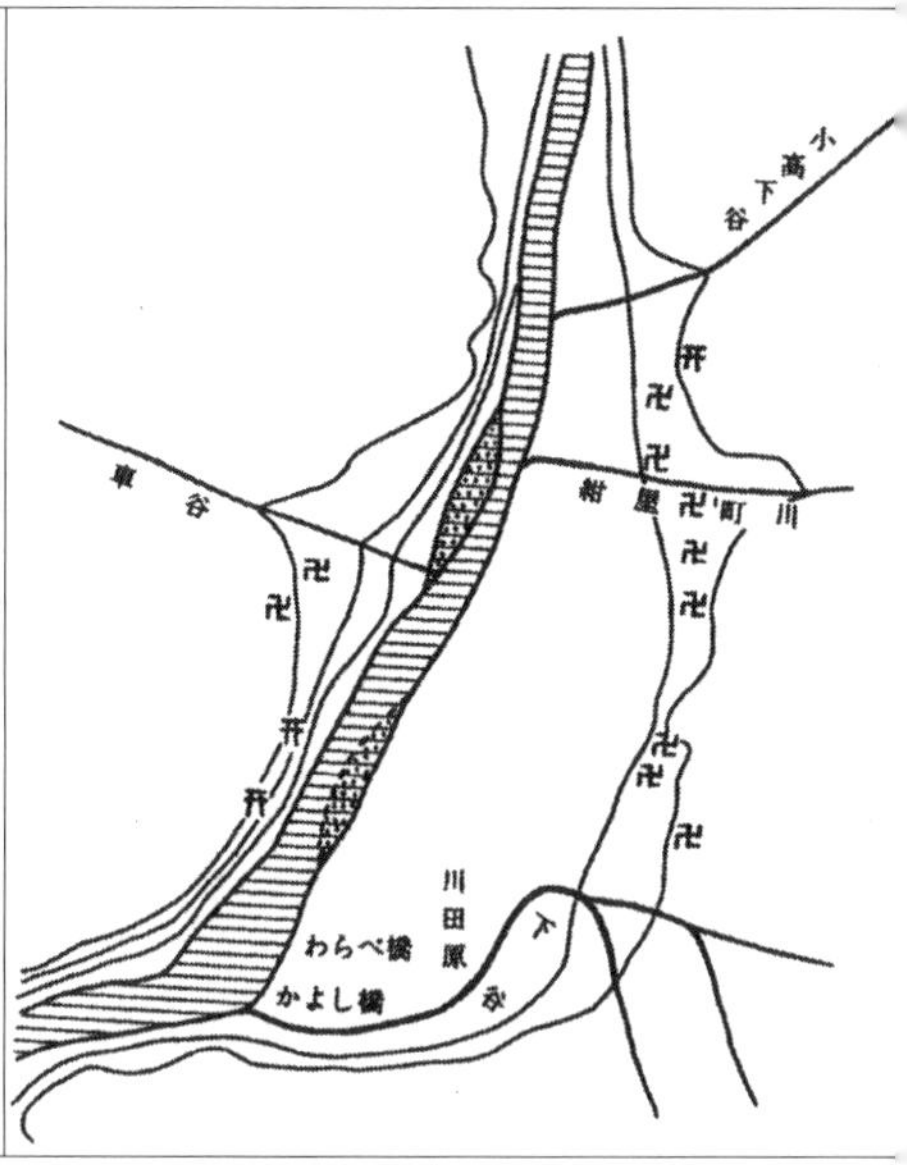

図 2-2-3　17世紀の高梁川流路
(『増補版高梁市史』上巻 p.20)

にも着手しました。松山城のような山城は、いざ戦さというときに立て籠もる要塞であり、城主が日常において生活する居館を取り囲む集落は、中四国では「土居」、関東では「根小屋」と呼ばれ、この形態の城郭を「根小屋式城郭」と称します。１０２ページで記したように、美しい石垣の御根小屋跡は高梁高校となっています。

その街並は、もっぱら池田氏時代（１６１７～41）に整備されました。それが急務となったのには、前提として高梁川の流域の変化がありました。というのも旧高梁町の町域は、高梁川の流域により移動しているからです。古代には、現代の住宅街すなわち等高線70m以下は、氾濫域でした。次いで流域は盆地の東側、頼久寺から薬師院、松連寺といった山裾を川岸とするように移動しました。記録によると嘉吉2（1442）年頃の高梁川は東側の山裾を流れており、今の川筋は慶長17（1612）年頃以降のものです。

流域の移動はなぜ生じたのでしょうか。それについては『高梁市史』が興味深い指摘をしています。集中豪雨が高梁盆地を襲い、小高下谷《ここうげだに》や紺屋川《こうやがわ》が氾濫して崖崩れが起き、多量の土砂を押し出して、高梁川の東側の入り口を塞いで流れを西の方に追いやったのだろう、というのです。高梁川周辺の山は、土石流となって「山津波」を起こしやすい性質があります。もろい花崗岩で覆われているため、風化によって崩れやすいのです。1500年頃の集中豪雨で土砂崩れが起きたのだとすれば、現在のように西側が流域になるとともに、高梁川の東側に堆積地が出現していた可能性があります。そうなれば人家は自然発生したでしょうが、為資が松山城主となった1500年代前半は、まだ都市計画を施された城下町が存在していませんでした。池田氏時代を待って御根小屋を中心に町割りが幾何学的に編成され、高梁川東岸のあらたな土地も利用する、現在に至る城下町の原型が生まれたのです。[*6]

旧高梁町の町並みは、2つの原理に沿って出来上がっています。川と山に挟まれた自然条件と、山上の城と麓の御根小屋を中心に据えた都市計画という歴史条件です。[*7] 人々の暮らす場所が山裾のなだらかな斜面にあるという自然条件から、通りは川と並行に引かれました。また、家老や年寄など上級武士は城主が暮らす御根小屋近くに住み、離れるほど軽い職位の武士が住みました。中間町、弓ノ町や鉄砲町といった町名は侍の職務を示しています。

小堀氏の石高は1万3000石であり家臣は100名を越えなかったので、住居は御根小屋周辺で足りたはずです。けれども鳥取から入封した池田氏の石高は6万5000石、5倍から10倍もの家臣団を率いて移住してきました。それもあって池田時代には本格的な町割りに取り組まざるをえなくなったのです。

物財を生み出さない武士階級がこれだけ暮らすとなると、彼らの生活用品や物資が必要になります。農民は城下町には住みませんでしたが、生活用品を作る桶屋・木地屋・塗師、建設関係では大工・左官・建具、衣類では紺屋・機屋、その他醤油屋・酒屋など商工業者が、道を隔てて連なる町家に暮らすことになりました。転封で引っ越してきた家中と土着の町家では話す言葉も異なり、垣一つ隔てただけでも交際はありませんでした。*8

町名には、家中屋敷は「丁《ちょう》」、町家は「町《ちょう》」が付され、小堀氏時代末期に本町・新町が、池田氏時代に下町《しもまち》・鍛治町が取り立てられ（建設され）ました。池田氏に跡継ぎがなく除封となったあと、成羽から入封した水谷氏時代の寛文10（1670）年には、下町の南郊に飼育牛の牛市が立ったことから南町が取り立てられ、本町・下町・南町がつながって、旧高梁町の背骨とも言うべき長い幹線道路が出現しました。さらに東町も貞享2（1685）年に取り立てられ、町筋を直角に小路が結んで、町割りはほぼ完成しました。

町割は職位・職業別に行われました。本町・下町・南町と続く道からは正面に松山城が眺望され、町家は虫籠窓《むしこまど》や格子の窓、入母屋《いりもや》や切妻《きりつま》の屋根、垂木などの意匠を凝らしました。*9 城下町の防衛や家臣の生活といった必要を軸としたまちづくりではありましたが、情緒にしみる見映えの良さは江戸時代にピークを迎えました。残念ながら現在では、その完全な様子は想像するしかありません。そこで本書は折り込み付録として、鉄道が敷かれて一変する前の町割りや商家名、武家屋敷の配置などを地図上にいくつかの資料から再現してみました。当時の町割りの美しさに思いを馳せるよすがとしていただきたいと願います。

水谷三代と船舶流通管理

こうした町並みから生み出される経済は、それまでのように農業だけには止まりませんでした。職人の仕事は軽工業の萌芽でしたが、それ以外にも流通業が育ちつつありました。そこに着目した水谷氏は、高梁川を上り下りする高瀬舟が生み出す流通の利益に課税しました。

前述のごとく、舟運のための開削工事は徳治2（1307）年にすでに成羽川で行われていました。それとの関連は不明ですが、岡山県内の高瀬舟による流通は、資料に残る限り、少なくとも天文年間（1532〜55）には始まっています。高瀬舟についての専門家である高梁市教育委員会参与の田村啓介氏によると、実は高瀬舟は京都よりも岡山の方が早くから就航していました。[*10] 江戸時代初期の水運を発展させた京の豪商・角倉了以《すみのくらりょうい》の顕彰碑が、了以が建立した京都嵐山の大悲閣千光寺にあります。その撰文は林羅山が書いているのですが、そこには「了以が慶長9（1604）年に作州和気《わけ》川に行き、初めて高瀬舟を見た。この船なら全国の川に就航可能だと考え、京都へ広めた」という旨が述べられているそうです。

「和気川」は現在の岡山県和気町を流れる吉井川中流域の旧称です。和気周辺で初めて高瀬舟という平底の川船を見た、そこでヒントを得て京都で広めたということになりますから、高瀬舟の名前は京都の高瀬川から来るのではなく、「上流の瀬、高い瀬ものぼることができる船」ということでしょう。[*11] 高瀬舟のルーツは岡山県にあったのです。

水谷氏の河川行政として特筆すべきものに、「継船法《つぎぶね》」があります。慣行（古格）としてはすでに池田氏の時代に存在しましたが、寛永20（1643）年に河川法として成文法にしたのです。上流から高瀬舟が松山（高梁）へ着くと、下り荷物の一切を問屋に陸揚げさせ、下流への通り抜けは禁じました。逆に松山以南の高瀬舟も、松山から上流へのぼることは禁じられました。水谷氏の時代、松山以北で高梁川に関係ある地方はほぼ自領でしたから、こうした定めは一存で制定されたのです。

新見からの下り荷は出船の前日に積み込み、当日は朝8時に出船。前乗・中乗・後乗の3人が、櫂《かい》と竿を巧みに操って急流を下り、当日中に松山に着いて荷揚げします。1〜2泊してから荷を積んで、2日がかり（往復5日）で帰るという航路でした。城下で必ず宿泊させるのです。荷だけでなく船客もありましたから、松山では倉庫業・問屋業・旅館業が大いに賑わいました。高梁川の広小路下から本町・下町裏には、高瀬舟の舟だまりである「猿尾《さるお》」という石積みの突堤が点々と造られました。護岸を兼ねて水谷氏が築造したのです。

その上で、高瀬舟には「運上銀」が課されました。運上には舟の通航ごとに取る「船運上」と、積み荷の品によって異なる「荷物運上」とがあり、船番所で徴収しました。このように高瀬舟は、流通の売上げを課税対象とするだけでなく、旅客や業者に対するサービスの売上げ拡大にも貢献しました。それは主要な交通機関の座を鉄道や自動車に明け渡す昭和の初めまで続きました。

江戸時代には高瀬舟による流通業も税源となったため、水谷氏は舟路の開削には極めて熱心で、新見から松山、玉島までを繋ぐ航路を開きました。工事に当たった者には商工業にかんし優先的に特殊権益を与える問屋株や座が認められたので、鉄梃《かなてこ》を手に川を掘る難事業であっても、図2－2－4にあるような高瀬舟の航路が着々と開削されていきました。

新倉敷駅近くにある玉島周辺にはその昔、瀬戸内海の小さな島が点在していました。そこに

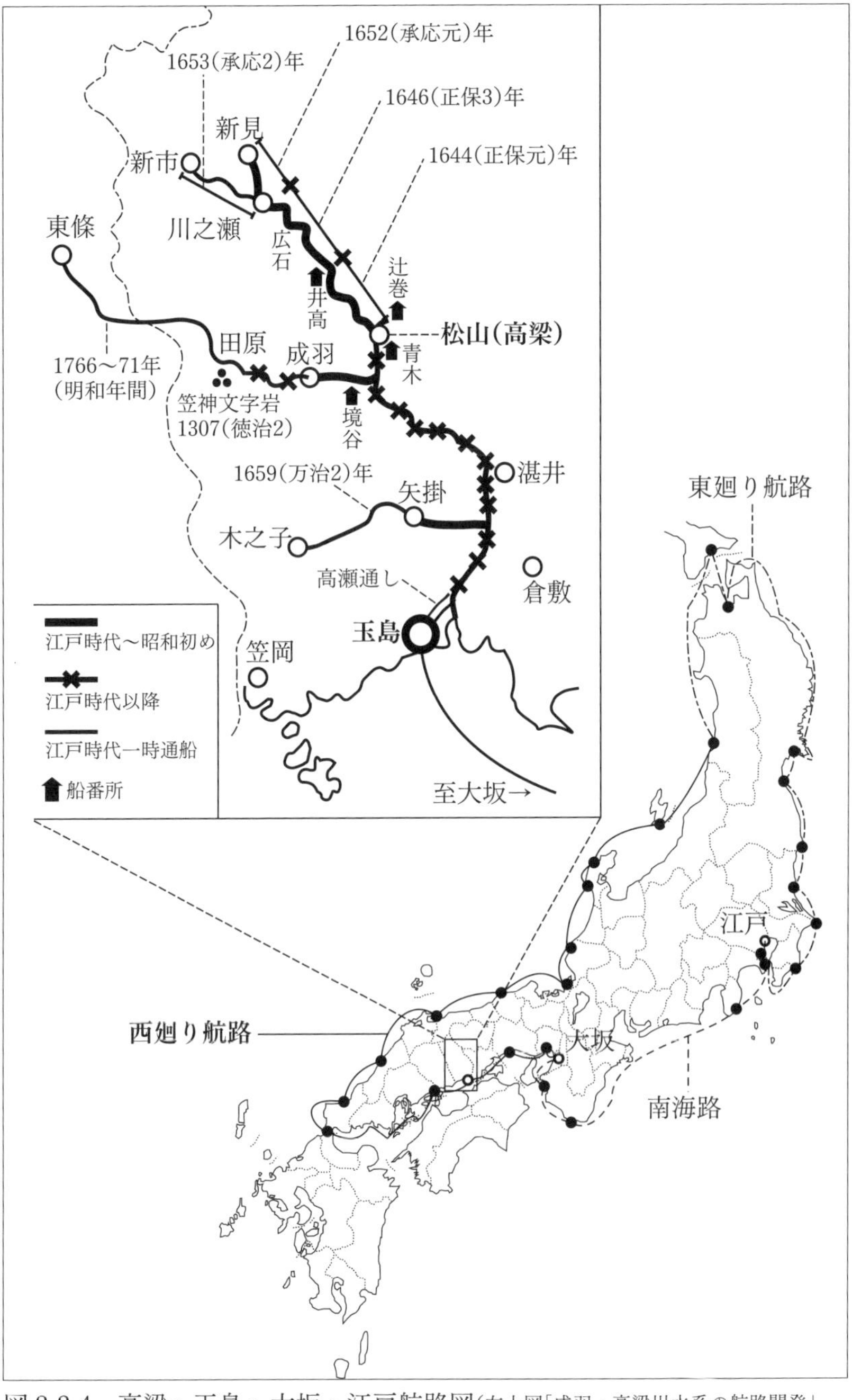

図 2-2-4　高梁〜玉島〜大坂・江戸航路図(左上図「成羽・高梁川水系の航路開発」は成羽町史編纂委員会『成羽町史 通史編』1996, p.367 より引用参照し、編集部にて加工)

水谷勝隆が万治2（1659）年に干拓事業によって新田を拓き、さらに玉島とつなぐよう阿賀崎周辺に潮止堤防を築きました。堤防上に問屋が集積、最盛期には43軒もの問屋や200棟を超える土蔵群が立ち並んで新町が形成され、殷賑を極めました。堤防内にも高瀬通し（運河）を開削し、周辺に港を築いて、玉島港が出来上がりました。松山藩は玉島地区にも領地を持ち、松山を高梁川の高瀬舟を経て海路につなぐ玄関口としました。これにより、山間にある松山藩が、西廻り航路・東廻り航路という海路によって日本中の消費地と結びついたのです。なかでも米は大坂の堂島に運び込まれ、米市場で値付けされました。全国各藩の経済はすでに海路により全国の市場と結びついていたのですが、そこに松山藩も接続されたのです。

高瀬舟ではどんな商品が運ばれたのでしょうか。新見からは米・銅・木炭・煙草・杉原紙・漆実・木棉等が松山に運び込まれ、松山からは塩や魚肥を積み込んで新見に戻りました。ただそれだけでは、腑に落ちないところがあります。為資にせよ、松山城に討ち入り、周囲に一族の城を巡らせ、毛利や尼子、宇喜多といった強力な戦国大名たちと命を削る合戦に備えたのです。松山という河川流通の要所を押さえることで、他を圧する財力が得られると確信するだけの決定的な商品があったのではないか。そうとでも考えない限り、山に囲まれた松山藩は不便に過ぎます。

「それはやはり鉄ではないか」というのが、田村啓介氏の推測です。中国地方に多い花崗岩には砂鉄が含有されています。花崗岩の崩れた土を掘り出し、鉄穴口《かんなぐち》から水とともに川に流して水洗分離し、泥鰌掬いの要領で採取します。水谷氏は哲多《てった》と阿賀《あが》の二郡の山地一帯に鉄山を開発して製鉄業を興しました。地名にしても哲多は「鉄多」、阿賀は「鋼《はがね》」から来ており、古来備中北部は砂鉄を豊富に含む花崗岩層で出来ていることが知られていました。

地質学のデータベースを検索すると、中国地方では、もろい花崗岩がむき出しになっていることが分かります。フィリピン海プレートが日本列島の下に入り込んで地下の古い層を表面に隆起させ、しかも新しい火山がないといった条件が重なったことが原因と思われます。それだけに中国地方では、大雨で「山津波」といわれるほど山肌が崩壊しやすいのです。[*12]

鉄は釘や工具にもなりますが、価値を持つものとして刀があります。岡山では中世以来、吉井川の下流で山陽道との交差点に「備前長船」という刀鍛冶の集団がいました。砂鉄を玉鋼に変えるには、火力が必要です。高瀬舟は、そこへ火力の強い赤松の炭を届ける役割を果たしました。呰部にも「国重」という名工がおり、「備中国呰部住国重」と銘した刀を打っています。これも高梁川と高瀬舟抜きには考えられないでしょう。鉄や備前の刀を消費するのは大坂や江戸ですから、玉島港から運ばれて行ったと思われます。こうして農業のみならず、鉄を中心とする様々な物産を運ぶ高瀬舟の流通が、松山藩の財政を豊かにしたのです。

津々村で庄屋となる

庄家は津々で帰農し、農戸としては初代（庄家としては二十代目）の直明が承応2（1653）年に亡くなって、津々彦左衛門直法が二代目（同二十一代目）を継いでいました。私は庄屋を営んだその家を訪ねてみることにしました。津々はもともと為資が信頼する弟、植木下総守藤資に斉田城を任せて以来、幾度もの合戦を繰り広げて死守した土地柄です。現在はその斉田城跡地から自動車で10分ほど行った辺り、車道からは奥まった場所に目指す家はありました。お城のように立派な石組みで、建物は昭和以降に建て替えたように見受けられます。裏に小高い丘があり、50ｍも上ると鬱蒼と草が茂る中に平地があって、古めかしい墓がずらりと並んでいました。現在のように家族でひとつの墓石を共有するのでなく、土葬でひとり一墓です。墓石は花崗岩で、やはり表面の刻字は崩れており、明確には読み取れません。裏の山に代々の先祖が土葬されているのですから、「ご先祖」は日々生きている人たちに語りかけるような存在だったのでしょう。

彦左衛門直法には、こんな書状が届いています。[*13] 読み下し文で引用します。

一筆申し入れ候。然らば、御隠居様御当地へ御座成させられ候節、十四五に罷り成り候子供、御小姓に召し仕えらるべく候旨、江戸より申し来たり候。それに就き、其の方三番目の子供これ有るよし見え申すべく候あいだ、明日、爰元《ここもと》へ遣わさるべく候。そのため、此の如くに候。已上、

二月十六日　　次兵衛㊞
　　　　　　　助左衛門㊞

津々村庄や
　彦左衛門殿

彦左衛門は直法のことで、この書状からは農戸二代目の時点で津々村の庄屋になっていたことが分かります。毛利氏が備中を去る際、家臣であった土豪には、毛利とともに周防へ移った者もありましたが、大部分は備中に残り、武士を捨てました。けれども土地の名家として民衆の信頼が篤く統率力があったため、推されて庄屋になる例が少なくありませんでした。津々の庄家もそうだったのでしょう。

この文章には、「江戸にいる御隠居が、津々へ戻った際には14～15歳の男子をお小姓として使いたいと江戸から伝えてきておられる。それについて、貴殿（彦左衛門直法）には第三子があり、この条件に合うということを聞いている。面接したいので明日こちら（次兵衛、助左衛門）へ連れて来て下さい」と書かれています。「御隠居」が誰かですが、庄家には相当する人物が見当りません。一族内の話ならば、次兵衛や助左衛門に取り次いでもらう必要はないでしょう。直法の第三子とは直勝・直重の弟です

から、「直文」です。直文については津々系譜と松山由緒書がそれぞれ「庭瀬荒木氏養子　荒木与治兵衛」「荒木六郎兵衛養子成ル」としています。御隠居とは、この荒木六郎兵衛かもしれません。小姓にして気に入り、養子にしたのでしょうか。

この「庄屋」とは、どのような役職だったのでしょうか。徳島県立文書館が平成17年に企画展「庄屋さんのお仕事」を開設し、分かりやすい紹介がネットに出ています。庄屋は代々世襲制で、幼少時から「庄屋学」とでも言うべき教育を受け、読み・書き・算盤に精通しました。自宅が藩の出先機関である村役場でもあったため、実地に学んで修得したのです。

職務には、次のようなものがありました。大名から検地を命じられた際、以前の検地帳を説明したり、現場を案内すること。村内の土地のひとつ一つについて検地帳に記載された石高と管理者を確認し、納入する年貢額を確定すること。年貢を取り立てて納めること。村内のすべての家について戸籍を調査（棟付改《むねつけあらため》）し、分家などの経緯、家族の氏名・年齢・続柄、夫役の有無、牛馬の数といった結果を報告すること。幕府や藩からの法令・命令を伝達すること。村人の証文に奥書して保証すること。もめ事の調停をすること、等等。税務・戸籍・公証人・裁判所をすべて兼ねるような多忙な職務です。それらの膨大な記録は、筆に墨で書き留められました。私は庄屋といえば畑仕事もせず気楽な職務かと思っていましたが、苛酷といって良いほど多岐にわたる仕事内容です。

元禄検地と百姓の嘆き

水谷氏三代には多くの社会的経済的な業績がありましたが、天和3（1683）年に松山城の修復を終え、御根小屋を完成させると、水谷勝美《かつよし》が元禄6（1693）年に31歳で亡くなります。ここで水谷領の農民たちにとって、呆然とさせられる事件が勃発します。それが元禄の松山領検地でした。

五代将軍綱吉の贅沢三昧で幕府財政が傾き、幕府は大名が除封・転封するたびに検地を義務づけるようになります。水谷勝美が夭逝した翌月、養子の勝晴もまた13歳で急逝してしまいます。水谷家は急遽、勝美の弟である勝時を勝美の養子にすべく願い出たのですが、卒後（死後）の養子は許されぬと突っぱねられ、領地没収、家臣離散となりました。[*14]

そのタイミングで元禄検地が実施されたのです。元禄7（1694）年4月、姫路藩主本多中務大輔忠国が、松山領の検地を命じられます。[*15] 姫路藩が準備を整え、検地総奉行以下姫路を出発、検地を開始したのは同年7月4日のことでした。検地に先立ち、庄屋はこう申し渡されました。村の百姓で正直な者を吟味し、案内人として差し出すこと。その案内人から誓紙を取り、各村で田畑の位付けの帳面と従前の位付けの書き付けを差し出させること。検地前に田の水は干すこと。検地現場には案内人と地主以外には出てきて騒がないよう、村で固く申し合わせること。検地役人の宿舎を決めておくこと、等等。村人に有無を言わせない、いささか不穏な要望です。竿や縄による測量（地詰）、田畑の等級査定（位付）、田畑の生産高の石への変換（石盛）の三段階が終了した頃には、12月となっていました。

その結果は衝撃的でした。藩全体で以前の表高5万石の領地が、11万6619石8斗1升2勺と見積もられたのです。それまでにも水谷氏の新田開発によって、寛文元（1661）年には約7万5933石、その後に約8万6000石と見積もられてはいました。しかし今回、新田開発はなし。それなのに2万5000石も多く見積もられたのです。村々は、検地で貼り付けられた「高」に毎年の変化を加味した税率（本高免）をかけた年貢を領主に徴収されます（それ以外にも幕府に付加税を支払う）。高が過大に設定されると、生産量にかかわらず年貢は重く課されます。

幕府は各地方自治体の統計データを詳細まで把握するようになっていました。津々村を例にとりますと、正保元（1644）年の「正保郷《しょうほうごう》帳《ちょう》」においては530石余りだった石高が、「元禄検地帳」（1700年頃）では1055石と倍近くに跳ね上がっています。藩全体が倍を超えていたので平均以下の伸び率ではありましたが、苛酷であることには違いありません。天保5（1834）年頃の「天保郷帳」では変化がなく1055石余りと記録されているので、元禄検地のみが突出した伸び率です。姫路藩が幕府に良い顔をするために、実態からかけ離れた数字をはじき出したに違いありません。

松山藩には翌元禄8（1695）年5月に高崎から安藤氏が入封しますが、検地はすでに終わり、あとは年貢を取り立てるだけで、安藤氏にはどうしようもありません。農民代表は同月、姫路に出かけ、検地結果の再検討を求めるため、意を幕府に取り次ぐよう願い出ました。けれども姫路藩は、下知されて行った検地であるから取り次ぎなどできない、と突っぱねます。結局、領内の庄屋が総代となり、江戸へ直訴することになりました。その江戸下り（行き）を安藤氏に嘆願した書状が、総社市宇山の大月家に残っています。

（略）なお去年中は大分の悪作に付、村により二分三分或は五分七分宛も御下げ下され候え共、出高大分の儀故、定米の上り内証位付けの同じからざる故、御納所成りがたく、百姓は男女身を売り、家財衣類等を代替上納仕り候え共、村の不足米大分御座候に付、飢餓におよび申す者多く御座候。

（略）

去年は凶作でいくらか年貢の減免はあったがそれでも出高が大きく、男女ともに身を売ったり家財衣類を売り払って年貢を納めたが、それでも飢えに苦しんだ、というのです。ボロ雑巾を絞っても水が出ないほど絞りきったのに、さらに今回の検地で年貢を増やすならば、ボロ雑巾のような暮らしは裂けてしまうでしょう。庄屋が総代としてそう嘆願致したく、江戸下りする旨を聞き届けていただきたいと、安藤氏に訴えたのです。

二十二代直勝の証言

安藤氏がこの嘆願書にどう対処したのか、庄屋総代に直法が含まれていたのかは分かりません。安永3（1774）年に庄彦左衛門直頼が改め、文化8（1811）年に書き写されたと表書きにある『萬日記』が、時々の検地に際して受けた調査依頼に対し津々本家が返した回答を、順不同にまとめています。その中で津々村の牛王山万福寺につき、元禄7（1694）年戌十月に庄家二十二代目・農戸三代目の治右衛門直勝が、次のような証言を残しています。

備中国英賀郡津々邑　牛王山万福寺指出
行基作
一、本尊観音
真言宗
当寺開山権大僧都金蔵院
此三尊弘法大師作
一、当本尊弥陀 御長五尺三寸 座像 脇立
一、文殊菩薩 御長六尺一寸 立像
一、普賢菩薩 御長六尺一寸 立像 但境外
一、鎮守三宝荒神
一、境内九拾坪程

内

客殿 三間六間 西向杉弐本壱尺廻り

大門 二間一間 柿弐本五尺廻り

当寺開基 中津井村の内、才田山城主津々加賀守資朝家来遠藤源治郎重氏 永正七(1510)年午之年造立。以来百八十年余、当国御奉行小堀作助殿検地の時分も之れを除かれそれ以後、水谷伊勢守殿、同左京亮殿、数度の検地にも相違無く之れを除かれ候。その故、古水帳にも相見え申し候。以上

本寺同国同郡沖津井才田山願成寺末寺

牛王山 万福寺[*16]

元禄七(1694)年 戌十月

庄屋 治右衛門

組頭 庄兵衛

本田中務大輔様御内 御検地御竿奉行

坂口茂吉右衛門殿

この文書の前半では、城主の移り変わりや寺社建立の由来を述べています。庄家は農民について詳しい庄屋としてというよりも、やはり為資がかつての松山城主であり、万福寺は為資の次男・津々加賀守資朝の家来である遠藤源治郎が建立したという経緯から、特段に寺の財産と免税について事情を尋ねられたのでしょう。「当国の御奉行である小堀作助殿の検地の時も『除地』として扱われ、その後、水谷伊勢守殿、同左京亮殿による数度の検地の際にも以前と変わ

らず『除地』とされています。その理由は古い水帳（注・検地帳）にも書かれており確認できます」といった具合の回答です。

安藤氏は高崎からの転封ですから、高崎市役所がまるごと高梁市役所に移転、すぐに徴税させられたようなものです。城主やその家臣たちにしても、地元に詳しい庄屋から経緯をヒアリングするしかないほど未知の土地に移転させられたのであり、直勝の証言がなければ、仏像が立派な万福寺は年貢を取り立てられたのかもしれません。

今に残る呰部分家の庄屋家屋

元禄7（1694）年、直勝が家督を継ぐと、松山元禄検地の4年後である元禄11（1698）年、直勝の弟（二男）である庄家二十三代目、庄茂兵衛直重が阿賀郡呰部へ分家し、その初代となっています。呰部分家の由緒書は確認できず、現在では墓所も荒廃していると第一部で述べましたが、幸運にもその調査に出向く途中、大変良い状態で維持されている家屋に偶然出会いました。

呰部は為資が山の上に開基した上合寺が、現在は平地に降りている場所です。上合寺は県道58号線北房川上線から少し入ったところにあり、私は訪問後、58号線を自動車で5分ほど南下し、路肩に数件、造り酒屋やカフェがあるのを見つけて、その1軒「北房ほたる庵」に入りました。地産地消をモットーとする和食レスト

写真 2-2-2　北房ほたる庵外観（撮影・藤井泰宏）

写真 2-2-3　北房ほたる庵内部（撮影・藤井泰宏）

ランで、古民家を再生した地域コミュニティ施設です。その玄関に入ると、なんとこの家屋は庄家呰部分家であったという旨が掲示されていたのです。

この建物には文政8（1825）年築という棟札があり、幾度か部分改修して現在に至りますが、基本的な外観は変わっていないようです。庭も瀟洒で、優美な屋根瓦からは往時の隆盛が偲ばれます。庄呰部分家は、本家直勝の四女と結婚した養子が庄家二十四代・呰部二代目の茂兵衛直寛となり、以降この地で代々庄屋を務め、分家後127年経って建てられたのがこの建物なのでした。

帯刀を許される

その呰部分家については、事情を伝える古文書は入手できませんでした。直重の実の息子である新左衛門時直が呰部を出て津々本家の婿養子となり、受け取った書状がありますので、紹介しましょう。享保6（1721）年のものですが、同様の書状は正徳5（1715）年にもあり、その時点では時直が直勝から家督を継いでいたようです。正徳元（1711）年に安藤氏が美濃に移り、松山藩には山城《やましろ》（現在の京都府南部）より石川氏が入封しています。[*17]

私ども儀、代々御家来に紛れ御座無く是

まで別して御厚恩を得申し候儀に御座候。然るところに、当夏、親安右衛門果て候に付き若輩者どもの義に御座候ゆえ、跡相続仕り難く御座候段、多兵衛殿、忠左衛門殿御取り持ちに付き、且つは、末々不便（注・不憫）に思し召し候て、少々の身請を以て、御家来御放ち下され、自今以後心任せに身持ち仕り候よう仰せ付けられ、忝《かたじけな》き次第に存じ奉り候。右、御重恩のうえは、以来何方に居り申すとも、慮外等仕りまじく(注・異議なく)候。仍《よっ》て後日のため件の如し。

享保六（1721）年　丑ノ八月

本人　市　蔵㊞

同　仁　蔵㊞

同　六三郎㊞

同　太五郎㊞

証人安右衛門弟　文七㊞

新左衛門様

述べられているのはこんなことでしょう。武家であった頃から庄家に代々家来として使えてきた家があり、親の安右衛門が亡くなったが、嫡子の「市蔵」が若輩者で、跡目を継ぎたくないと言っている。仲を取り持つ多兵衛と忠左衛門が、その様子を見て不憫に思い、新左衛門様に身請け金を支払って家来であることを辞め、自由になればどうかと言ってくれている。そうお取り計らいいただきたい、というのです。庄屋になっても「家来」と言い、その家来を辞めるに際し退職金を要求するのではなく身請け金を支払うというのですから現在からすれば不思議ですが、農業従事を辞めたいというなら幕府が認めない逃散《ちょうさん》ですから、それを容認されたいという意図なのでしょうか。

元禄7（1694）年の松山元禄検地から重税は後々にも農民を苦しめ、やがて松山藩でも役人の苛政や凶作、重税への不満から、強訴《ごうそ》や逃散といった農民の抵抗が散見されるようになります。藩主に年貢の減免を求めて訴えるのが強訴、重税に耐えかねて逃げるのが逃散ですが、逃散は許すと年貢の取り立てができなくなり、藩主は幕府から改易を命じられる理由になることもありました。藩としても、農業段階で最大の歳入源は年貢ですから、年貢は多く取りたいものの、やり過ぎると農民から逆襲を被ることもあります。農民のはけ口は藩主や幕府ではなく、行政の窓口であった庄屋に集中します。庄屋は地元の事情をよく知る者として、藩主と農民の板挟みという面倒な立場にありました。

少し後のことですが、延享元（1744）年に石川総慶《ふさよし》が伊勢亀山に転封になり、板倉周防守勝澄《かつずみ》が国替えで松山藩に入封、八代にわたり城主を務めることになるのですが、実はこのふたりの大名は、たんに出る側と入る側であるだけでなく、伊勢亀山城主と備中松山城主を「交換」させられています。それだけに、互いの便宜を図るため、詳細な情報を交換しています。

石川総慶から板倉勝澄への「御所替之節渡方

「諸事心得覚帳」[*18]という引き継ぎの覚え書きの中に、こんな記述があります。

原村　小三郎
神原村　金助
津々村　三左衛門
延原村　吉太夫
此の者ども御用向き骨折り相勤め候に付き、(中略)帯刀御免

松山城下において、庄屋でありながら帯刀を許された4人の内のひとりが津々村の農戸五代目、庄三左衛門直庸だというのです。直庸は別に村人から、名字を名乗り上下《かみしも》を着用するのを許可したことにつき、感謝の書状を幾度か受けています。そこからしても津々本家はたんに庄屋の家柄であるだけでなく、みずからは松山藩主から帯刀を許され、村人には「名字上下」の許可を出すだけの権威を持っていたのでしょう。村の行政窓口である庄屋は同じ農民の身分であっても武家との境界にあり、権威を持たせるべく帯刀を認められることは、珍しくありませんでした。

士格を与えられた有漢分家

呰部分家では、二代目直庸には少なくとも4人の息子がおり、呰部三代目は直政が継ぎますが、四男の直亮は有漢に分家して有漢分家初代、

庄家としては二十四代目の庄三郎吉直亮《なおすけ》となります。残念なことに有漢の庄家は大正時代に倒産して、家屋と墓地が酒屋にまるごと売却され、墓地は現在、公開されていません。場所は現在の市場住宅から廣峰神社へ向けて少し登った辺りです。『有漢町史』には、ありし日の雄壮な白壁の塀が掲載されています。

「庄秀太郎」が書き残し、「由緒書」と名付けられた文書が私の手元にあります。有漢の系図を網羅するものではありませんが、初代三郎吉直亮、有漢二代目の庄猪太郎、有漢三代目の庄半、そして庄秀太郎本人について詳細に述べています。

享保20（1735）年生まれの直亮がいつ分家したかは分かりませんが、明和元（1764）年には29歳で村役を仰せ付かっています。その後、安永4（1775）年に御勝手御内用方御用懸り（大名家における財務・会計担当役人）となり、40歳にして藩役人の道が開かれます。有漢分家は、農戸といっても役人、それも上級の藩役人を務める家柄になりました。

注目されるのが寛政3（1791）年、板倉四代周防守勝政の元で士格を与えられ、月の半分は（藩札の発行を司る）札座《ふだざ》役所相詰めとなって、松山では中之町明屋敷に住んだことです。還藩の金融・財政を司る要職に就いたのです。還暦となる寛政7（1795）年には出府（江戸へ出向）もし、板倉五代周防守勝晙《かつあき》の認可を受け、札座頭取吟味役に上り詰めます。後に山田方谷も就くことになる、藩の金融行政のトップです。

写真 2-2-4　大正時代、倒産した荘家跡 (『有漢町史』地区誌編 p.125)

加増を重ね、高は１３０石となりました。現職のまま文化元（１８０４）５月15日、札座詰所にて発病、８日後に宿で死去します。享年は69歳でした。

　直亮がかかわった藩札とは、幕府の発行になる貨幣と並行して発行され、藩や旗本領の中だけで通用した紙幣のことです。松山藩の藩札としては、元禄16（１７０３）年に初めて銀札が民間の大坂屋により発行されましたが、藩が発行所である札座を設置したのは１７４０年代の延享年中でした（延享札を発行）。直亮の在任中である寛政９（１７９７）年には、「寛政札」が発行されています。藩札は銀との兌換が保証されており（銀本位制）、信用に不安を抱いた所有者は銀との交換を求めますから、藩は藩札に相当するだけの銀を保蔵しておく必要があります。財政が厳しくなれば、藩はつい藩札を増発したくなるものですが、直亮の頃は乱発をこらえ、信用を保っていたようです。

有漢分家二代目の庄猪太郎は、寛政年間に御勝手役を務めた兄の楠治郎直延が発病、閑居するようになったので、父である直亮が板倉周防守勝晙に願い出て、17歳から藩で働くようになりました。寛政12（1800）年に御広間御番入り（役職付き）、文化2（1805）年に二人扶持となって馬術出席、同4（1807）年に御山城近辺山火事で対応と藩行政に精勤したものの、これも27歳で亡くなります。

文化4（1807）年に70石の跡目を継いだ有漢分家三代目の庄半は養子で、やはり御広間御番入り、備中松山藩藩校・有終館《ゆうしゅうかん》釈祭で雅楽相心懸けと勤め、やはり文化12（1815）年に早世しています。このように有漢分家は庄屋というよりも、藩の行政官といえる家系でした。以上は四代目の庄秀太郎が報告していることですが、一点、付け加えましょう。士格を与えられるということが、どんな覚悟を迫られるかを示す事件です。

享和3（1803）年ですから有漢二代目の猪太郎が23歳の時、松山（高梁）市中の頼久寺丁で諷歌《そえうた》（詩歌により政治などを風刺）をする者があり、音禁中でありしかも御家中（武家）だけにいかがなものかと同行者が咎め、しかし無視されたという事件がありました。嘉永・安政時代の高梁を回想した國分胤之《こくぶたねゆき》（山田方谷の弟子。のち高梁町長）の『昔夢一斑《せきむいっぱん》』によれば、「将軍家及御三家御三郷其他御親族御続合にて御不幸あるときは音禁とて重きは普請停止軽きも歌舞鳴物殺生禁止也」[*19]とあります。将軍家・御三家関係の誰かが亡くなった際には、普請や歌舞音曲を当分自粛すべしということで、猪太郎たちは「相手にしても仕様がない」としてそのまま見過ごしました。ところが、八幡宮から中之丁橋に至った辺りで先だっての無礼者が追いかけてきて、今度は「先ほどの事について、もう一度言ってもらおうか」としつこく絡みます。「明日、話し合おう」と取りなしたのですが逆効果で、興奮して「お前の仲間が我々に非があると言うのであれば、討ち捨ててみろ（やれるものならやってみろ）」と詰め寄ります（文中の「□」は「不明」もしくは「難読文字」の意。以下同）。

中之丁橋を渡り懸かり候ところ、橋際に野中丈左衛門家来、山口武右衛門家来、柳井寿軒家来、私ども出合い候て、名前相尋ね、彼等義も銘々相名乗候て、先刻の義、今夜中に訳立てくれ候よう、尚又御傍の一旦仰せられ候義、是非とも御討ち捨て下されと申し懸け候に付き猪太郎連次両人より申し候は、最早拝受及び候義、明日まで相待ち候よう申し聞き候らえども、一向承引致さず、是非とも今夜御手懸け下さるべく候。最早如何様《いかよう》仰せられ候ても承知仕らずと申し募り橋近寄り手詰りにおよび、止むを得ず野中丈左衛門家来を猪太郎打ち果し申し候。それより残り両人の者逃げ出し候を追い懸け、山口武右衛門家来に打ち懸け、手疵負わせ候らえども逃げ去り申し候。両人とも闇紛に逃げ去り候ゆえ見失い候に付き立ち戻り、野中丈左衛門家来に止めを指し候て、連次猪太郎両人とも引き取り候うえ、委細［□□］の義は、その節書付を以て御届け申し上げ候。尚又、その節同道の面々よりも［□□］始末の義御届け申し上げ候事に御座候。右両人の家来は入牢仰せ付けられ候ところ、九月十五日、右の者ども御裁許仰せ達せられ候に付き、差し控え御窺い申し上げ、御聞き届に御座候。同廿五日、差し控え御免仰せ付けられ候。（『秀太郎由緒書』）

頼久寺丁で諷歌《そえうた》し咎められた者どもは野中丈左衛門家来の某と山口武右衛門家来の某と名乗り、猪太郎は野中家来の方を手討ちにし、山口家来も追いかけて手傷を負わせて、戻って野中家来にはとどめをさした、というのです。中之丁橋というのが「中之町」橋だとすると、現在の有終館跡と高梁税務署をつないで紺屋川に架かっている橋でしょう。山口家来ともうひとりは逃げ去りました。この事件については事情を書状にて藩に報告し、山口家来ら二人は入牢させられました。藩は二人の言い分も聞いた上で処分保留とし、決着したのです。

　おおよそそんな顛末で、口論から手討ちにしとどめを刺したというのは現代ならば想像もしがたい事件ですが、士格を与えられた猪太郎は、自分が侮辱を受けたとき、相手を斬る覚悟を持ち、それを実行して、藩は容認したのです。こんな怖ろしい話を綴った古文書が、誰にも読まれず芳枝さんの手元で眠っていました。

庄猪太郎は松山由緒書では六男となっていますが、直亮が亡くなった文化元（1804）年、有漢分家二代目として120石の跡目を継いでいます。兄である楠治郎直延の発病が想定外だったのか、二男である直英はすでに天明年間（1781～89）に松山へ分家、庄家二十五代目の庄菅助直英となっていました。こうして芳枝さんに繋がる松山分家が誕生したのです。

庄松山分家はどこにあったか

直英は寛政年間（1789～1801）に原西村の庄屋を仰せつかっています。ここから虎蔵直亭、菅助直則と三代が庄屋を営みます。では原西村とはどこにある村で、庄家の家屋はどこにあったのでしょうか。『岡山県の地名』（平凡社、1988）を繙くと、言葉で原西村が説明されてはいますが、地図は見当たりません。高梁市の岡山地方法務局で明治以降の戸籍をいろいろと調べてみたのですが、戸籍法が制定されて壬申戸籍が編成されたのは明治4（1871）年なので、それ以前は分かりません。

直温にかかわるもっとも古い文書は明治9（1876）年に直温と弟の澤之介が提出したもので、住所が「岡山県備中国上房郡小壱区高梁村四百六拾四番地」と書かれています。私は当初、高梁周辺は地名こそ様々であるし、栄町を中心として区画整理もかなり行われたのに、番地だけが通し番号となっていることに興味を持ちました。もしこの464という番地が明治9年から変わっていないなら、そこが松山分家の所在地である可能性があります。

現在、旧松山市中周辺で464という番地を持つのは「高梁市落合町近似《ちかのり》464」だけです。これは現在の高梁大橋で高梁川を西に渡り、そのまま丘をしばらく登った辺りです。この小高い丘からであれば周囲の田畑はよく見渡せますから、確かにかなり「庄屋らしい」感じはあります。落合町近似がかつて原西村だったのか市役所で尋ねてみましたが、「原西村」は初耳だとのことでした。ただ、「『高梁市史』にあるかも」というアドバイスを受けました。

そこで『高梁市史』を繙くと、藩時代の村の地図があり、確かに原西村と原東村がありますす。現在の地図との対比がないためこれだけでは現在のどこを指すのか分かりませんが、確かなのは原西村が近似の東側、原東村はその南側で「玉」の北側となっていることです。そして原西村は空白地帯をはさんで近似よりずっと東なので、「高梁市落合町近似464」は原西村ではありえないことになります。

そこで私は、「江戸時代の村」の地図を、現在の「国勢調査町丁図」に重ねてみました。形だけの目視ですが、旧松山市中が「江戸時代の村」図の空白部に相当するのは間違いありません。そうなると、完全な一致とは言えないにしても、原西村は現在の町丁図における「奥万田町《おくまんだちょう》（1

上、下を含む）＋松山楢井＋小高下町上の東半分」であるように思われます。備中高梁駅から

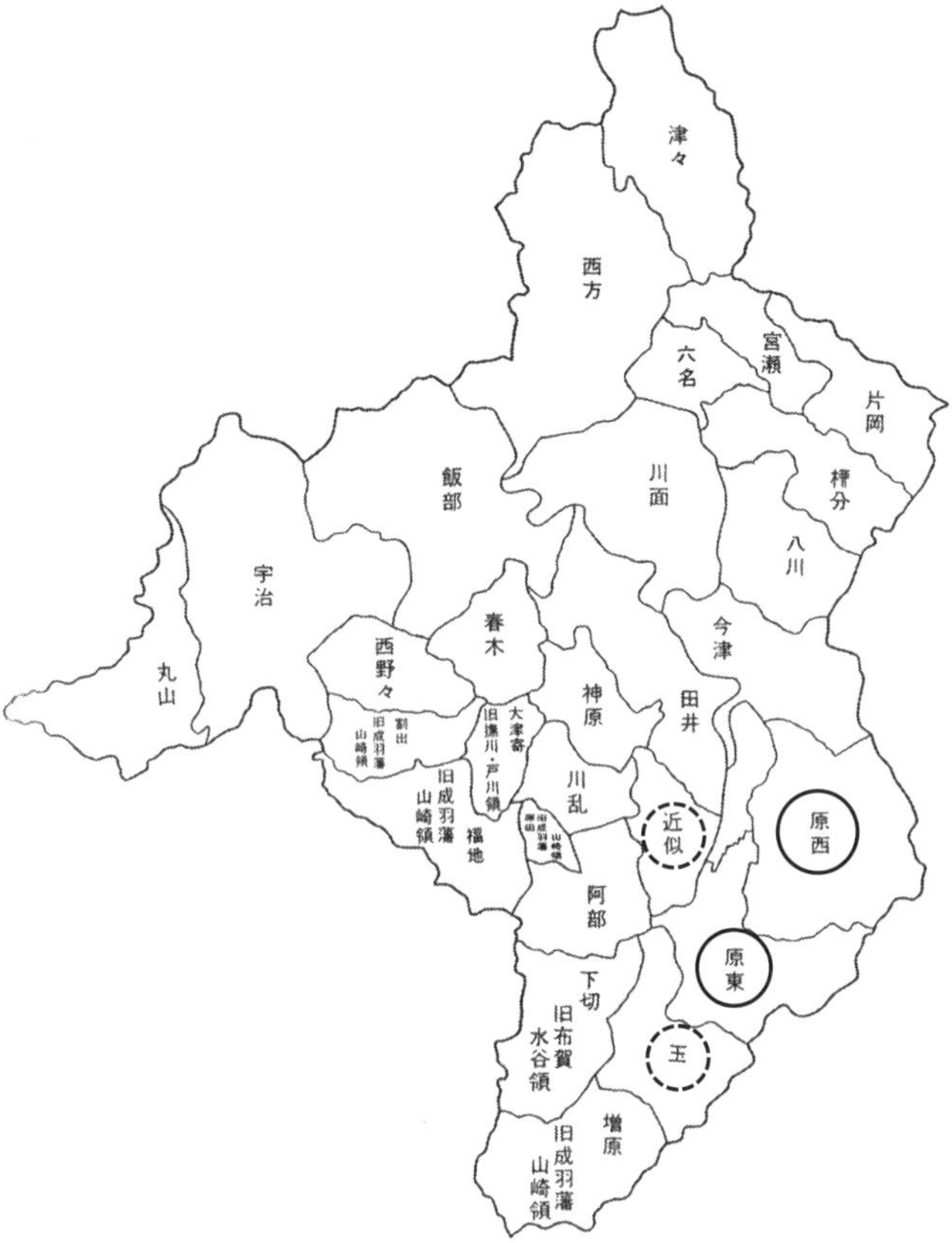

図 2-2-6　高梁市域の江戸時代の村（『増補版高梁市史』上巻 p.490を編集部にて一部加工）

高梁川とは逆側を眺めたときに山裾に薬師院や松連寺が並んでいますが、おおざっぱに言えばその背景となる愛宕山周辺が原西村に当たるということです。「楢井坂」から現在の吉備中央町に抜ける道は、松山城下と旧賀陽郡野山村を結ぶ「野山往来」として、松山藩南東における防衛上の弱点であると山田方谷は重視しています。民家もまばらな現在よりは、山間でも農家が拡がっていたのでしょう。

　また、高梁川の南側は、現在は玉川町です。これが昔の

村名「玉」でしょう。というのも「玉」の右上の境界線は、高梁川の形と一致しますから。となると原東村は、ジグゾーパズルのように組み合わせて、現在の町丁図における「松山広瀬＋松山河内谷＋下谷町《しもだにちょう》＋上谷町《かみだにちょう》＋上谷町楢林＋松山大久保＋松山山ノ上＋松山玉坂」となります。

さて、菅助直英は天保4（1833）年に亡くなり、松山分家由緒書によればいったん弟の英五郎直芳が家督を継ぐことになっていたのですが、正式には兄の庄虎蔵直亭が庄家二十六代目、松山分家二代目となっています。天保6（1835）年に村役に就いており、これは庄屋のことでしょう。その虎蔵直亭は、筆書きで「天保九戌六月　御私領　御巡見ニ付心得方記録　庄虎蔵」という文書を残しています。その中で、原西村には寺は9つあるとしていて、うち頼久寺（頼久寺町）・宝蔵寺（玉川町増原）、松連寺・西明寺・威徳寺（以上、上谷町）を紹介しています。つまり頼久寺町・上谷町・玉川町増原は原西村の方に含まれたらしいのです。

では庄松山分家は、原西村のどこにあったのでしょうか。近似の法務局に出向き、閉鎖土地台帳を調べてみました。明治20年頃以降の売買が、もっとも古い記録です。原西村に相当する地域は原東村と併せて「松山」と大きく分類されています。それに頼久寺町・上谷町・玉川町増原を加えると、10㎝ほどの厚さの手書きの台帳が40冊ほど、カートで運ばれてきました。私は3日に分けて、その全ページに目を通しました。明治20年の時点ですと当主は荘直温です

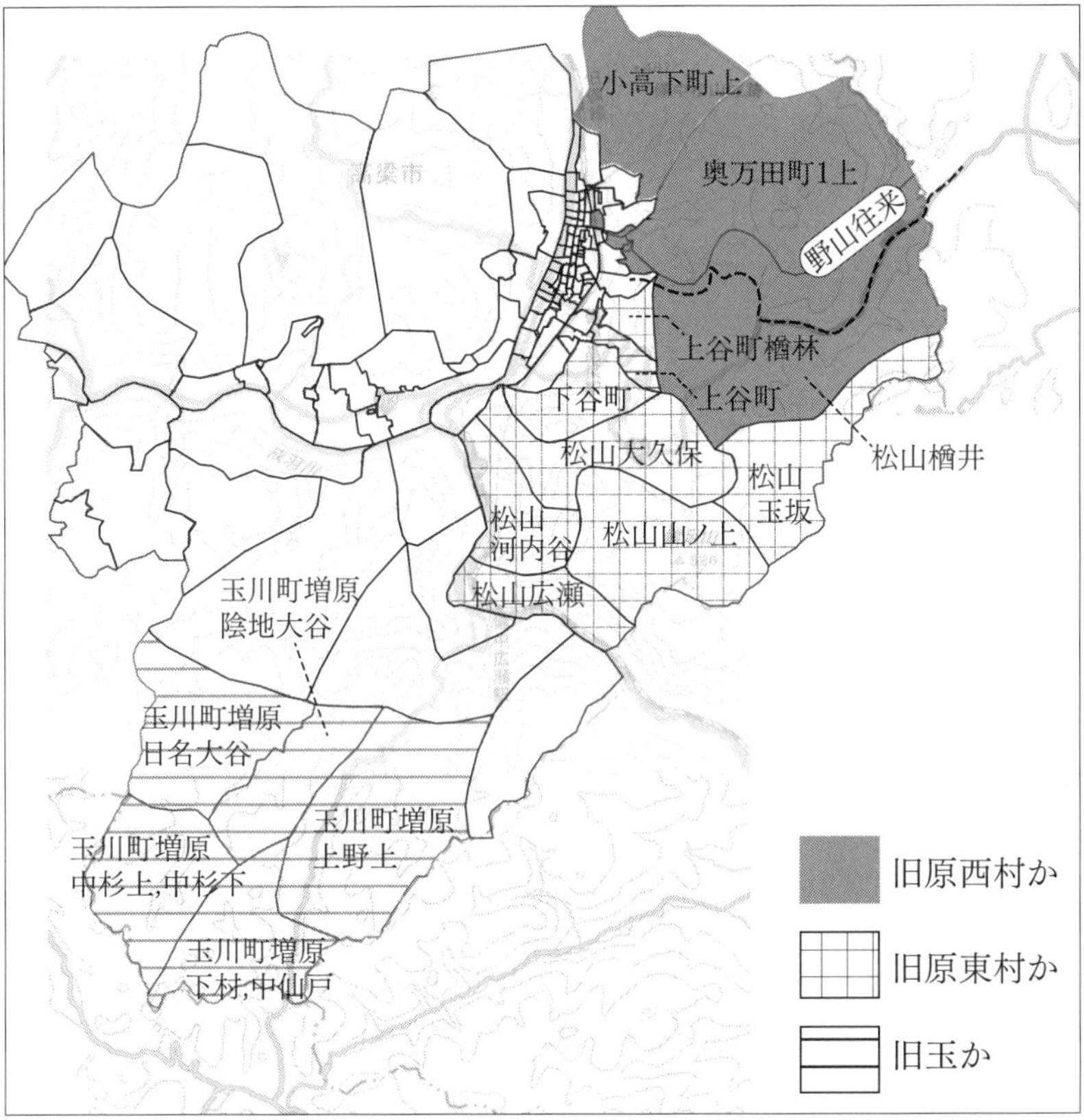

図 2-2-7　旧原西村、旧原東村（国土地理院「電子国土 Web」をもとに編集部作成）

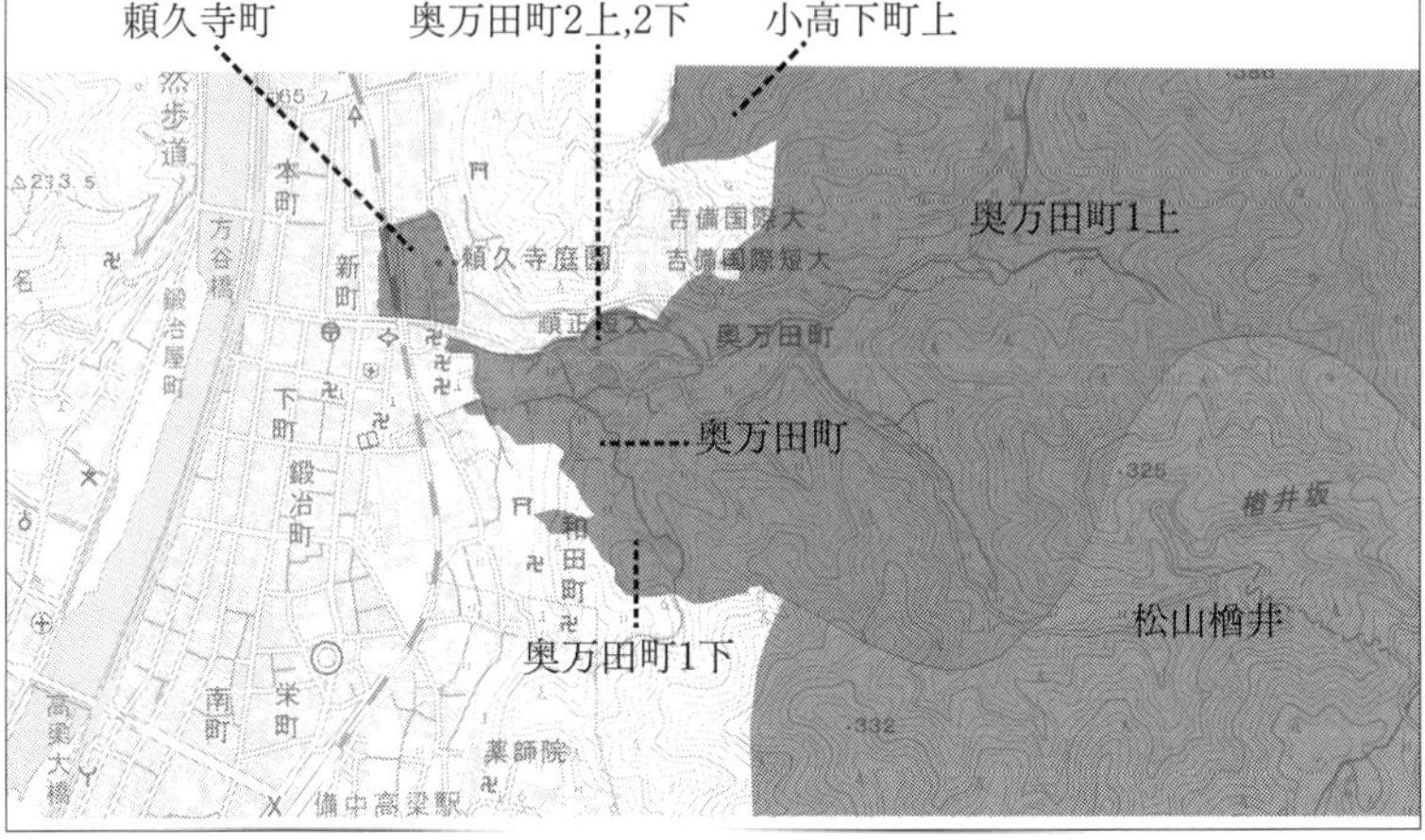

図 2-2-8　旧原西村拡大図（国土地理院「電子国土 Web」をもとに編集部作成）

字・地番	地目	所有者	手放した年月日（登記）
後 7804番	山林 柴草山	荘直温	明治24年11月30日
後 7812番	同	荘直温	同
川迫 3149番	山林 薮	荘直温	明治25年6月30日
川迫 3145番	原野 柴草場	荘直温	同
山ノ神 3124番	山林 柴草山	荘直温	明治40年12月28日
鉄砲町 79番	畑	荘直温（松山村）	明治21年12月19日（買得）
鉄砲町 72番	畑	荘直温（松山村）	明治23年7月26日（買得）

表 2-2-1　荘直温が手放した土地（出典：閉鎖土地台帳）

が、結果から言うと、残念ながら決定的な記録は見つかりませんでした。積んで4mほどの厚さになる薄紙の山の中から「荘直温」の文字が出てくる都度、小躍りしたのですが、屋敷には不適当な住所でした。発見したのは表2－2－1の土地です。

いずれも山林や畑ですので、庄屋の屋敷が建っていたわけではないでしょう。後に述べる、年貢を肩代わりして返済されず手許に残ってしまった土地のようです。がっかりしましたが、鉄砲町だけは畑地であり、取得しているので、事情が異なるように思われます。この土地は高梁川沿いにあり、現在は大きな邸宅になっています。明治時代には下町から川沿いに出るこの畑地も松山村だったことだけは確認できました。

検地データから見る原西村

虎蔵は天保9（1838）年の検地に際し、村を事前に巡回する藩役人を案内しています。『心得方記録』の前半によれば、原西村から村境を接して北側にある「今津村」の町反や石高、住民数など検地に必要なデータと、松山へ至る一里の間にある谷や川、岩などにつき説明したようです。歩きながら口頭で伝えたのでしょう、当時の風景はこんな具合です。

今津村より　松山へ壱里　南ニ当り
小越峠より水なし谷迄廿七丁　ホソ
八川村小越峠より御案内次第
御左りほわこへより見る
狐谷川　但　此奥火岩と申所
上津村境　御向　小夜谷川
但　此奥野山［□］村境　惺之池まて　御
向左右之山　小夜谷川と申候
但　御本城之続キ後山　此処茶屋三軒有
御右草山［□□］　妻の神　脇ニ大松壱本
有　此いざり松の元ニほこら有
地蔵堂　九尺　四面

続いて歴代城主の紹介がありますが、これは外来の板倉氏よりも土豪であった庄家の方が松山城主の歴史に詳しいがゆえの講義ということでしょう。さらに後半には原西村についての検地データが挙がっています。

町反　八拾九町六反七畝拾三歩　原西村
一　高　八百九拾九石三斗五升壱勺
庄屋　虎蔵

平均斗代　壱石弐合九勺
弐百六拾八石七斗三升七合壱勺　上所
内　百九拾六石五斗七升六合九勺　中所
四百三拾四石三升六合壱勺　下所
町反　三拾四町八反四畝拾七歩
田高　四百弐拾三石六斗九升五合壱勺
町反　五拾四町八反弐畝廿七歩
畑高　四百七拾五石六斗五升五合
内
四拾八石弐斗八升五合壱勺　永荒引
残高　八百五拾壱石六升五合
此取箇　四百三拾三石三斗九升七合
本高免　四ツ八分壱厘九毛
外ニ　高　弐斗八合八勺　新田
一　新田畑弐町弐反九畝廿九歩

内　四反拾弐歩　永荒引
此取米　弐石四斗七升六合五勺
一　米　拾三石七升五合　口米
一　〃　三石弐斗三升五合　夫米
一　〃　六石六斗三升七合　本種
一　銀　九百目　作食
一　〃　弐百八拾匁三分　小物成
一　家数　弐百軒
人数　九百六拾七人　内　五百壱人　男
四百六拾六人　女

対象となる総面積が原西村で89町6反7畝13歩、うち田は34町8反4畝17歩、畑は54町8反2畝27歩です。田・畑ともに生産性で上・中・

下と区別され、「斗代」は反当たりの年貢高で本来は6種あるはずですが、ここでは平均が書かれていて、1石2合9勺となっています。畑の野菜もすべて「米」に換算されています。1町＝10反＝100畝＝3000歩（坪）、1石＝10斗＝100升＝1000合ですから、村の総年貢高は896・74反×1・0029石＝899石3斗4升となり、書かれている899石3斗5升1勺とほぼ合います。

総年貢高899石3斗5升1勺は上中下の和＝268石7斗3升7合1勺（上）＋196石5斗7升6合9勺（中）＋434石3升6合1勺（下）、田高423石6斗9升5合1勺＋畑高475石6斗5升5合と符合しています。

「引」は年貢からの除外、「永」は毎年、「荒」は災害などで荒地になった土地を指します。災害や天候不順を理由とした例年の控除が「永荒引」で、それが48石2斗8升5合1勺なので総年貢高から控除すると、残高は899石3斗5升1勺－48石2斗8升5合1勺＝851石6升5合となり、ここも計算が合っています。

「免」や「免相《めんそう》」と呼ばれるのは石高に対する貢租の割合で、検見を行い、検見奉行と村役人および惣百姓が合議で決めるものです。平均が「四ツ」を超えるとかなり高い免なので、本高免の「四ツ八分壱厘九毛」は重税そのものです。それを総年貢高に掛けると領主の取り分である取箇《とりか》、433石3斗9升7合となります。

では残りの465石9斗5升3合1勺が原西村の百姓の取り分になるかというと、そうでもありません。それまでに新田畑2町2反9畝29歩を開墾しており、そのうち4反12歩を永荒引にしてもらっており、これも数年経つと年貢の対象になるので、2石4斗7升6合5勺が追加の年貢になっています。

以上は領主の取り分ですが、さらに幕府に直納する付加税も存在します。口米は本年貢、夫米は賦役(の代わりに収める米)、高瀬舟の税も米納です。もともと田畑にかかる本年貢に対しそれ以外に雑税は「小物成《こものなり》」と呼ばれますが、江戸時代も半ばを過ぎるとどんどん加算されていきました。本種米《ほんじゅ》というのは、風干水損・虫害に対して減免(荒引)するのでなく、その代わりに米を貸し付けて利子を取るもので、凶作続きだと返金できなくなることも稀ではなかったようです。

それらを差し引くと、残りは440石5斗2升9合6勺。これを200軒967人で分けたのでしょう。ひとり当たり年間約4斗5升5合6勺、455・6合ということですから1日当たり1・24合。理想とされる1日5合の4分の1で、玄米は完全食で栄養としては玄米だけ食べていればよいとしても、これでは1日に茶碗3杯弱ですから、相当に貧弱です。税負担は過大だったと言えます。

平成27(2015)年の国勢調査で原西村に相当する場所を調べてみると、人口で99(奥万田町1上)+27(奥万田町)153(奥万田町1下)+100(松山榴井)+34(小高下町上の半分として)で413人。世帯数で56(奥万田町1上)+

1(奥万田町)127(奥万田町1下)+35(松山楢井)+15(小高下町上の半分として)で234と、180年経って人口が4割程度に激減するも、世帯数は17%増となっています。核家族化が進行したのでしょう。虎蔵によれば天保9(1838)年の農耕牛数は103疋でした。

原西村のデータから窺われる特徴としては、普通は中級の土地すなわち「中所」が大きいはずが、上所と中所を足したよりも下所が大きい、つまり土地の質が大きく平均を下回ることがあります。斜面が多い山地なので当たり前ですが、稲作生産に適した土地とは言えません。「奥万田」の地名は「万田」すなわち「小さな多くの田」ですから、「山奥に多くの小さな田のある所」を意味します。奥万田や楢井を歩いてみると、城のように石組みがあり、何かと思うとその上に畑があったり、現在では耕作放棄地もあります。開墾を強要されたため、農耕に向いていない斜面に石を運び込み、無理に田畑としたように思われます。幕府や藩からの圧力が、肌で感じられる光景です。こうした土地についても、元禄検地以降は年貢の過酷な取り立てが行われたのです。

授受された手形や証文

虎蔵直亭は嘉永5(1852)年に亡くなり、菅助直則が跡を継いで庄家二十七代、松山分家三代目となって、いよいよ幕末と明治維新を迎えます。直則は明治14(1881)年まで生きた人で、芳枝さんの手元にも相当量の古文書を残しました。目立つのは、その大半が借用書だということです。

拝借手形之事

一、米三俵也

右は、よんどころ無き義これ有り候に付き拝借致し候ところ実正明白に御座候。然る上、御返済の義は、来たる二月より月々壱俵ずつ相違無く元利御返弁致し候。これに依り証書、依って件の如し。

寅十二月　　江藤栄太㊞

証人　沖益司㊞

庄官助様

庄屋は年貢を支払えない村人に対して減免（荒引）願いを領主に仲介するだけでなく、本種《ほんじゅ》米という形で米を貸し付けて利子を取るようになっていました。これなどはその一例でしょう。寅年ですから、安政元（1854）年もしくは慶応2（1866）年かと思われます。次は土地を担保として借金をするための証文です。

野あら

下々田　弐畝拾八歩　　高弐斗六升

草山［□□］所付添境

西は　曽祢境　東は　窪切

南は　畦切　　北は　谷切

右田地附の草山、貴殿へ年切売り渡し申し候中は御勝手次第御苅り取りなさるべく候。尤《もっと》も、私ども預り居り申し候下作米六斗ずつ、年々相違無く仕り候。
もし壱ヶ年にても延引致し候らわば御取り上げなされ候ても一言の御断り申すまじく候。なお又、そのため証文指し入れ置き候ところ、聊いささかも相違御座無く候。
後日のため、仍《よっ》て件の如し。
売主億万田　　久八 ㊞
文久元(1861)年　　証人和田
西十一月　　善太郎㊞
御庄屋　菅助殿　　御取次

興味深いのは、売り主が「億万田」の久八なる人物だということです。原西村は、やはり「奥万田」を含んでいたのです。この土地は窪や谷に囲まれた「下々田《げげでん》」という最下級の田で、草も生えています。ただ、下草《したくさ》は江戸時代の農村にとっては大変貴重なエネルギー源で、共有地では各自がどれだけ刈って良いのかにつき、村の掟があるほどでした。久八は菅助に、年貢米を代わりに上納してもらいたいが、担保の土地については下草を刈るなど自由に使ってもらって構わない、借りた米を期日までに返さなければ土地は取り上げられても文句は言いません、と述べています。

次も同様の内容ですが、明確に「五ヶ年切売渡証文」と書かれています。これは最も多く見られるタイプの古文書で、土地の永代売買が禁止されていた時代に、五年に期限を限り土地を売り渡す、ないし土地を担保にして借金をするというものです。借金を返せば土地を所有者に返すという約束付きではありますが、約束が履行されなければ土地は手放さねばなりません。この文章形式は非常によく使われたので、寺子屋で手本として子どもたちに筆者させたと言われます。

　五ヶ年切売渡証文之事
大原三畝九歩之内
一、下々田拾壱歩　高三升七合六勺
一、下々田三畝拾歩　高三斗三升三合
三勺
　代金四拾両也
右の通り、代金相定め、ただいま慥《たしか》に請け取り申し候ところ実正明白に御座候。然る上は、来たる暮より御年貢、並びに村並の諸掛り物御勤めなされ、地所御勝手次第御作配なさるべく候。
　右年限の節、金子相立ち候らえば地所御戻し下さるべく候。その節、金子相立ち得申さず候らわば、この証文を以て永く御所持になさるべく候。後日のため五ヶ年切り売渡し証文、仍《よっ》て件の如し。

売主
慶應二（1866）寅十二月
片岡屋　利喜蔵㊞
請人　八百吉㊞
組頭　喜之助㊞
肝煎　定蔵㊞
庄　菅助殿

菅助宛の証文には、なんと「百ヶ年切売渡証文之事」も複数枚存在します。まだ「五カ年」であれば、永代売買ではなく借財の担保である、買い返す気持ちがあると申し開きもできましょうが、借金の期間が「百カ年」となると半永久的に担保にするということですから、借金を返す気がない、もしくは返せないことを意味しています。ここでは借金を起点として、実質的に金銭による土地売買が行われています。土地の金銭による売買を禁じておきながら、重税を課したために土地売買が現実に行われていました。

江戸後期になぜ借金が横行したのか

土地を手放す農民は、日雇いになって賃金を得るか、売った土地を耕作して持ち主に加地子《かじし》米《まい》(小作料)を支払うかしかありませんでした。

ではなぜそんなに借金がかさんだのでしょうか。

第一に、生産が伸びなかったことがあります。[*20] 原東村・原西村の村高の推移は、表2－2の通りです。一目見て分かるのは、元禄検地で原東村は7倍、原西村は1・5倍になったことで、この苛酷さは津々村についても見た通りです。けれどもその後、それぞれの村高は明治維新までほとんど変化がないのです。これは、現実の米作を中心とした食料品生産が元禄

寛永15年（1638）池田時代	正保５年（1648）水谷	元禄14年（1701）安藤時代	享保初年（1716）石川時代	天保９年（1838）
広瀬 95.0	広瀬 95.0	松山東 694.6298	松山組 694.6298	原東 694.6280
松山 542.6	青木／段／道敷／玉坂 581.6	松山西 899.3501	同 899.3501	原西 899.3501

表 2-2-2　市内旧村名と石高の変遷（出典：『高梁市史』p.350, p.453）

検地の時点では村高を相当に下回っていたことを示しています。それはよく言われることですが、別の見方をすれば、村高が170年近く変化しなかったということは、徴税しようにも生産が伸びなかったことも意味しています。

それもそのはずで、化学肥料や農薬を使わない段階の稲作では収穫量は土地の肥沃度で決まり、増やそうとすれば土地の開墾を進めるしかなく、その土地も開墾し尽くすと、やがて収穫増加の伸びはなくなります。原西村のような山間部を開墾したところで、稲作には限界があります。「下々」の田とはそうした肥沃度の低い土地なのです。要するに原初的な農業にかんして「生産力の原理」には上限があり、江戸の半ばでそれに達していたのでしょう。農家は重税で貧困に喘ぎましたが、生産が伸びないのですから武士階級にしても豊かではありません。幕末において藩士の家禄は、たとえば50石取りと表では言っても、正味の取り分は30俵で11石2斗5升程度しかありませんでした。[*21] 藩内の誰もが借金せざるをえない状態だったのです。

山田方谷の藩政改革

第二に、藩財政においても、借金が借金を生んでいました。高が伸びないのに、藩主の江戸暮らしと参勤交代に出費がかさみ、藩の支出が増えていたからです。板倉時代、松山藩主は勝澄、勝武、勝従《かつより》、勝政、勝晙《かつあき》と受け継がれ、藩財政は、周防守勝職《かつつね》の頃には二進も三進もいかない状態になっていました。それにもかかわらず表面をとりつくろう検地の数字は、実態とはかけ離れていました。勝職には子どもがなく、婿養子になったのが松平定信の孫、周防守勝静《かつきよ》でした。

嘉永2（1849）年に勝静が藩主となり、英断を下します。元締役・吟味役に、それまで重用してきた特定の家柄からではなく、かねてより勝静が経書や史書の講義を受けていた山田方谷を据えたのです。元締役とは藩財政の全権を掌握する会計の長であり、吟味役は会計監査、つまり藩財政を預かる最高責任者です。そのような行政トップの座に、藩校有終館の学頭とはいえ、農家出身の方谷を抜擢したのです。当然、藩官僚たちは面白くなかったでしょう。しかし勝静は藩の重役を前にして「方谷の意見は私の意志である。方谷に対する悪口は一切許さない」と宣言しました。[*22] 勝静はその上で、方谷との二人三脚で藩財政改革に乗り出しました。

方谷はまず、藩財政の実態を明るみに出しました。表高5万石であるのに、現実の収納米は

1万9000石と、4割を割っています。方谷が元締役に就任した当時の備中松山藩の財政収支である「藩財、家計引合収支体系」は、表2－2－3のように両建てでまとめられます。[23] 参勤交代や藩主の江戸表滞在は戦国時代を再来させないために幕府が各藩に命じた策でしたが、藩予算に占める割合が大きく、維持できる限度額を超えていました。その結果、藩予算が約4万9300両であるのに対し負債が約10万両、毎年の利息だけで1万3000両に上っていました。予算規模の倍近く借金があったのです。

　これでやっていけるはずがありません。天保年間（1830〜44）には札座役の岡本清右衛門が藩札を乱発、兌換されないという不安が生じて、取り付け騒ぎが起きています。収入が増えないのに慣行や他藩の目があるからとだらだら支出し、返済の見通しもなく負債を増やし、挙げ句の果てに藩札を乱発したのです。根本は収入が少なく支出が多かったことですが、結果として膨らんだ負債の返済可能性や、発行された藩札が保蔵している銀に見合っているのかにも疑いが持たれていました。つまりたんに貧乏なだけでなく、債務返済と藩札にも信用が置かれていなかったのです。前例踏襲を旨とする役人では、処理しようのない事態でした。

　方谷は、文武奨励と財政改革を藩政改革の柱に据えました。嘉永6（1853）年にはペリーが艦隊を率いて浦賀沖に来航、開国を要求する事件が勃発しています。勝静は、幕府での昇進にも野心を抱いていました。幕府が外交的・軍

収入		支出	
項目	金額(両)	項目	金額(両)
年貢米	22,000	江戸表・松山役所費用	14,000
献納・別納米	4,000	借金利息	13,000
山林その他利益金	1,500	家中扶持米	8,000
小物成諸運上金	1,000	異国船武備臨時金	5,000
		救米・荒地引米等	3,200
		道中往来費用	3,000
		役用金	1,000
		その他費用	2,100
計	28,500	計	49,300
不足	20,800		

表 2-2-3　方谷元締役就任時の松山藩財政収支(試算)
(出典：山田方谷に学ぶ会『入門 山田方谷』明徳出版社、2007)

事的に欧米に対抗しうる力を持つには、まずは藩財政から立て直し、経済力と人材を生み出す必要があります。ここで方谷は、まず財政再建策として有名な五項目を打ち出しました。

上下節約
負債整理
産業振興
紙幣刷新
民政刷新

の5項目ですが、内容としても論理が明快です。そもそも藩の収入2万8500万両に対して利息以外でも支出が3万6300両では、収入が小さく支出が大きすぎます。そこで支出総額を抑えつつ、しかし将来を見据えて武道と教育には最大限配分するべく、予算を組み替えようというのです。嘉永3（1850）年、藩主勝静は藩政改革の大号令をかけ、方谷が倹約令を発布します。その内容は領民のすべてに飲食・服装に至るまでの質素倹約を求めるものでしたが、もとより下級武士や百姓は質素以下の暮らししか送っていませんでした。上下節約は、実質的には中級以上の武士や裕福な商人・農民を狙う策でした。それには率先垂範が必要と、藩主勝静は木綿の衣服で粗末な食事をし、方谷はみずからの俸給を削りました。

負債整理というのは、負債の貸し主である大坂商人に返済計画を示し、遵守を条件として猶予を請うことを指します。そのためには負債や税収につき正直に明かし、貸主の信頼を回復しなければなりません。そこで藩収入の実態を説明し、今後借財をしないことを約束して、その上で利子の据え置きおよび元金の10年もしくは50年の年賦現金返済を願い出たのです。負債整理には、たんに節約して支出を減らすだけでなく、今後いかに収入を増やし、どんなスケジュールで返済するのか計画を立て、実行を約束しなければなりません。

藩札については、紙幣そのものの物質的な価値は銀に比べて微々たるものです。所持者が札座に持ち込んだら銀と兌換（交換）してくれるという約束が果たされてこそ、流通するのです。兌換されない紙切れは、紙くず同然。藩みずからがそんな紙幣を発行したのですから、偽札も横行したと言われます。藩は札の真偽確認にもゆるいとみなされたのでしょう。そこで方谷は断固たる処置を決意しました。嘉永3(1850)年からの3年間、苦しい財政から資金を捻出、それで藩札を回収して、近似河原《ちかのり》で焼却して見せたのです。

また「越後屋が悪代官に賄賂を贈る」というテレビドラマのような光景が実在しました。そこで民政刷新では、庄屋や豪商が藩の実力者に賄賂を送るような習わしを一新、役所以外での面談を禁じました。経費節減から大坂にあった蔵屋敷を廃止し、その代わりに米は藩内に保管し、水害や干ばつの際には配布することにして、民心を安心させました。実際、嘉永6(1853)年の干害(日照り)では備蓄米を藩内で放出しています。領民が安心して働ける雰囲気をはぐくんだのです。

以上、方谷の政策は、誤魔化しなく収入と支出の関係を明らかにし、借金についての可能な返済計画を立て実行し、インチキの札をみずから焼き捨てるというものでした。それらを踏まえてなお困難であったのが、産業振興でした。もともと封建制は農業を産業の中心に据えるものです。ところがいくら農業に励もうが開墾に挑もうが、米作の増産は頭打ちになっていました。農地の拡大を超える産業振興には、封建制の枠を超える発想と才覚が求められました。

利潤を得るには(a)最適な「時と場所」を知り商品を届けること、(b)既存ではあるがいまだ普及していない技術をいち早く取り入れること、（c）どこにもない技術を新たに開発することと、そして（d）既存の商品に知られざる魅力を付け加えることなどの方法があります。今の言葉で言えば、（a）は商業、（b）は技術導入、（c）は技術開発、（d）は商品開発ですが、そもそも封建制はそのいずれも促しません。とりわけ（b）以降は、近代以降の工業社会で中心原理となるものです。

方谷は大坂の蔵屋敷を廃止して藩内に米を保管しましたが、それだけではありません。相場が有利に動いたときを見計らい、販売したのです。これはどこでいつ米が不足しているのか、価格が上がる兆しが見えたのかという（a）すなわち「時と場所」を見極めること、商売の才覚を意味しています。方谷は商才を持ち合わせていました。

方谷はそれ以外の商品、たとえば江戸中期の『備中集成志』で紹介された、大高檀紙《おおたかだんし》（楮《こうぞ》で漉《す》いた高級紙）、紙釜敷（茶道具で釜に敷く懐紙）、素麺、煙草等の名産品もまた城下で集荷し、問屋に高瀬舟で玉島まで運ばせ、玉島港から藩の軍艦快風丸によって江戸に回送させました。それら以上に重要だったのが鉄です。方谷は高梁川上流における鉄山の開掘を藩の直轄事業とし、砂鉄を取り、加工する工場を建設しました。松山市中の鍛冶町とは別に近似にも鍛冶屋町をつくり、鍛冶屋20数戸を集め、農具・釘などを生産させて、やはり江戸で販売しました。これは水谷時代に行っていた鉄の流通を超えています。江戸で大火があると、釘を大量に輸送して儲けました。これは生産のみならず、商機にも聡かったことを示します。さらに三本歯の備中鍬を商品開発、大ヒット商品に育てました。(c)もしくは(d)は資本制や会社組織があってこそ実現することがらですが、方谷の発想は資本制や会社組織をも生み出す寸前までたどり着いていました。

ヨーロッパでは産業革命以前に農村部で手工業の拡大という「プロト工業化」が見られたという説があり、日本についても斎藤修『プロト工業化の時代』(岩波現代文庫、2013)が同様の主張をしていますが、山間の松山藩にも工業化の波が寄せていたのでしょう。

以上のような方谷の藩財政改革により、藩は10万両の借金を7年後の安政4(1857)年頃には返済し終え、逆に10万両の貯蓄を達成しました。

幕末の松山藩

封建制は農業に基礎を置いていますので、開墾して農地を拡げるしか増収の手段はなく、せいぜい商業が視野に収まる政治経済制度です。原初的農業では江戸期半ばに「生産力の原理」において限界に達し、外敵に備えるべくもありません。それにもかかわらず徳川幕府は、参勤交代などを軸として、諸藩の力を削ぐという国内の「安全保障の原理」にしか関心を向けませんでした。方谷が行った産業振興は、技術導入・技術開発から新商品開発までに及び、来たるべき資本主義を見据えて国力増進を図ろうとするものでした。当然、徳川幕府が前提した封建制度そのものにも限界を見ていたはずです。

國分胤之の回想によると、安政2（1855）年のある酒席で、方谷はこう述べたといいます。

「徳川幕府の命脈はおそらく永くはないであろう。歴然とした前兆が現れている。幕府を衣に例えるならば、家康公が材料を調え、秀忠公が織り上げ、家光公が初めて着用した。以後、歴代将軍が着用してきた。吉宗公が一度洗濯をし、楽翁公（松平定信）が二度目の洗濯をした。しかし、もう汚れと綻《ほころび》がひどく、新調しないと用にたえない状態になっている[*24]」。

一方、藩主である勝静は、出自もあって幕府への忠誠心には強いものがありました。藩改革が成功するにつれ幕府において勝静の評価は高まり、嘉永4（1851）年には将軍への取り次ぎを行う奏者番、安政4（1857）年には寺社奉行を兼務、文久2（1862）年には外交と財政を担当する外国掛および勝手掛の老中へと上り詰めることになります。しかし同時期、徳川幕府の命脈は尽きつつありました。尊皇攘夷を唱える天狗党の乱（1864）で資金を詐取されるなどの不始末が幕府にあり、勝静は責任を取り、老中を辞しています。

元治元（1864）年、備中松山藩に朝命が下されます。広島・松代・福山などの各藩とともに、長州征討を命じられたのです。一度日はさしたる戦火を交えることもなく講和条約が結ばれましたが、翌慶応元（1865）年、二度目の長州征討が行われます。将軍家茂は大坂城に本営を進め、勝静を老中に復させますが、今回は長州も幕軍と砲火を交え、そのさなかに慶応2（1866）年に家茂が死去、幕軍は完敗を喫します。

慶応3（1867）年になると勝静は将軍慶喜を補佐する立場となり、協議して大政奉還を決議しました（大政奉還の上奏文草案は方谷が認《したた》めた可能性があります）。王政復古の大号令も下され、幕府廃止と新政府樹立が宣言されると会津藩や桑名藩は激高し、勝静が説得したものの聞き入れません。こうして慶応4（1868）年に鳥羽伏見の戦いに突入、幕府軍は敗北を喫します。これで命運は決しました。藩主の勝静が幕府において老中の首座を占めた備中松山藩は、朝敵の烙印を押されることとなったのです。

ここで新政府の命を受けた備前岡山藩や中国地方の諸藩は、征討軍を備中松山に向かわせます。それに対し留守を預かる方谷は、藩民の命を救うことを第一に主張し、征討軍に城の明け渡しと恭順を申し出ます。不在であった藩主の板倉勝静は引退したことにし、板倉勝弼《かつすけ》を養子として新藩主に迎え、その上で勤王派に鞍替えしました。その間にも一触即発の状態が続きます。鳥羽・伏見から帰還した松山藩隊が、藩への帰路、玉島で岡山藩兵に包囲されたのです。ここで隊長の熊田恰《あたか》が藩兵の助命を嘆願し、玉島の松山藩領地における庄屋・柚木邸にてひとり切腹しました（熊田恰は玉島を戦禍から救ったとして同地の熊田神社に祀られていますが、松山藩を代表して犠牲になったとも言えます)。

残る問題は、ゆくえをくらませたままの板倉勝静でした。勝静は幕府軍に同行しており、それを知った新政府は、話が違うと再び態度を硬化させます。藩主交替と恭順が勝静の本意でないのではないかと疑われ、岡山藩による松山藩攻撃の時限が迫る中、方谷は勝静が北海道の五稜郭にいると察知しました。一計を案じてプロシア船長に依頼し、勝静をだまして商船で江戸に連れ帰り、新政府へ自首させます。勝静は長男とともに終身禁固刑となりますが、松山藩は岡山藩による占領を解かれ、5万石を2万石に削られて、明治2(1869)年に高梁藩としての再興を認められたのです。

第三章

村長・町長の時代（明治・大正）――荘直温の矜持と手腕

1・維新後の高梁が求められたこと

一揆への対応

明治維新――。

慶応4（1868）年に戊辰戦争が没発、幕府親藩が最後の抗戦を挑む一方で、五箇条のご誓文発布、五榜の掲示交付、江戸城が無血開城と、着々と新政府の足場固めが進みました。翌2（1869）年には天皇が東京に移り、版籍が奉還されます。土地の所有権と人民の戸籍が、藩から朝廷へと戻されたのです。松山藩は高梁藩となり板倉勝弼が藩知事になりました。けれども表面におけるそうした動向とはまた別に、現場では無数の混乱が生じていました。明治元年2月から3月にかけ民心は極度に不安になり、領内各地で暴動が発生したのです。

もともと旧松山藩でも、改易・転封があるたびに、農民が藩の出先機関である庄屋に押しかけるということが生じてはいました。改易・転封には検地が伴うことが慣例となっていたからです。とりわけ幕末の慶応2（1866）年は大凶作で、食糧事情が逼迫しました。しかも旧松山藩は朝敵と疑われたため、岡山藩が新政府から任じられて鎮撫総督となり、1年10ヶ月にわたり占領していました。[*1] 農民がのべ28・3万人にも上るその駐屯費用を負担させられ、一部は不満をあからさまにしました。そうした中で起きたのが「野山西村一揆事件」です。庄營助に関わりがありますので、明治初期の旧松山藩を語るためにも経緯を紹介しましょう。*2

野山村は「野山往来」で知られ、方谷が藩の防衛上重視して、15年にわたり藩士と農民兵を配備していました。けれども新政府へ恭順を示すためには、それらを引き揚げねばなりません。そのため警備が手薄になった3月7日の夜も更けた頃、野山4ヶ村（西村・宮地・北・岨谷《すわたに》）から農民400~500名が竹槍を抱え、ぞろぞろと庚申山《こうしんやま》に上りました。やがて気勢を上げると、山を下り谷を渡って西村庄屋にたどり着き、周囲を取り囲んだのです。

あらかじめ待機していた旧藩の代官は、何を言いたいのかと尋ねましたが、群衆は聞く耳を持ちません。竹槍や棍棒を手に屋敷内になだれ込み、押しとどめんとした同心たちを乱闘の渦にまきこんで、検地帳や年貢皆済帳を奪い取り、建具や家具、調度類を打ち壊し、土蔵からは道具を引き出して、瓦をめくり落としました。

代官は全身打撲で身動きできず、同心たちも投げつけられた植木鉢が顔に当たったり、大怪我を負いました。群衆は勢いを減じることなく、北村や岨谷村、宮地村の庄屋方にも押し入り、年貢関係書類を持ち去りました。あまりの騒ぎに総督隊や旧藩隊が出動すると、やがて小康状態が訪れ、説得に応じて二人三人と山を下ります。野山西村の甚介・林三郎以下9名が一揆の首謀者と目され、逮捕されました。提出された始末書は、こんな内容です。

口上書

一　去る七日夜、四ヶ村寄り集まり当村の庄屋へ乱暴、なおまた（注・野山西村肝煎）難波兵左衛門方へもまかり越し騒ぎ立て、村中一同まかり出ました者どもの中、私共始め組合外れに致しました者の外は、一向に事情も承知致さず、若しまかり出申さず候らわば、その者の家より打ち砕く、などとうわさを立て候に付き、是非に及ばず出合い致し候らえども、乱暴などは決して致し申さず候。

庄屋役・肝煎役（の指図）取り用い申さずなどと申し出候義も、これ又一同申し合いの義にこれ無く、今般一揆を催し候もの共より強く申し出、その節にても村中で、いか程（心得の上）申し合い候人これ有り候もわかり難く、追々聞き合わせ候ところ、前もって申し合い候ものは、柏木の甚介、ただし伊左衛門・真左衛門を除き、組々で抜き抜きと申す位にて、その外は左様の考え毛頭御座無く候。

（略）

源介一人と申す儀は御座無く、庄屋・肝煎残らず同様にこれまでの通りなし下され、言いわけ仕まつり候心底、私共にてはさらに御座無く候。

右の通り有ていに御伺い申し上げ奉り候。一村悪名をうけ心外至極に存じ奉り候。何とぞ善悪の者ども御調べ分け、一同難渋仕

らず候よう歎願し奉り候。已上《いじょう》

辰三月

野山西村庄屋（注・難波熊太郎）　（外）

六十八人

但総代（10名の氏名）　五人組頭（5名の氏名）

御庄屋兼帯

庄　菅介殿

口上書が訴えている内容はこう読めます。柏木の甚介と五人組のうちの一部が首謀者で、「庄屋役・肝煎役の指図には従わない」、「肝煎の源介だけを村役として認め、外は認めない」と主張していると我々は今になって聞きましたが、私を含め多くの者はそうした言い分を知りませんでした。「騒動に加わらなければ、その者の家から破壊する」という噂が立ったため仕方なく乱暴に加わった者も、みずから手を下したのではありません。私達は、首謀者たちのように「源助一人が適任」だと主張する立場にはなく、庄屋・肝煎の方々にこれまで通り村役を務めていただきたいと考えており、交替を訴えるつもりなど毛頭ございません。詮議の場で以上のように申し上げるべきところ、そうせずに退席してしまい、今更ながら後悔しています。私どもの村全体が悪名を受けることになりまことに心外で、なにとぞ私達一同が苦しみを受けることがないよう御取り調べのうえ、徒党を企んだ者達とそうでない者を区別して下さい。以上歎願申し上げます、と。

「不調法」つまり年貢等の運営にかんする手落ちがあり、利解（説得）も行き届かなかったということを一揆騒動の直後に認め、野山西村の庄屋・肝煎・見習ら6名は辞表を提出していました。唐突に庄菅助（菅介）の名前が出てくるのは、隣の原西村（明治より松山西村）で庄屋を務めていたために一時的に野山西村の庄屋を兼任し、この嘆願書を受理したのでしょう。

なるほど元禄以来、検地の重圧から農民に不満が募るのももっともですし、冷害に岡山藩の占領までも重なったため、暴動が生じても不思議はありません。しかし同じ税率で検地を行った菅助の原西村ではそうした暴動は生じなかったのですから、庄屋としての菅助の手腕が上々であったとは言えるでしょう。農民側の反応にしても、実に様々なものがありました。一揆を起こさず鎮撫使の岡山藩から賞詞をもらった村、備前藩の武運長久を祈って神札を献上した村、旧松山藩主板倉家の家名再興・血筋の相続を嘆願する村——一揆とは正反対の動向もあったのです。松山藩では板倉公と山田方谷に対する領民の敬愛の情は確固としており、それだけに庄屋は不満をなだめる手腕を問われました。

ともあれ事の顛末としては、菅助がこの口上書を「備州御郡方　御役所」に提出し、首謀者の9人は処罰を受けなかったにもかかわらず揃って自害、村人は「九人ミサキ」（中国・四国で伝わる事故死した人々の集団亡霊伝説）として祀ったと言われます。

明治初期の高梁町の様子

本章の主人公、庄家二十八代、松山分家四代目の荘龍太郎直温《なおはる》は、安政4（1857）年4月9日に生を受け、この暴動を11歳で見聞きしています。世情は激変し、民心は動揺していました。武家が700年にわたって設置した封建制という社会経済制度は土台から覆りつつありました。直温が覚悟を決めて取り組んだのは、そうした時代の舵取りでした。

江戸時代	明治2年(1869)	明治8年(1875)	明治12年(1879)
原東村 原西村	松山東村 松山西村	高梁村	松山村
松山市中	松山市中	松山市中	高梁町

表 2-3-1　町村名改称の推移（出典：『高梁市史』）

先述したように、明治9（1876）年に直温と澤之介の兄弟が提出した書類には、住所が「高梁村」と記載されていました。明治以降、旧松山藩では町村合併どころか地名もコロコロと入れ変わり、どの時点か分からないと場所の特定もままなりません。『高梁市史』に準じ、町村改称の推移を追ってみます。原西村と原東村は、明治時代にはいって松原西村と松原東村に改称されます。その後明治8（1875）年に統合されて「高梁村」となり、明治12（1879）年にはややこしいことに「松山村」と改称しています。それに対して旧藩時代の「松山市中」は、明治12年に「高梁町」となります。分かりにくいので、表にまとめておきましょう。[*3]

明治から大正にかけ、荘直温は50代まで松山村の村長、71歳で亡くなる3ヶ月前まで高梁町の町長を務めます。前半生は松山村長すなわち「原西村＋原東村」の長、後半生は高梁町長すなわち松山市中の長になったということですから、若き日は実家のあった愛宕山周辺の松山村長、還暦後は山から下りて松山市中の高梁町長になったということです。それゆえ昭和の初めに松山村と高梁町が合併して高梁町になったについては、直温が生みの親と言っても過言ではありません。

直温が少年だった頃の松山市中はどのような光景だったのでしょうか。新政府は「御一新以来学問ヲ興し風俗を改メ、開明ノ国ト為シ、地球万国ト肩ヲ並べ、万民安楽ニ生業を為サシメン」という諭告を出し、これを受けた小田県（明治5年から8年まで、高梁を含む）が出した教示が、当時の世相をよく伝えてくれます。

……小田県では断髪励行を公達し、若者組が祭礼などに暴飲暴食することや、婚礼の時新婦の往来を妨げ、窓を破って悪口をい い、あるいは宴席に小石投げ戸外に墓石を並べたりすること、病気を治すのに祈祷やまじないにたよったり、葬式のときに手伝いの者がほしいままに飲食をして迷惑をかけるなど、そうした悪習をやめ（後略）[*4]

「婚礼の時に新婦の往来を妨げ窓を破って悪口をいい、宴席に小石を投げたり戸外に墓石を並べ」るとは、悪行としか言いようがありません。

同志社を京都に設立したばかりの新島襄が明治13（1880）年に高梁を訪れ、妻の八重に向けて書いた手紙にも、こうあります。

……此所より底の平タキ船にて海迄運送之便利も能《よ》く、山の中とは申、至て繁華したる地なり。家数は千余も有之候《これありそうろう》。尚中々開化風にて夜も所々ランプも付き、暗夜と雖《いえども》差支《さしつかえ》はなし。牛乳もあれば牛肉もあり、唐物見世も沢山にあり、書店もあり、何も格別不自由のなき所に御座候。例の開化と申して芸娼妓も随分多きよし、淫風盛んにして甚《はなはだ》困りたる事なり。尤《もつとも》福音の種を播くには存分好所と存候。[＊5]

『高梁市史』は、当時の旅籠には新町の成羽屋と重屋、南町の見付屋、いまも本町高梁川沿いで健在の油屋があり、宣教師が多く泊まったのは重屋だったと指摘しています。さらに高梁にランプが普及したのは明治17（1884）～18（1885）年、電灯がついたのが明治45（1912）年ですから、それ以前の暗夜に所々ランプがついているというのは「角行灯」の見誤りで、ランプは新島が旅籠で見かけたのではないかと推測しています。角行灯とは四角形の行灯で、ことに当時料理屋・小料理屋が立ち並んだ下町《しもまち》で軒々に吊されていました。幕末には飲食を供する店は3軒しかありませんでしたから、10年ほどの短期間で急速に開店したのです。客席に出る芸者や酌婦の取次をする検番は広小路と南町にあり、明治初頭に芸娼妓を置いて淫風盛んというのは、下町から南町にかけての習俗を指すようです。一方、書店とはおそらく新島を招聘した柴原宗助宅が営んだ本町の柴原開文堂で、繁華といっても、本町には高級店が集まり、南町に下るにしたがい野卑な店が増える状態にあったようです。

二度の敗北を経て継承されたもの

旧松山藩の領民にとって、明治維新はいわば二度目の敗戦でした。一度目の敗戦とは関ヶ原の合戦で、角逐を繰り広げた庄や三村、秋庭といった土豪たちは覇権を毛利にさらわれ、その毛利も西軍の大将となることで一敗地にまみれて退却させられました。結果として松山藩は闕《けっ》国《こく》となり、江戸時代いっぱい幕府が好きなように指示を出し、改易や転封のたびに領主と家来が総入れ替えになったのです。

二度目が明治維新です。板倉勝静と山田方谷のコンビは赤字財政から藩を見事に立ち直らせ、それは領民にとっての成功体験となり心の支えとなりましたが、皮肉にもその成功ゆえに勝静は幕府内で昇進し、明治維新を経て松山藩は朝敵とみなされたのです。岡山藩に「我が領地」を占領された衝撃は、太平洋戦争後のGHQ（連合国最高司令官総司令部）による占領に匹敵するものだったでしょう。領民たちの心の支えであった方谷は明治10（1817）年に死去。昭和20年代のような、すさんだ心情が蔓延していたと想像されます。

ところがそんな時代にあっても旧松山藩には遺産が存在した、と私は考えます。そのひとつが、江戸期の前半、池田時代から水谷三代にかけて整備された旧市内の街並でした。

國分胤之『昔夢一斑』の回想によれば、武家の屋敷は現在の石火矢丁だけでなく、本丁（現在の内山下）、川端丁、片原丁、御前《おんざき》丁、小《こ》高《こう》下《げ》、中ノ丁、頼久寺丁、伊賀町、寺町、向《むこう》丁、柿木《かきのき》丁、大工丁、建《たて》丁、荒神《こうじん》丁、間《あい》ノ丁、甲賀丁、八幡丁、同心丁、中間《ちゅうげん》丁、鐵砲丁、新丁（現在の弓之丁）にまで拡がっていました。町家は本町、新町、下町、鍛治町、南町でこれを「五丁の町」と呼び、それ以外に東町がありました。高梁川寄りが町人、山裾が武家と境界が引かれていたことが分かります。

家中（武家）と町家では交際はありませんでした。改易になるたびに、食習慣から言葉まで異なる藩の武士たちが他の土地からごっそりと転入してくるのですから、地元の町人とそりが合わなくて不思議はありません。國分は、板倉時代は勝澄が伊勢から移封されたため家中は伊勢出身者が多く、融合したのは維新後だと回想しています。

士族にとっては山頂の松山城から御根小屋に至る一帯は権威と権力の象徴であり、それに続く武家の屋敷では、帰宅しても事細かな仕来りや士族としての上下関係が拘束となっていました。

それに対し本町・下町・南町と一本の道が貫き、その先に山々を見上げる町人街は、手元には商売や物流があり、道はずっと見渡せ、遠景には山とお城が控えるというように、仕事の活気とともに美しい秩序が保たれていました。私にはこの近景・中景・遠景の構成が、小堀遠州が作庭した頼久寺庭園（122ページ）に重なって見えます。現在でも山の見晴らしが保たれ、古民家が改修されて旅館や飲食店などにうまく転用されていたならば、どれほど観光客を魅了したことでしょう。この時代を偲ばせる写真には2―3―1があります。

第二は、山田方谷が身をもって示した教えです。方谷は誠意を尽くし他人を思いやる「至誠《しせい》惻怛《そくだつ》」、および領民を第一に考える「士民撫育《ぶいく》」を理念として唱えたと言われます。経済思想に通じている人ならば、この方谷の考え方は『国富論』のアダム・スミスに似ていると感じるでしょう。スミスは国富の定義を国家にとっての貿易黒字ではなく、国民各人の幸福が拡大することみなしましたが、これは士民撫育です。人は利己心を追求するとともに「共感」という道徳感情を持つとするスミスのもうひとつの著作『道徳感情論』は、至誠惻怛を思わせます。

スミスというと「自由放任」とオウム返しに言われがちですが、私はそうではないと考えています。スミスは近代に入った社会が自由な市場経済を持つための条件として、正義に叶ったルールのもとで自由な競争が繰り広げられることを挙げました。彼の言う正義とは、相手の立場に立ち、共感を得ることです。伝統社会においてルールは慣習によって硬直しがちですが、

写真 2-3-1　本町からの眺め（川口写真館所蔵）

多くの人の共感を得られなくなると、改革する必要が出てきます。また改革に携わる人は、私利私欲抜きで多くの人の支持を得るよう努めねばなりません。正義の追求は社会の指導層に委ねられるとしても、彼らは私心抜きで改革に当たらなければならないのです。それは方谷が藩政改革のために講じた諸政策に重なります。「断髪励行」に象徴されるような文明開化のかけ声だけでは、近代化は身の丈に合った形では受け入れられないのです。

新時代の高梁を担う人々

高梁町・松山村からなる旧松山藩の中心部において、誰がこの美しい街並や方谷が示した精神的な遺産を引き継ぐのかが明治初頭の問題でした。ところが旧士族階級は、その主体にはなりえませんでした。この時代に最大の衝撃を受けたのが彼らだったたからです。四民平等のかけ声のもと階級制度が否定されたのですから、頂点にあった士族階級がうろたえたのも当然です。その心情を引き受けたのが、西郷隆盛率いる士族最後の反乱、明治10（1877）年の西南戦争でした。ことあらば首を取り合い、切腹も辞さない覚悟で生きた「武士」が、自滅必至の戦い以外の役割に生きるのは困難を極めたのでしょう。山田方谷の弟子・三島《みしま》中洲《ちゅうしゅう》（二松学舎の創設者）が『昔夢一斑』に付した注釈には、方谷も士族の近代化には悩んだ様子が描かれています。

> 中洲曰此西洋訓練を士族に習はせ度《た》きは方谷先生の本意なれども士族は舊（注・旧）習を固守し容易には行はれざるより先生は郡奉行を兼帯するを機会とし猟師社人などを組立て始て農兵となし庄屋を小隊長として此西洋流を習はし折々城下の矢場に出して調練し士族が見て納得したる上にて追々士族に移したるものにて其苦心察すべし*6
>
> （後略）

松山藩における幕末の士族階級は軍事的により強くなろうとするよりも、古い習慣にしがみつきがちだったというのです。士族たちは新たな社会の担い手にはなりそうにありませんでした。それでも二度目の敗戦を経て暴動や淫風に耽る混乱と頽廃の中から、方谷の遺産を引き継ぎ、新たな社会の担い手たらんとする人々が現れます。

第一が、前出の新島襄とその教えを受けた人々です。[*7] 新島は松山藩主だった板倉家の分家、安中藩（群馬県）板倉家に仕える武士の子で、天保14（1843）年に安中藩江戸藩邸で生まれました。蘭学を学び、江戸幕府の軍艦操練所では洋式の航海術を修得し、儒学は松山藩の江戸詰め師範であった川田甕江《おうこう》に師事しました。川田は藩に建議して洋式帆船の快風丸を購入させ、新島に江戸と藩の領地である玉島との航海を任せました。

新島は蘭学仲間から米国が「自由の国」であることを知り、また当時は禁制であった聖書に触れ、人間の自由と米国の文明が聖書の教えにもとづくと確信して、大胆不敵な決断を下します。密出国して米国でキリスト教を学び、祖国に持ち帰って自由と文明の礎にしようと企てたのです。そして快風丸が蝦夷地（北海道）に向かうと知ると、川田と板倉勝静のとりなしを得て乗船、開港地であった函館から密出国して、無事米国入りを果たします。

米国で大学と神学校を卒業した新島は、明治7（1874）年に帰国します。前年の明治6（1873）年に日本でもキリスト教が解禁されており、新島は京都で同志社英学校を創設します。明治13（1880）年には渡米に際して縁の深かった高梁を訪れ、「神の存在を信じることが真の文明と究極の自由のよりどころである」と説いて回り、明治15（1882）年には共鳴した柴原宗助や二宮邦次郎、赤木蘇平、福

写真 2-3-2　高梁基督教会（撮影・藤井泰宏）

西志計子《しげこ》らが高梁基督教会を創立しました。

八木橋康広牧師（高梁基督教会）が興味深い指摘をしています。米国帰りの新島が布教したピューリタン的なキリスト教が高梁で受容されたのは、その以前に方谷の教えである「至誠惻怛」が定着していたからだというのです。[*8] 八木橋牧師は「至誠惻怛」を天への誠実さと隣人への仁愛と読み替え、それがキリスト教と符合するとみなしました。それは英米におけるアダム・スミス的な共感の精神に通じます。

もちろん新しい装いをまとった思潮には、生理的に反発する人々が一定数は現れるものです。偏見から高梁基督教会は明治17（1884）年に大迫害時代を迎え、投石を受けますが、これを乗り越えて地域社会に定着し、明治22（1889）

年に建造された木造教会堂は、今では高梁の観光名所にもなっています。

新たな社会の担い手となる第二のグループは、荘直温に代表される町の有力者たちです。庄家も元は為資が松山城主になるほどの武家の家系でしたが、すでに関ヶ原の合戦後に農戸に転じ、しかし帯刀を許されて士族格を公認されてもいたのですから、ゆるやかに時代に適応していたと思われます。彼ら「町の名士」たちは、金や権力を自分のために使うただの「金持ち」や「権力者」ではなく、自腹を切ってでも町に繁栄をもたらそうとする人々、すなわち地方自治の担い手を自認していました。

新政府の改革は矢継ぎ早で、国民には何を目指しているのかすら飲み込めなかったでしょう。まず松山藩は高梁藩に改称されながら、明治4(1871)年には廃藩置県で高梁県となり、さらに深津県に統合。翌5（1872）年には小田県となり8（1875）年には岡山県に併合と、めまぐるしく行政上の地位が変わります。そこには藩主に「生殺与奪の全権一に掌握せらる」ような、封建的上下関係の塊としての藩を解体しようとする新政府の狙いが込められていました。

また明治3（1870）年には大庄屋は大里《だいり》正《せい》、庄屋は里正へ改称され、5（1872）年に家を単位とする壬申戸籍が編成されると、大里正は戸長、里正は副戸長に再改称されます。10（1877）年には高梁に上房郡第14区務所が置かれますが、明治11（1878）年に「郡区町村編成法」が制定されると町村の名称が復活、本町に上房郡役所（時任義当郡長）が設置されました。明治16（1883）年には17町村の戸長役場を10部に再編するというめまぐるしい展開です。

名称と行政の地理的範囲の変更だけに見えるかもしれませんが、そこにも明治政府の思惑が見て取れます。それが共同体としての「村」から、法的な地位を奪うことでした。江戸時代には、村が地方自治の単位として実質的な役割を担いました。重要だったのが、林野の扱いです。農民は燃料用の薪や牛馬の飼料となる秣《まぐさ》、農耕用の草肥となる草を林野で採取していました。それには自治が必須です。誰かが過剰に採取するならば、他の村民が利用できなくなるからです。そうならないよう規制するのが村の掟で、掟の運用は村が共同管理していました。そのように共同管理された共有地は「入会《いりあい》」と呼ばれ、林野の薪や秣、草は、最大限に維持されるように村によって共同で管理されて、消費するには「入会権」を村から承認される必要がありました。[*9]

ところが明治6（1873）年の地租改正条例発布で土地の永代売買禁止が解かれると、近代的な土地所有制度が導入されます。その意味するところは大きく、土地を所有するのは「私」と「公」のいずれかであり、村による「共」の管理・配分が否定されたのです。入会林野のうち村有が公有すなわち国有へと変更され、村民は林野を自由に利用できなくなりました。農民にとっては自由に薪や草を得られなくなるのですから、死活問題です。

不満が噴出したため入会地は翌7年にいったん国有地から除外されたのですが、最終的には明治21（1888）年の町村制制定で、入会地に公法上の「公有財産の旧慣（注・旧来の慣行）使用権」を認めるものの、結局は国有地に指定されたのです。それとともに町村制で村は公法人に転化し、要は国の出先機関でしかなくなりました。

社会を「公」と「私」に二分して、「共」すなわち地方自治を実質的に認めないというこの大方針は、その後1世紀にわたって維持されて、日本を「成功した唯一の共産主義国」とみなされるほど均質かつ平等にしました。地方自治の精神は、1980年代に始まる地方分権の流れまで息を潜めることになったのです。戸籍や戸長を新設したのも、国＝公が直接に支配する単位が村ではなく、「戸」や個人であったからにほかなりません。そうした国の出先機関として、明治5（1872）年に鍛治町に高梁郵便取扱所、11（1878）年には片原町に高梁区裁判所、12（1879）年に高梁警察所が着々と整備されました。

二度の敗戦を経た明治初期の旧松山藩の住民は、社会学の用語でいえば「アパシー apathy」の状態にあったと思われます。戦争などの厳しい危機を体験したことから、人々が社会現象や社会そのものに対し無関心になり、周辺の日常的な事柄にしか興味をもてなくなった社会的無関心、政治的無関心の状態です。そのうえ日本

明治14年10月4日		岡山縣上房郡書記に任ず
明治16年2月16日	26歳	上房郡有漢村戸長拝命
明治20年3月25日	30歳	上房郡高梁南町五か町戸長拝命
明治22年3月30日	32歳	町村制実施に付き廃官
明治22年7月31日		高梁町名誉助役に就職
明治25年3月9日	35歳	高梁町長に就職
明治26年2月24日	36歳	高梁町長辞職
明治26年11月22日		任岡山縣上房郡書記
明治27年3月31日	37歳	勅令第三十一号の結果により廃官
明治27年4月1日		任岡山縣上房川上郡書記
明治27年4月26日		非職を命ず
明治27年4月25日		上房郡松山村長就職
明治38年7月14日	48歳	上房郡會議員就職
明治40年5月（＊）	50歳	松山村より金時計一個を受く
		明治２７８年事変の労により木杯一個下賜
		明治33年清国事変における労により木杯一個下賜
		明治３７８年事変の労により勲七等青色桐葉章および金五十円下賜
明治42年7月14日	52歳	上房郡會議員就職
大正3年3月27日	57歳	上房郡松山村長辞職

＊ 大正12年8月の「高梁町長立候補履歴書」では，明治40年と記されている。

大正3年3月28日		松山村より村長在職中慰労として金５００円を受く
大正5年7月14日	59歳	上房郡會議員就職
大正7年4月1日	61歳	高梁町有給助役に就職
大正12年8月4日	66歳	高梁町有給助役辞職申立
大正12年9月8日		高梁町長就職
昭和2年9月8日	70歳	高梁町長就職
昭和3年6月1日	71歳	辞職

表 2-3-2　荘直温職歴

では明治時代以降、国策として地方の「共」の部分がなし崩しにされていきました（アメリカでは人々の社会生活に関して州は国家よりも強い権限を持っています）。

2つのグループは、アパシーを反転させて、高梁の町に「シンパシー sympathy」すなわち「共感」を植え付けようと試みました。村をまとめてきた庄屋の生まれという出自は、直温に新しい時代における「共」のあり方を模索するという、人生を貫く課題を与えたのです。

荘直温の履歴

直温は明治・大正と松山村長および高梁町長を歴任し、村民・町民が新しい時代に適応するための基礎作りに邁進しました。私は、直温の行政官としての業績は、人々が市場経済という難物を乗りこなせるよう、社会制度や公共施設を整備、鉄道を誘致し、基礎学力から実学に至る知識を修得できるよう学校を設け、それも私心を捨てて町村の指導者たらんとしたところにあったと思います。直温の周辺にも、そうした公共心を備える有力な人材が集まりました。私の手許には、勲七等を得た際の直温の略歴があります。

直温は昭和3（1928）年9月1日に享年71歳で亡くなるのですが、時期から言うと、

1. 明治16（1883）年から22（1889）年まで、有漢村・高梁南町戸長の6年間
2. 明治25（1892）年から高梁町長（初代）の1年間
3. 明治27（1894）年から大正3（1914）年まで松山村長（5代）の20年間
4. 明治38（1905）年からの上房郡会議員（2期）
5. 大正12（1923）年から昭和3（1928）年まで、高梁町長（12・13代）の5年間

に分かれます。仕事内容も踏まえ、1を修行期（明治24年まで）、2と3を前期（高梁町長・松山村長、大正3年まで）、4と5を後期（上房郡会議員、高梁町長、昭和3年）と三区分し、その生涯をたどってみましょう。

2・荘直温の修行時代（明治24年まで）

庄屋見習いから戸長、教師、公務員へ

荘龍太郎直温は安政4（1857）年4月9日に、庄家二十八代、松山分家四代目として、松山藩原西村に庄屋である菅助直則、母たらの長男として生まれました。明治元年には11歳となっていますから、明治期の直温の年齢は明治χ年のχに10を加えたものとなります。弟は二人いましたが三男は早世、3歳下で次男の澤之介直正は明治14（1881）年に有漢村綱嶌家の養子となったものの、翌15（1882）年9月5日に22歳で病死しています。妹は3人いました。

直温は8歳で庄屋見習いとなりますが、明治元年に大政奉還となり、11歳で野山西村の暴動（一揆）騒動を体験しています。重税に苦しむ村民と直接に触れあう行政官として、事務処理の困難さにつき身をもって知ったことでしょう。

十代の履歴によると、直温は13歳になる明治3（1870）年4月から翌年12月まで、川《かわ》面《も》村《そん》で支那学を学んでいます。一方で明治5（1872）年には父の菅助が隠居しており、以降、直温は「当主」を名乗り、明治6（1873）年には県から「第十二大区小台区戸長」に任命されています。これは松山西村の庄屋を引き継ぐものでしょう。また同年に「文学修行につき免職」しています。明治6年6月から翌年7月まで「備前国児嶌郡　天城静佟館において

普通学および算術を修む」、明治7（1874）年8月から年末まで「後月《しつき》郡西江原村《にしえばらむら》　興譲館坂田警軒《けいけん》に師事して普通学を修む」、明治8（1875）年に「賀陽郡　森田月瀬《げつらい》に従い支那学を修む」といった具合に、学業に専念するためでした。

　教育行政を扱う官庁でもあった当時の「大学」は明治3（1870）年に「中小学規則」を定めており、その中で「小学」は「普通学ヲ修メ兼テ大学専門5科ノ大意ヲ知ル」、それに対し「普通学」とは「句読、習字、算術、語学、地理学」と規定しています。[10] 支那学とは中国人以外による中国研究のことで、古典的な漢文学だけではなく中国事情の現状分析までを含みました。坂田警軒は明治23（1890）年からは衆議院議員になる著名な漢学者で、備中国後月郡の興譲館（現在の井原市、興譲館高等学校）で明治元（1868）年から館長を務めていました。要するに直温は、現在で言えば大学の教養課程を修了する程度まで勉学したということでしょう。当時の地域事情からすれば、社会人として相当に深い教養を身につけていたといえます。

　直温が本格的に職を得たのは、19歳になる明治9（1876）年からです。9月1日、直温と弟の澤之介が同時に「私義文学修業之為メ泉州堺県下へ来ル　二日出立」という届けを出しています。堺県は大阪西南部にあり、当初は誰かの元で勉学を続けるつもりで兄弟で堺県へ行ったのかと思われますが、そのまま翌月には「小学四等助教」に就き、翌年には「三級訓導補」となっています。訓導とは正規の免状を有する教員のことで、学制発布で小学校尋常科という名称のもと初等教育が開始されたのが明治5（1872）年ですから、初等教育の最初期において現場を体験していたことになります。

ところがそれは短期間しか続きませんでした。直温は明治10（1877）年6月29日、勤務先の助松小学校に「国元の母大患」で四週間の帰省願いを出しています。さらに明治12（1879）年7月29日、今度は実父の大患により「親子之情誼棄て置き難く至急帰郷看護支《し》度《たく》」、4週間の休暇を願い出ています。そして直温が故郷に戻ってみると、明治11（1878）年の「郡区町村編成法」制定によって、上房郡役所が本町に置かれていました。それに目をつけたのでしょう、直温は翌13（1880）年に上房郡役所へ転職しています。職務は徴税掛事務、庶務掛事務でした。父の菅助は明治14（1881）年11月18日に亡くなっていますので、直温は帰省したまま父の晩年を看護するため、上房郡役所に職を求めたことになります。偶然といえば偶然ですが、これは大きな転機となりました。ここから直温は、故郷の高梁を舞台として、行政を生涯の仕事とするのです。

父が死去する3ヶ月前、直温は備前国津高《つだか》郡溝辺村の光田久満《くま》と結婚しています。24歳の時のこと、久満は5歳下でした。そして翌明治15（1882）年2月13日に長男の荘直一が生まれ、次男愛二、三男の四郎（明治21年5月26日）、四男の五郎（明治24年）、長女五初女《いそめ》（明治24年12月18日）

と続きます。愛二は幼い頃に玉島の三宅家の養子となり、五郎は酒津《さかづ》（現在の岡山県倉敷市北部、

写真 2-3-3　背後の垂れ幕が庄家の家紋「下り藤」であるので、荘５家会合での記念撮影か。後列右から２番目が荘直温。左端は有漢の荘三郎吉か。（荘芳枝所蔵）

高梁川沿いの地名。近世は刀匠・備中青江の根拠地、舟運港として栄えた）の梶谷家に嫁いだ直温の妹「真《しん》」の養子になっています。それぞれが裕福な家の跡取りになりました。

上房郡役所時代の直温は、着実に実績を重ね、評価を得ています。明治14（１８８１）年には上房郡書記となり、明治16（１８８３）年には岡山県から有漢村の戸長を拝命、同時に学務教員、翌年には上房郡の衛生会委員も兼任しています。そして明治20（１８８７）年になると高梁の南町ほか五か町（下町・鍛治町・中之町・弓ノ町・鉄砲町）の戸長を拝命、この間、毎年のように「職務勉励」で賞金を得ています。そして明治22（１８８９）年には高梁の大工町２番地に土地を取得して移り住み、町村制が実施されたの

に伴い「戸長」が廃官になると、7月には高梁町の名誉助役になっています。これは町長を補佐する役割で、ナンバーツーです。この時の初代町長が、『昔夢一斑』の著者であり、松山藩から高梁町に至る郷士について誰よりも知り尽くしていた國分胤之で、直温はその謦咳に触れています。そして明治25(1892)年、直温は周囲に推される形で高梁町の二代目町長に就任します。35歳の春のことでした。

家政改革規定書

芳枝さんから手渡された古文書の中に、興味深い1枚があります。それは明治11(1878)年、直温21歳の時に書かれたもので、「家政改革規定書」と題されています。

常々節倹を旨とし、日々産業相励み申すべき事。

壱ヶ年扶持米八石四斗と定む。外に、雑費弐拾四円。但し壱ヶ月金弐円ずつ。

小作米［□□］、弐拾八石。内、八石四斗、扶持米に引き残りて拾九石六斗。

右は、市中相庭《そうば》聞合せ、直段《ねだん》相当と見込み候節売却致し、公租区費を引き去り、残金中村氏へ相預け申すべき事。

講利懸金五円五拾銭ずつ、二季に相渡すべき分、並びに月並雑費金弐円とも金通を以て預け金のうちを受け取り申すべき事。但し、この利子壱ヶ年右のほか、金子臨時入用の節は、その訳小林氏へ移り合わせ、止む無き事情に候らえば同家の保証書持参のうえ中村氏より金受け取り申すべし。尤《もっと》も、大金の節は有漢庄氏へも相談のうえ取り計らいの事。

毎年一月中、類中立ち会い、小作米取立簿の決算、並びに会計方の可否を試検し、預ケ金仕詰等致し申すべき事。

自然定約を犯し候節は、早速類中より当主へ相迫り申すべき事。

右の件々、一同立ち会い議定候うえは、本年七月より来たる明治十六年六月まで五ヶ年間を一季となし、当主は勿論、家族に至るまで飽迄《あくまで》確守致すべく、毫も驕奢の挙動、決して致すまじく、後年のため連印の規定書、依《よっ》て件の如し。

上房郡松山村

明治十一年六月廿八日

当主　庄　龍太郎

同郡同村　隠居　庄　管助㊞

同郡有漢村　趣法立入本家　庄　要二郎㊞

同郡高梁本町　同親類　小林尚一郎㊞

同郡同　同親類　小林与一右衛門㊞

同郡南町　趣法立入　赤木良祐㊞

同郡南町　趣法立入　中村源蔵㊞

明治11（1878）年ですから、龍太郎（直温）が堺県で小学校の助教をしていた時に認められた文書です。「家政改革書」は、一般には家の経営が悪化した時、もしくは経営環境に大きな変化があった際に作られる文書です。庄家の家計が危機状態にあったのかもしれませんが、それよりも明治6（1873）年に地租改正条例が公布され、同14（1881）年までに、それまで年貢という形で農民から直接に取り立てていた税が地主の金納に置き換えられたことが注目されます。地主として小作料は米で受け取り、以前ならばそのまま年貢として上納していました。面倒ではあっても右から左へ米を移動させるだけの仕事です。ところが、税は金銭で納めよと変わったのですから、米をもっとも高い価格で売却するよう商業活動を命じられたも同然です。予算と消費の計画をどう立てるべきか若い当主には見当もつかなくなったと思われます。そこで親族や町の有力者、豪商である中村源蔵らに家計のやりくりを監督してもらうことを宣言したのでしょう。末尾の「趣法立入」とは、庄家に立ち入って財産管理を行う権限を有する者という意味です。

規定書では、地主として小作人から得るのは28石で、そのうち年収8石4斗と月々2円が直温の収入に当たるとされています。28石から8石4斗を除くと19石6斗で、米相場を眺めつつそれをなるべく高額で売却し、得た金銭で公租区費（公租は現在の国税・都道府県民税、区費は市町村民税）を支払って、残りを中村源蔵に預けるというのです。中村は月々に雑費の2円と、民間金融である「講」の懸金（掛金）として年に二季徴収される5円50銭を、その都度直温へ手渡すという規定です。

臨時の出費がある時はその訳を小林氏へ述べねばならず、やむないと認められた場合のみ「家の保証書持参」で中村氏から受け取ってよいが、さらに大金となれば有漢の庄要二郎へも相談しなければならないというのですから、なんとも窮屈です。そのうえ毎年1月にはこれら関係者が立ち会って、小作米からの取立て簿の決算と直温の年間会計につき「可否を試検」し、預け金をチェックするというのです。庄要二郎以下、親戚筋の年配者か町の有力者で、睨みをきかされがんじがらめの状態です。

管助が毎年のように村人の土地を担保として代理で年貢を支払っていたという事情からすれば、負債を期日までに支払えなかった債務者の土地が庄家に集まっていたとも想像されますが、松山村は山の傾斜地にあり、田畑にしても下田《げでん》が多く、直温が「大地主」として米相場や金貸しで儲ける「寄生地主」になったとはとても思われません。むしろ、米を年貢として徴収し米のまま年貢を納めた物納経済から、いくらで売れるか不確実な商品を売って金銭で納める金納経済に転換されたことで、貨幣の取り扱いに不安を覚えたということかと思われます。厳しい監督を周囲に依頼してまでみずからに課した「常々節倹を旨とし、日々産業相励み」、「当主は勿論、家族に至るまで……毫も驕奢の挙動、決して致すまじ」という規範は、社会学者のマックス・ウェーバーが西欧の資本主義の担い手として見いだしたピューリタンの生活態度を連想させます。

ちなみに「家政改革」文書は他でも出されています。広島県文書館収蔵の延藤家（府中）の「家政改革建白書」（明治11年）は、明治元（１８６８）年に一族の経営が危機に陥ったのを機に、延藤家を会社形態の「延藤社」とすることを提案しています。延藤家当主を「社長」とし、本家の家督を延藤社の「社金」として、分家の生計は延藤社からの月給として支払うという案です。「会社」という考え方が欧米から入ったばかりの頃にその発想を借りて旧家の危機を救おうとするもので、当主が給料をもらうという点では直温のそれに共通しています。こちらも、家督という物的資産を金銭に換えて固定給を支払うために会社の考え方を導入するということで、貨幣経済としての資本主義をどう受け入れるか模索している様子が窺われます。

公共部門への寄付と産業育成

直温がこうした私生活を背後に置きつつ、村の「共」の維持をみずからの使命とみなしていたことは、具体的な私財を投じる行動、すなわち表２－３－３のように繰り返される寄付に表れています。

直温が最初に上房郡役所に勤務したときの月俸が5円ですし、地主としての所得も2円にすぎませんから、その給与からすれば1円以上を何度もとなるとかなりの寄付額です。内容にしても公共事業があり、本来は県や自治体が行うべき事業で、それに若い個人が寄付するというのはなるほど「奇特」ではあります。

ちなみにこの頃、直温は特別な手当として「職務勉励慰労金」を3円（明治15年）、4円（17年）、「職務勉励に付其賞金」1円（20年）、1円（21年）、「聖上当縣御巡幸金」1円60銭（18年）、「土地調査事務に従事に付賞」を2円45銭（21年）得ています。中村源蔵や庄要二郎の許可を得なくとも自由に使えるこうした金銭を、直温は寄付に回したということでしょう。

もう1件、この時期で注目すべき仕事があります。有漢村の戸長であった明治20（1887）年7月14日、直温は「有漢巨瀬《こせ》三ヶ村戸長惣代」として「上房郡長　時任義當宛て」で、依頼文を提出しているのです。読み下し文で掲げましょう。

本年一月、有漢村、上有澤村、巨瀬村、三ヶ村聯合麦稈《ばっかん》組紐伝習所設置費用のため、本年三月三十一日限り返納致すべき旨をもって金三拾円特別御貸与を得、爾後一層貧民の姉女を集め伝習致し候ところ、追々卒業の者続々これ有り、為めに貧民糊口《ここう》の策を得、従って農家一般の金融よく、然るに麦稈価格一時非常の変動を生じ、客年拾銭内外の物、殆ど三拾銭前後に騰貴すと雖も、製品は却って価格を減じ、度々損失を来たせるをもって止む無く一時休業。その後、伝習生の都合もこれ有り巨瀬村に伝習所を移し、目下引き続き開場仕り居り候らえども、固より返納に差し支え候等は勿論これ無き見込みにて、やや収利もこれ有り追々多少の資金等も蓄積致すべき予算のところ、如何せん、価格の変動により損益相償えずの場合に立ち至り、殊に創業の際、冗費多く、かれこれ費用算外に出て返納分甚だ困却仕り居り候条、甚だ恐縮奉り候らえども御役所より直接伝習所御設置御試験相成り候ものと御看做しのうえ、特別をもって該金額御補助成し下されたく願い奉り候也。

日時	寄付内容	表彰者
明治14年6月11日	道路修繕費壱円参拾銭差し出し	岡山県(奇特候)
明治18年12月15日	明治17年8月25日暴風海嘯《かいしょう》(注・津波)の際被害者救助費として金三円餘差し出し	岡山県令従五位訓四等　千坂高雅　(奇特候)
明治19年6月30日	岡山県医学校修繕費金一円差出	同(奇特候)
明治20年5月10日	学事奨励会開設に付いてハ金一円六十銭寄贈	上房郡学事奨励会会長　時任義當(感謝状)
明治23年7月5日	第三高等中学校医学部建設費として金弐円餘寄付	岡山県知事正五位勲四等千坂高雅(奇特候)

表 2-3-3　荘直温の寄付行為（出典：古文書集「七十二年の足跡（一）」荘芳枝所蔵）

有漢上有澤巨瀬三ヶ村
廿年七月十四日　戸長惣代　荘直温　㊞
上房郡長　時任義當殿

内容はこんなことです。有漢村他3ヶ村の連合で麦稈組紐伝習所を設置すべく、本年3月21日限りで返納する約束で、郡から費用30円を特別にお借りした。伝習所では貧困家計の婦女子を集めて麦稈真田組紐の作り方を伝習し、続々生まれた卒業生たちは糊口を凌ぐことができている。家計の金融事情も改善した。しかるに物価の急変から、原材料である麦稈価格は通常の10銭が30銭に高騰、一方、製品価格はさほど変わらないため、赤字がでてしまった。やむなく伝習所は一時休業とし、その後場所を巨瀬村に移して再開しているが、もとより返納に支障があろうはずもなく、利鞘も出ていて追々貯蓄も可能と見込まれている。今回返納に窮したのは予想外の価格変動と、創業直後の出費あってのことにすぎない。ついては伝習所の設置試験を合格とみなし、役所が直接に補助を行って、返納分に当ててはいただけまいか、というのです。

麦稈真田とは麦わらを平たく潰したもので、真田紐《さなだひも》のように編んだり、縫い合わせて麦わら帽子や袋物などを作ったりました。編み方の種類には、三平《さんぴら》、四平、五平、四菱《しびし》、六菱などとがありました。岡山県南西地域では、貴重な現金収入源として、また輸出品として、明治末ごろから大正半まで大いに生産されました。中流以

写真 2-3-4　大正時代の内職「三平くみ」(川口写真館所蔵)

下のどの家庭でも婦女子が小遣い稼ぎに編み、芳枝さんも子ども時分にやったものだと言います。業者が集める情景は、風物詩とも見られました。その後、中国産の化繊製品やビニール製品に取って代わられ、昭和30年代後半以降はほとんど生産されなくなりましたが、現在はアート作品として再び注目されています。

麦稈真田にかんする取り組みは、もとはといえば明治15（1882）年、上房郡長の時任本人が中国製の輸出状況を知り、農家の副業に適当とひらめいて、勧業主任の板倉信古や南町の豪商中村源蔵と相談のうえ、中村の娘婿である中村三平を東京の大森に派遣し、技術を持ち帰らせたことに端を発します。上房郡で「三平」と呼ばれる編み方は、この中村三平に由来します。これを受けて明治18（1885）年、中村源蔵が麦稈会社を創設しますが、時期尚早であったのか経営には失敗、家産をも傾かせてしまいます。けれども彼らの目に狂いはなく、明治19（1886）年には上房郡麦稈真田紐同業組合が結成され、地道に販路を開拓した結果、明治28（1895）〜29（1896）年には産業として軌道に乗ります。明治35（1902）年には、集散地として高梁が教科書で紹介されるまでになりました。[*11]

ここでいくつかの符合に興味を惹かれます。時任義當と中村源蔵は「麦稈真田の父」とも呼べる存在で、実際にいまも残る南町の中村の旧家の前にはそう記されたポールが立っています。その中村源蔵は直温にとってもながらく家政改革の指導役で、いわば商業における師と呼べる存在でした。また時任は郡役所の上司でもあり、彼ら先人が導入した麦稈真田を普及させるべく、直温ら3ヶ村の戸長が私費を投じて伝習所を設立したというのです。ところが明治18（1885）年には原材料価格が高騰、中村源蔵でさえ経営に失敗しました。直温が上房郡長の時任に補助金による肩代わりを申請したのはその2年後だったことになります。

直温の要望に対し、時任はこう返します。

書面、願いの趣き聞き届け、金額補助候事。

明治廿年十月十五日

上房郡長　時任義當　㊞

時任としても赤字を出した事業に補助金を出すのは責任を問われる決定ではあったでしょう

が、その英断により伝習所は半ば公的な組織となり、その後の繁栄の礎となったのです。上房郡は山地が多く、田畑にも恵まれません。そうした場所では元手がいらない、いまで言うスモールビジネスは、家計を大いに助けます。彼ら町のリーダーたちが、大地主になろうなどと目論まず、使命感に燃え身銭を切って婦女子を助ける産業の育成に邁進したのは、方谷が唱えた「士民撫育」の実例と言えるでしょう。

3・荘直温の松山村長時代（明治25年～大正3年）

無給の町長

当時の町長選挙は議会の議員による互選で、直温は明治25（1892）年3月27日に高梁町長に推挙されました。

現在で言えば高梁市長になるようなものですから大変な名誉で、直温が郷土の底上げに意気込んだ様子が想像されますが、実はその翌年の明治26（1893）年2月24日にはあっさりと辞職しています。私はこの件についてながらく不思議に思っていたのですが、ふと気がついたのは、町長は文字通り「名誉」職、つまり無給だったことです。明治22（1889）年の町村制施行とともに戸長が廃止になり、直温は高梁町の名誉助役になっていましたが、こちらも無給。つまり4年間は給料を得ていなかったのです。

高梁町議会からは感謝状とともに「七年の久きに渉る賞与金」30円が支払われ、直温は辞職とともに上房郡役所に戻って月俸8円を得るようになります。その水準でいえば賞与金は4ヶ月の給与に満たないので、町長であった時期の生活は苦しかったと推測されます。「故あって」という辞職理由からは、無念さが伝わってきます。

直温は復帰した上房郡役所では徴税課に勤務、次いで書記になります。そして翌明治27（1894）年、「疾患で湯治療養仕りたく四月三日まで、美作国真嶋郡一ノ宮村真賀温泉へ罷り越したく」と休暇願いを出し、3月28日から1週間の湯治に出たあと、37歳で松山村村長に推挙されます。こちらは念願の有給職でした。この松山村長は、大正3（1914）年に辞職するまで、20年間務めることになるのです。

この時期の直温は、学校の校舎建築を通じた教育による人材養成や、道路の改修といった社会インフラの形成に取り組みますが、農事改善、家畜市場の株式会社化と、多方面で産業の育成にも尽力しています。とりわけ牛馬の販売にかんしては[*12]、後年、「合資会社高梁定期家畜市場」から表彰されています。もともと家畜の流通は、旧藩時代には中曾屋が取り締まり、為長屋一族の6軒が問屋株を与えられて、南町の街路上で売買を始めていました。明治以降は市場の管轄権を為長屋一族が独占するようになるものの、通行の邪魔となり臭気も漂い衛生的にも問題があって、明治7（1874）年からは為長屋一族の宅地や耕地で売買が継続されました。さらに明治18（1885）年に人家や井戸から20間以内で取引が禁止されると、為長屋一族は現在の高梁中央病院の正面に家畜市場を設立します。明治43（1910）年に家畜市場法が公布施行され、合資会社高梁定期家畜市場が組織された際には直温が尽力したということで、次のような表彰を受けています。

……我が家畜市場のごときは従来個人営業なりしか　往年時勢の進運に伴い新たに法規を定められ　会社組織となすの止むなくに至りぬ　君繁忙の身を以て熱誠なる助力を加え遂に其の筋の許可を得　現今の会社組織の成立を見るに至る　爾来日尚浅きも今日の盛況を来たせる所以のものは　君の助力大いに与りて力ありと謂うべし*13

荘活版印刷所の創設

直温は明治26（1893）年に、恐らくは断腸の思いで無給の高梁名誉町長を辞職しています。所有していた土地からの地代だけでは公務を果たすのに不十分と考えたのでしょう、そこで直温はふたつの仕事から個人所得を得ようとしました。第一が「荘活版印刷所」の創業です。

会社登記を調べましたが、出てこなかったので個人会社だったのでしょう、創業時期は不明です。法務局で土地台帳を調べると、直温は大工町の家を引き払い、明治38（1905）年4月8日に下町23、現在は備北信用金庫下町支店がある場所に移転しています。直温はこの住まいに印刷会社を併設しました。

写真 2-3-5　荘活版印刷所を併設した下町23の自宅（荘芳枝所蔵）

大正2（1913）年に出版した上房郡教育会編『上房郡誌』（荘活版印刷所）が目立つ業績ではありますが、図書情報を検索すると、次のような本も出版しています。

大森明雄 編『農業講話』荘直温、明治36（1903）年

進鴻渓《しんこうけい》著、信原徳太郎編『鴻渓遺稿』荘直温、明治39（1906）年

西原一之助『洒落瑣詩《しゃれさし》』荘活版所、明治44（1911）年

なかでも、特別に直温が力を注いだのが『岡山県川上郡宇治村治績』（荘直温、明治44）です。宇治村は高梁市の西北部、備中高梁駅から約20㎞にある標高350mの高原の山村で、周囲には城跡・社寺など遺跡が点在し、現在では元仲田邸くらやしきが宿泊施設として有名です。その宇治村の行政が奇跡的にうまく行っているとの噂が広まり、全国から事情を聞きに来る関係者が多いため、宇治村の行政情報を分析をまじえて詳述したとする資料集です。直温みずから筆を執り、各県宛に広告を送るほどの熱の入れようでした（カタカナはひらがなに改めます）。

> 近来宇治村の事績視察の為め各府県より来村せらるる諸氏陸続たり　不肖上房郡松山村長の職にあり　自治改善の資に供さんとして　該村に至り沿蹟を調査するに整理経営両ながら完整に自ら襟を正して驚歎するの外なし　係る業績をして視察の侭《まま》私するに忍びず　茲《ここ》に於て本書を発行し以て視察せし事項を具体的に編纂し　幾多の模範的条例規則規定規約村歌等に至る迄全部悉《ことごと》く蒐録《しゅうろく》し　治績に関係ある写真并《ならび》に地理を紹介する為め　県下并《ならび》に宇治村略全図を掲げ細大洩さず精密に記述し毫も遺憾とする処なく　座ながらにして宇治村に就き視察するが如き感あるべし　（中略）　是れ今回普《あまね》く各府県下の自治に　関係ある諸氏に予約廉価を以て頒たんと欲する所以《ゆえん》にして

各位幸に一本を座右の友となし　自治改良発展の参考に資せられなば一は公益にして従て不肖の本懐亦之れに過くるものなし請ふ此好期を逸せず速に御申込あらんヿ《こと》を

岡山県上房郡高梁町大字下町

明治四十三年九月十日　　荘　直温

そうして予約の冊数を印刷しようとしたところ、〆切り後も予約願いが舞い込み、途切れる様子がありません。大ヒット作となる予感も出てきたため、直温はあわてて申込期日を延期します。

予約出版申込期日延期広告

『模範選奨　岡山県川上郡宇治村治績』一部実費六十五銭郵税八銭

右は本年九月十五日付を以て予約出版申込期日　本月十日限り〆切の義広告致置候処《いたしおきそうろうところ》幸に全国多数の市郡町村役場に歓迎せられ昨今に至るも尚《なお》日々多数の御申込有之《これあり》　且中には殊更書面を以て予約〆切後なるも申込を受け呉候哉《くれそうろうや》　之御問合《おといあわせ》も有之候《これありそうろう》に付更に本年十一月二十五日迄予約申込期日を延期し　以て御希望の方へは遺憾なく相頒申度候條《もうしたくそうろうじょう》　未た御申込無之方は右期日迄に必す御申込あらんヿ《こと》を希望す

明治四十三年十月廿九日

つまり〆切りは9月10日→10月10日→11月25日と再延期されたわけで、直温はその都度広告を各県に送付しています。本書の販売実績集計と目される表が私の手元にありますが、新潟県の438冊を筆頭に各自治体から多数の引き合いが殺到し、総数は1万2860冊に達しています。現在の「宇治地区町づくり推進委員会」に問い合わせたところ、本書の存在は把握していないといいます。網羅的に宇治村の行政を紹介している本(国立国会図書館のデジタルコレクションで閲覧可能)で、むしろ編著者である直温の行政理解をよく表すものと思われます。自治についての実務知識は直温がもっとも重視したものでありますから、本作のヒットには笑いが止まらなかったに違いありません。直温は現実の会社経営を通じて、貨幣経済における実業が、不安のみならず快楽をもたらすと知ったことでしょう。

日本生命からの督促

一方、もうひとつの仕事には悩ましいところがありました。直温は高梁町長になった明治25(1892)年4月、日本生命保険株式会社との代理店契約を結びます。それを初回として約3年ごとに更改し続け、契約は直温が昭和3(1928)年に亡くなるまで続きました。その業務は専業でも時間を要するものでしょうから、片手間で済むはずがありません。多忙ゆえか報告が遅刻続きとなり、直温は毎月のように本社会計課から矢の催促を受けるはめになります。

直温の元に日本生命の会計から届いた督促状には、こんなことが書かれています。

明治四十二年二月廿二日

高梁代理店御中　　会計課㊞

拝啓

貴店壱月分収支月報及び其の残金、未着。整理上大いに差し支え居り候に付き御手数ながら何とぞ本書貴着折り返し御送付成し下されたし。貴店に対しては是までにも殆ど毎回御催促申し上げざる事これ無く、しかも今なお一向規定通り御運び下されざるは如何の御都合に御座候や。もし、それに付き今後も依然これまでの如くにて到底規定の期日に御精算下され候事の不可能なる御事情にても之れ有る義に候らわば、一応その御事由、御申し越し下されたし。弊社は本年より整理の点に就き一層厳格に規定を励行致すべき方針にこれ有り、旁々右御伺い申し上げたく、茲に御依頼旁々特に貴意を得候。　匆々

貴代理店にはこれまでほとんど毎回催促しているが、一向に規定通り残金を整理の上で送って来ないのはどんな理由があってのことですか。今後も規定の日に精算不可能となる事情があるのならば、一応はその理由を申し開きされたい。弊社は今年から整理については一層厳格

に運用するので、よろしくどうぞ――といった内容です。さらにふた月後にも同様の手紙が来ており、督促というよりも怒りを含んだ叱責に近い文章です。

こうした催促を受けていた明治42（1909）年頃、実は直温は何度も借金をしており、芳枝さんの手許には20枚近い借金関連の証書が残されています。その中から直温が借り主となっているものを抜き出すと、左表のような具合です。

この明治42年2月15日から4月15日、7月29日というのはちょうど日本生命から督促状が矢の催促で来ている時期ですから、八十六銀行か

借りた日	借主	貸主（※）	金額	利子	保証人
明治42年2月15日	荘直温	八十六銀行	200円	100円に付き日歩4銭	光田喜久治
明治42年2月26日	荘直温・中嶋直治郎	八十六銀行	300円	100円に付き日歩3・7銭	
明治42年2月26日	荘直温	八十六銀行	300円（信用）	100円に付き日歩3・7銭	中嶋直治郎
明治42年4月15日	荘直温	八十六銀行	200円	不明	光田喜久治
明治43年7月29日	光田喜久治・荘直温	八十六銀行	500円 250円	100円に付き日歩3・8銭	太田益之助
明治43年7月29日	光田喜久治・荘直温	八十六銀行	500円 250円	100円に付き日歩3・8銭	太田益之助

※八十六銀行＝現・中國銀行

表2-3-4　荘直温が関係した銀行からの負債（出典：古文書集「雑：借用証」荘芳枝所蔵）

らの借金は日本生命への支払いに回したと思われます。これらを完済し終えたのは大正5(1916)年の元日で、それ以降直温は保証人にはなっても借主にはなっていません(光田家は直温の妻・久満の実家)。

それゆえ明治42(1909)年に直温は、資金難に陥っていたことになります。日本生命関連の受け取りをそのまま会計に渡さず、別口に流用していたのです。何に遣ったのかは正確には分かりませんが、示唆されることはあります。第6回目の契約改定時、明治41(1908)年7月1日の連帯保証人に、有漢村の佐藤晋一が就いているのです。「保証人資産調書」が添付されており、「資産拾五万円　農(地主)(酒造)佐藤晋一　本年度取得決定額九千六拾壱円　税額四百四拾参円六拾四銭」とあります。

明治末期の1円は現在の3000円くらいとも言われますが、ともあれ資産15万円となると現在だと4億5000万円にも及び、大変な資産家ではありました。有漢村の大地主はこの佐藤家と荘家(三郎吉)で、村民の6割方が佐藤家の小作人ともいわれ、乞われて町長に就いた柴原宗助とともに、有漢村を近代化に導く存在でした。有漢村に電話が設置され、宿も2軒でき、准教員養成所が創設されたのは、いずれも彼らの指導力によるとされます。ところが柴原宗助が病没した明治42(1909)年、信じがたいことが起きます。日露戦争(明治37〜38年)で賠償金が得られなかったことに端を発する恐慌の煽りを受けて、佐藤本家が倒産、有漢荘家もまた倒産の憂き目に遭ったのです。佐藤家の資産は消し飛び、小作人は名も知らぬ村外の地主に年貢を送るはめに陥ります。

「中国民報」(「山陽新報」のライバル紙。のちに山陽新報との合併を経て現在の「山陽新聞」)が報じるところでは、*14「村の土地は悉く他の町村の人に買い取られてゆく。村は日に日に破滅へ向って歩いて行く。老人はこの現状を見て暗黒に閉ざされ、村の前途を思って至誠の遺書を残して悲壮な自殺をして村民に警告した。しかし荒んだ村人には何らの刺激にもならず、恐ろしい自暴自棄がその心に深く根付いて人心は極度に悪化していった……」。

幸い村は大正期になんとか落ち着きを取り戻しますが、醤油販売を営んでいた有漢荘家も、その頃には家屋と墓をまとめて高梁の尾嶋酒造に引き取られます。白壁の壮大な屋敷は平成になって取り壊され、現在では跡地に町営住宅が建設されています。佐藤家倒産という大事件が起きる直前、直温は佐藤家の当主に連帯保証人になってもらっていたのです。有漢荘家の荘三郎吉、もしくは荘(庄)要二郎からの縁でしょう。そこからの類推で言えば、直温もこの年の恐慌の煽りで資産の一部を失ったのかもしれません。借金をしただけで破産しなかっただけましだったともいえます。直温が明治11(1878)年、おそらくは税金金納への不安から宣言した「家政改革規定書」は自分の支出を厳しく大商人や親戚筋の信頼しうる人々から監督してもらおうという内容でしたが、監督者である有漢の荘家や中村源蔵が破産し、直温は生き延びたのです。

　もう一点注目されるのが、保証人や連帯借り主になっている「中嶋直治郎」という名前です。この中嶋は明治10（1877）年から松山村副戸長を務めているので直温と同年輩と思われ、大正3（1914）年に直温が村長を辞任したあとに村長になる人物、すなわち直温の片腕のような存在でした。

　ちなみに後年、直温が借り主ではない借金では、「菊楽定太郎」が直温とともに保証人になっています。こちらは後述する伯備線誘致問題で活躍した人物で、醤油製造をしていた高梁町の有力者です。ここから菊楽と直温には、町の有力者サークルにおいてつながりがあったことが分かります。ともあれこうした証文からは、公事で忙しい直温が家計を自転車操業でやりくりしていた様子が伝わってきます。

関西一の桜の名所

　この時期の直温の業績のうちで、備中を超え関西一円に知られたものがあります。明治35（1902）年の日英同盟締結を記念して、現在の横町、旧藩時代の轟《がらがら》橋近くにあった総門から「和霊《われい》神社」あたりまで数町にわたる芝生堤に直温が数百本の桜を植樹し、花開かせた桜並木です。[*15] 品種は吉野桜がもっとも多く、八重桜、浅黄桜と続きます。大正末期から昭和15（1940）年頃までは関西一の桜の名所と呼ばれるまでに育ち、俗謡「高梁名所」にはこう歌われました。

高梁名所で見せたいものは
櫻の堤に城山紅葉
夏は涼しき川原の涼み
外にないぞへ蓮花寺の雪見

写真2-3-6　直温が植樹した「関西一の桜並木」(荘芳枝所蔵)

春は桜堤、夏は高梁川原、秋は城山の紅葉そして冬は蓮花（蓮華）寺の雪ということで、四季の観光資源を自賛しています。なかでも桜堤は満開時には臨時列車が増発されるほどの賑わいを呈し、シーズンになると毎年新聞が開花を報じました。

(昭和2年4月28日「山陽新聞」)
高梁の観櫻客
「上房郡高梁町の今春観櫻期去る十日から十九日まで十日間における備中高梁駅の乗降人員調を見るに乗降人員合計は四萬千五十三人でこれらは主として観櫻を目的とし岡山、倉敷及伯備南線各駅よりの旅客にて開業以来の好成績である」

（昭和11年4月21日「山陽新聞」）

湧き返へる櫻堤　快晴下に満開の一大美観
高梁の春たけなは

「豪華を誇る高梁町櫻堤の老樹、紅白枝を交へて満開花のトンネルを現出し一大美観を呈した　十九日前日の春雨もカラリと文字通りの快晴、花見絶好の日曜日とあって次から次へと出た観櫻客、この日備中高梁駅の降客千九百餘、乗客千八百九十九と謂ふ數字を現しその他自動車、自轉車、徒歩、櫻堤は人にも酔ふ雑踏、清流高梁川にボートを浮べて櫻を眺めるもの、盃をかたむけつつ折詰、辨當《べんとう》を開くもの種々様々、又呼び太鼓につれて入場する櫻堤の平井女相撲、（中略）恵美宮を鎮守し同日福田町長、入江技手を招いての鎮守祭執行などで櫻堤は非常な賑ひを極めた」

この桜並木については、漢詩を掛け軸に認《したた》め、直温に贈った人がいます。[*16] ひとりは国分三亥《さんがい》太郎。検事・朝鮮総督府法務局長・宮中顧問官を歴任した司法官僚で、文久3（1863）年生まれですから直温よりも6歳下ですが、國分胤之の長男という縁から、懇意にしていたものと思われます。明治43（1910）年に高梁北小学校に校舎一棟を寄付、昭和36（1961）年には高梁市初の名誉市民となっています。著書に『漸庵詩集』（浦野匡彦［二松学舎理事長］発行、1977）があります。

離郷回首五旬春
夢裡江山入眼新
聞道槿堤櫻萬樹
明年願作觀花人
（遑前荘君乞正　漸庵国分亥）

（読み）
郷《くに》を離れ首《こうべ》を回《めぐ》らせば　五旬の春
夢裏の江山　眼に入りて新たなり
聞道《きくなら》く　槿堤《きんてい》桜万樹
明年願はくは花を観るの人と作《な》らんことを
（遑前　荘君　批正を賜わらん　漸庵国分三亥）

（現代語訳）
出郷して以来思い返せば五十年、
夢に故郷の山河が新たに思い出される。

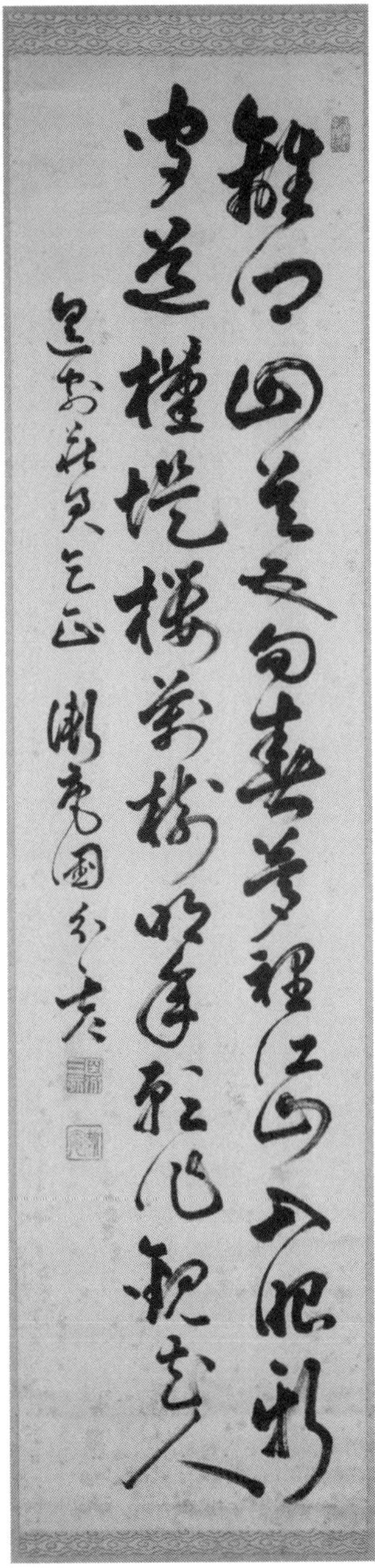

写真 2-3-7　国分三亥の書
「槿堤桜万樹」（荘芳枝所蔵）

聞く所では、あなたが植えた槿堤《きんてい》の桜は見
事な並木となったとか、
来年はそこで花見をしたいものである。

東京など遠い地にある三亥が、翌春には高梁に帰郷したいという願いを桜並木に託し、直温への思いを詠んだ詩です。もうひとりは山田準《じゅん》、慶応3（1867）年生まれ。山田方谷の孫娘と結婚し、『山田方谷全集』全3巻の編集者でもあります。高梁小から備中松山藩藩校の有終館、東京帝大古典講習科に進み、二松学舎の校長をながらく務めました。鹿児島の七高勤務を最後に、晩年は高梁市大工町に戻っています。「高梁近郊三十六詠」があります。

恪勤不獨化郷鄰
餘事風流也可人
櫻樹移來花若錦
高梁城外艶陽春
（高梁槿隄櫻樹往年　荘君所首唱栽培賦以美之次韻　濟斎準）

（読み）
恪勤《かっきん》して独り郷隣を化すのみならず
餘事の風流また人に可なり
桜樹移し来《きた》りて花錦のごとし
高梁城外艶陽の春
（往年高梁槿隄櫻樹　荘君の栽培を首唱する所の
賦以て之を美として次韻す　濟斎準）

（現代語訳）
町村長に精励されては郷里の人を感化する
だけでなく
余力でなされる風流事はまた人を満足させ
る。
あなたが植えた槿堤の桜は今や綿のごとく
見事で、
高梁の城外は満開で華やかな春となる。

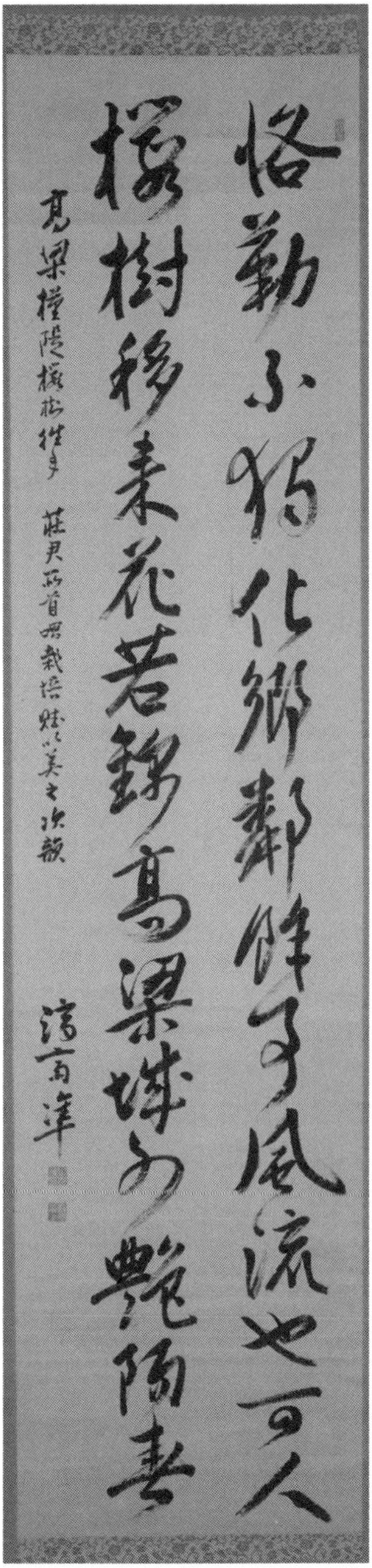
写真 2-3-8　山田準の書「高梁城外艶陽の春」（荘芳枝所蔵）

「恪勤」はまさに直温の仕事ぶりを表すにふさわしい言葉です。そんな生真面目な直温にも、桜並木を植樹して町村民を風流に遊ばせる余裕があったのです。桜並木は「老木になった」を名目として昭和15（1940）年に伐採されたのですが、いまなお古木として春を彩ったならば、松山城と並んで高梁が誇る観光名所となったのにと、惜しまれてなりません。

五軒の荘と家紋問題

多忙を極めた直温ですが、親族とのつきあいは欠かしませんでした。芳枝さんが言います。

荘の家系図に出て来るのは、5軒だけです。その中では中井（津々）の荘も呰部の荘も同等。この5軒はおじいさん（直温）の時代まで、みんな羽織袴で集まって、いろいろ話し合いをしておったらしい。5軒での家族会議で。どこで集まったんか、それは、私はよう知らんのですけれど。

昔は、みな「庄」だったんですけど、たぶん明治維新のときになったんじゃねぇかなあ。みんなが、草かんむりの「荘」に。そんなことも、その会議で決めたんじゃないかと思います。

明治時代には、結束しとったんです。だけど、昭和になってから、あんまり、行き来もなくなった。今はもう、5軒も親類づきあいはしていません。田舎ですからなあ、東京や岡山へ、みな、出てしもうとんです。

うちのおじいさんは、イライラの人じゃった。それで羽織を着て行って、みんなおんなじ紋付だと、どれがどれかわからんようになる。それで下がり藤に「三」を入れて目印にしたんです。おじいさんが勝手に作ったんです。

世の中には「庄」もしくは「荘」を名乗り、為資の末裔を自称する人が他にもいるかもしれません。血筋がつながっている可能性もあります。けれども協議により家督の分配を合意したのは津々・呰部・有漢・唐松・松山の5軒だけで、家督においては自分たちだけが為資につながるとみなしています。その結束は家紋に表れ、それが「下がり藤」です。

そもそも下がり藤は藤原氏の家紋であり、家系の始まりや庄伊豆守元資らが藤原を名乗っていたこともあって、下がり藤は為資やそれを継ぐ5軒の荘家の家紋に継承されています。芳枝さんによると、直温はそれに「三」を加え、自分だけのオリジナルのデザインとして「三に下がり藤」紋をこしらえました。

ところが現在の高梁では、異様なことが起きています。観光協会が市内各所で配付している「備中松山城」というパンフレットでは裏面に「歴代城主家紋一覧」を掲載、そのひとつに庄為資の家紋として「軍配団扇」を掲載し、しかも庄家は「滅亡する」と意味不明の断言がなされているのです。市役所の産業振興課が配っている「備中高梁城下町散策絵図」なるパンフレットはまた別で、為資の家紋として「立ち沢瀉《おもだか》」を堂々と印刷しています。これらは明白な間違いで、物証があります。呰部の上合寺にある為資の位牌に付された家紋が、次ページの写真のように「下がり藤」だからです。それは5軒の荘家の仏壇に置かれた位牌にも共有されているはずのものです。5つの荘家では唯一の例外が直温で、位牌の家紋も「三に下がり藤」になっています。

松山城にかかわるのは為資か高資であるのに、何故「下がり藤」ではなく、「軍配団扇」や「立ち沢瀉」が家紋とされたのでしょうか。役所は一般に、役所公認の歴史書に則って印刷物を作成します。そこで高梁市史（増補版）編纂委員会編纂『増補版高梁市史』（上巻・下巻、2004）を覗くと、庄家についての記述が朝森要氏によって書かれていますが、そこに家紋は出ていません。

ところが不思議なことに昭和54（1979）年刊の『高梁市史』をめくると、そこは家紋が掲載されています。匿名の筆者が書いた庄家の項[*17]に、「唐団扇」と「立ち沢瀉」、それと「三に上がり藤」が記されています。2種類のパンフ

写真 2-3-9　荘直温位牌
（家紋部分拡大。荘芳枝所蔵、撮影・藤井泰宏）

写真 2-3-10　庄為資位牌
（家紋部分拡大。上合寺所蔵、撮影・藤井泰宏）

写真 2-3-11　庄為資位牌
（全体。上合寺所蔵、撮影・藤井泰宏）

レットのネタ元は、『高梁市史』だったのです。ところが庄家の家紋がその3つであることを記述した『高梁市史』には、引用元や根拠が挙げられていません。元資以前の「草壁の庄」にはいくつかの家筋があり、「唐団扇」と「立ち沢瀉」がそのいずれかの家紋である可能性はありますが、それならその旨を記す必要があります。根拠や引用元が示されない文書は、文献とされる資格がありません。理科系ならば論文の偽造を宣告されるような規則違反でしょう。

　観光協会と産業振興課が掲載しているのは「城主である為資・高資の家紋」なのですから、ネタ元に3つの家紋があったとしても、そのうちのいずれが為資・高資のものなのかを確認していないのは失態です（確認したならば、3つともハズレと分かります）。根拠のない偽情報が市史に掲載され、それが根拠とされて誤情報を市役所が拡散しているのですから、市政の責任問題とも言えます。

『高梁市史』の庄家の項には、さらに奇妙なところがあります。「草壁の庄」のいずれかの家筋の家紋が「唐団扇」や「立ち沢瀉」だったとして、庄家の「歴史」を書いているのですから、それはひとまず構わないとしましょう。不思議なのは、それになぜ「三に上がり藤」を加えて記載したのかということです。

　誰がこの文章を書いたのかは不明ですが、はっきりしているのは、その筆者は学術的な文章を書くための条件を逸しており（掲載した家紋の出所を記載していない）、為資と高資について調査をしたことがなく（上合寺の位牌を見ていない）、5軒の庄家の関係者を調査せず（共通の家紋が「下がり藤」であることを知らない）、それでいて直温の家紋は目撃したことがあって（「三に下がり藤」を目撃したものの「三に上がり藤」と勘違いした）、それを為資および5軒の庄家に共通する家紋と思い込んでしまった（「三」は直温が自分のために作成した紋であると知らない）ということです。ちなみに『高梁市史』の編集委員には津々本家の文書類を所有するとされる郷土史家なる人物[*18]が入っていますので、彼が確認した文章であることは間違いなく、この複雑骨折のように入り組んだ間違いを掲載した編集責任があります。

父親としての直温

直温は、家督を誰に継がせるのか、家業である印刷業をどうするのかについては苦慮しています。長男の直一は明治42（1909）年に富士紡績の家系（堀家）出身の隆代と結婚します。同年に長女の文、44（1911）年に長男の明夫が生まれますが、隆代は楽天的で直一の目には金遣いが荒く、直一は閉口させられます。とくに2年間のドイツ留学から帰国後、シーメンス社に入社して東京に住む直一の元へ隆代がやってきた際には、ついに怒りが爆発、こんな手紙を直温に出しています。

写真 2-3-12　左から直一妻・隆代、長男・直一、母・タカ、直温、直温妻・久満。２人の幼児は直一の子、文と明夫か。（荘芳枝所蔵）

拝啓
　昨日不取敢《とりあえず》書面にてご依頼申し上置候に付き隆代上京の件に付き荷物其他の其れ〳《ぞ》〵《れ》御取計らい被下候《くだされそうろう》事と存候《ぞんじそうろう》　然る処小生に於いては己に先月来頃に於いて小生の態度にて御推察被下候事と存候如く如何にしても今回又又同人を東京へ呼よせ候意思は無之《これなく》実に同人之事に付ては小生己に一ヶ月以来日夜苦悶仕居り付何卒《なにとぞ》御推察被下度《くだされたく》己に小生は同人と先年も東京にて同棲仕居候節充分同人の技量を承知仕居り何ら同人は東京には学生時代に生活したる事無之且つ又全体都会生活は慣れ居り不申候《もうさずそうろう》に付き万事其勝手ちがい且つ又土地にも慣れず総て田舎の流儀に致し候に付き小生は何から

何まで世話致さざれば一寸も眼をはなせず然るに元来小生其ものが一向家事向の事には不案内の方なるに加へて隆代迄が其様では実に小生閉口仕り候

（略）

尤も同人も東京へ来れば一時は宜敷《よろし》からんも到底長々は続かぬとすれば何時かは帰郷する事と相成《あいなる》可《べ》くそれよりは今断然身を退いて可然《しかるべき》良縁を求むれば田舎に居ば今後反《かえ》って幸福に生活し得る事と存候　其方同人の為めにも遥かに幸福なるべく前已《すで》に申上候通り同人も教育こそ不充分なれ田舎向の嫁としては長者に対し慊懐にも有之　家庭の居相等は極めて円滑なるべきと存候に付き其方面に向って良縁を求むれば小生の如き貧乏書生よりも遥に幸福に生活し得べく被存候《ぞんぜられそうろう》（略）

尚ほ子供の事に付きては元来日本の慣習によれば女児は妻に男児は夫に附属する事と相成居候《あいなりおりそうら》へ《え》共《ども》　此れは何れにても小生の方はかまい不申《もうさず》　兎に角両人の内一人のみ引取可申候《ひきとるべくもうしそうろう》に付き其れ〳〵《それぞれ》決定の上は当分の内一人丈御世話被下度《くだされたく》

（略）

先は取急ぎ要件のみ　敬具

父上様　　直一

せっかく良い家柄のお嬢さんに来てもらったと安堵していたのに、子どもをひとりずつ引き取りたいと書き記してまで離婚を希望するのですから、直温は頭を抱えたに違いありません。実際の手紙はこの4倍の長文で、いかに自分が隆代に閉口しているのかを執拗に述べています。しかしまたどんな風の吹き回しでしょう、3年も経たない大正3（1914）年7月に次女快子が千葉で生まれ、青島《チンタオ》（第一次世界大戦に参戦した日本が大正3年に占領したドイツ領。現・中国山東省の港湾都市）に赴任してからは、大正5（1916）年三女和子、9（1920）年二男健次、10年（1921）年に道子が次々に誕生します。帰国後は昭和2（1927）年に薫子も茨城で生まれているので、なんのことはない、結構仲良しの夫婦だったと思われます。おおらかな隆代に比べ、何ごとも思い通りにしたい学者肌の直一の方が、線が細すぎたと私には感じられます。

次男の愛二は早くから玉島の三宅家へ養子に出ていました。こうして直温は、三男の四郎に期待することになります。期待を受けた四郎は、直温にこんな手紙を出しています。

拝啓

前日来は御多忙中にも関わらず、小生のため当地に御滞留御厄介相掛け誠に深謝奉し色々と御心配相掛け誠に申兼ねたる次第に御座候処。小生も熟々考え申すに、札幌をこのまま放棄するはたとへ本科の大学予（注・科）でなく実科に御座候共、実に遺憾と思い名残り惜しく如何か出来るものに候へば、何卒入学仕《つかまつ》り度《たく》立派の成績を今後は続けて卒業致し度《たく》熱望し居候。昨夜は断然帰宅して家業を勉励すると申し候なればば、又又札幌行を望むは誠に我儘勝手のみ申す様に御座候《そうら》へ共《ども》、委細は母上より申し上げ候通りに御座候。

尚、帰宅お目に掛かりたる上度考に御座候。先ずは乱筆ながら御免くだされたく候。

早々頓首　（略）

御父上様　四郎拝

四郎は肋膜を患って東京の商船学校（現・東京海洋大学）を中退していますが、しかし勉学への意欲冷めやらず、札幌で東北帝國大学農科大学（旧・札幌農学校）の農学実科を目指していました。四郎は明治21（1888）年生まれですから、明治末か大正初頭のことかと思われます。そこへ直温が訪ねてきて、大学は断念して家業を継ぐよう説得したのです。いったんは父の願いを聞き入れた四郎でしたが、直温と別れると実科に入学・卒業だけはしておきたい気持ちがわき上がり、揺れる気持ちを綴ったのでしょう。

けれどもそうした考えはやがて消え、結局のところ四郎は直温と内約書を交わして荘活版印刷所の経営を引き受け、直温と共同経営者になります。

内約書

一、印刷営業を荘直温荘四郎両名になす事

一、内外に関する権利義務は、父子両人連

帯責任の事
一、営業に関する企画経営は一致協力互に協議発展を期する事
一、荘直温六十一歳に至りたる時は営業及之に属する権利義務の全部を荘四郎継業する事
右條項後日違背無之為《これなきため》当事者及立会親族署名す
本書二通を作り当事者双方之を保管す
大正三年七月十三日　荘　直温
荘　四郎
立会親族　梶谷武雄
光田喜久治
三宅茂助
右正写候也　荘四郎　㊞
荘　直温　㊞

大正3（1914）年7月13日、直温は57歳で、4年後の61歳をもって印刷所はすべて四郎に任せるとしたのです。

自治の木鐸、村民の師父

村長には、国家がかかわる戦争という別次元の仕事が降りかかっています。村長になった明治27（1894）年8月、まずは日清戦争が始まります。これに勝利して清からの賠償金で八幡製鉄所を建設するなど、日本は富国と強兵を両輪として疾走するようになります。明

治35（1902）年には日英同盟を締結、明治38（1905）年には日露戦争という大一番にも勝利します。こうして第一次大戦を迎えるのですが、その間の兵事を支えたのは行政の末端たる村長でした。これらについて直温は、表2-3-5のように任命もしくは表彰を受けています。

また一方で、この時期に直温は多数の役職についています。これもまとめると、表2-3-6のようになります。

偉くなれば各種委員を委嘱されるものでしょうが、それにしても村長として議会運営や日々の雑務をこなしながらこれらの会合に顔を出すのは、多忙を極めます。その結果、直温は、明治43（1910）年には私立上房郡教育会から「松

表彰日	戦争名	任命・表彰者	理由
明治29年6月	明治二十七八年の戦役（日清戦争）	日本赤十字社長 伯爵 佐野常民	勅語 令旨 明治二十七八年の戦役 朕深く之れを嘉す これを謹写して諸君に分かつ
明治32年3月6日	軍人遺族救護義会	会長 坊城俊章	賛助会員であることを証す
明治36年7月27日	明治三三年清国事変（義和団の乱）	大給恒	労により木杯一個下賜
明治39年4月1日	明治三十七八年事件（日露戦争）	賞勲局総裁 大給恒	功に依り勲七等青色桐葉章及び金五十円を授け賜う
明治44年2月19日	帝国在郷軍人会	岡山支部	特別会員に推薦

表2-3-5　荘直温の受けた任命・表彰（軍事関係）。（出典：古文書集「七十二年の足跡（一）」荘芳枝所蔵）

山村長として教育事務に鞅掌其の功績少なからず」として表彰され、同年には宮内大臣名で「大元帥陛下の岡山市における宴会」、つまり天皇陛下の晩餐会に招待されています。長男の直一が陸軍で通訳の仕事に就いていたからでしょうか、同伴出席しています。

日時	組織	指名者	内容
明治27年11月17日	日本赤十字社	総裁大勲位彰仁親王 社長　子爵佐野常民	正社員に列す
明治27年12月18日	日本赤十字社	岡山支部長　河野忠三	上房郡松山村 分区委員を委嘱
明治30年5月25日	備作恵済会	会長従六位　花房端連	地方委員を委嘱
明治31年4月1日	豊国会	会長　侯爵　黒田長成	豊太閤　御墳墓修理工事終了 三百年祭執行　参拝招待
明治31年11月2日	神武天皇 御降誕大祭会	総理　二條基弘	地方委員を嘱託
明治31年11月21日	和気会	会長　正三位公爵 鷹司凞通	委員を嘱託
大正2年1月10日	日本海員掖済会	総裁　威仁親王 副総裁　樺山貴紀 理事会長　内田正敏	通常会員に列す
大正3年3月20日	松山村下谷 青年大成会		名誉会員に推薦す

表 2-3-6　荘直温が務めた主な役職
(出典:古文書集「七十二年の足跡（一)」荘芳枝所蔵)

さらに大正2年には「東京毎夕新聞社開催15年勤続表彰会」から表彰を受けています。これだけの激務と評価を経て、直温は大正3（1914）年3月27日、57歳で還暦を前にして村長を辞任するのです。まさに「恪勤」（生真面目に精勤すること）、やりきったのではないでしょうか。4月23日には、盛大に送別会が催され、『山陽新聞』はこう報じています。

送別會と頌徳式《しょうとく》

備中国上房郡松山村村長荘直温氏は多年同村長として勤続し村民の信用も篤かりしが今回家事の都合により辭職《じしょく》したれば村民相圖《はか》り二十三日午前九時より松山村小学校にて送別會及び頌徳式を行ふ

松山役場員総代・横山耕一郎、松山村・柳本省三、松山尋常小学校職員総代・安達又二、在郷軍人会松山村分会長・横山平左衛門、高梁南部青年団、上房郡松山村・合資会社定期高梁家畜市場、上房郡松山村青年団、上房郡松山村代表と村の名士が次々登壇し、送辞を述べ、多くは直温に記念品を贈呈しました。なかでも私には杉岡直枝（役職不明）が述べた「自治の木鐸村民の師父」が、直温の仕事ぶりを表す言葉として耳に残ります。

4・荘直温の上房郡会議員・高梁町長時代（大正5年〜昭和3年）

人々を鼓舞する人

直温は大正5（1916）年7月14日、上房郡会議員に当選します。それまでの村長、日本生命代理店、印刷所という三重の兼務と比較すれば、身軽と考えたのかもしれません。ところがそうは行きませんでした。ここで伯備線誘致という、直温の人生でももっとも重要な課題と遭遇するのです。

大正6（1917）年末の12月6日、伯備線の誘致期成大会が高梁で開催されます。ふた月後の大正7（1918）年2月6日には衆議院第六分科（鉄道院）で高梁通過が言明されたものの、ルートの詳細は未定でした。直温は同年4月1日には高梁町有給助役に就職、5年間勤め上げます。その間、とくに大正10（1921）年からは伯備線が成羽を通るか高梁を通るかで熾烈な誘致合戦を繰り広げ、大正12（1923）年5月には「陰陽聯絡　伯備線鐡道線路決定及速成請願書」と成羽と高梁の「比較表」をまとめて鐡道大臣に提出しています。助役では済まなくなったのでしょう、大正12年7月10日には町議会で立候補して高梁町長に当選しています（就任は9月8日）。この日の議事録にはこうあります。

高梁町会会議録

一　開会ノ日時及場所　大正十二年七月十日午後一時三十分
一　出席議員ノ氏名
　藤井千代太郎・官野〔□〕治郎・平松達三郎・姫井浅太郎・柴山久・難波伝治郎・八木銀太郎・金澤長蔵・山田忠治・国村秀治郎・大月新太郎・中西昌三郎・村上治太郎・陶山嘉四郎・大森寅之助・桑原定太郎
一　欠席議員　吉田市太郎
一　議長及参与員氏名
　議長　高梁町助役　荘　直温
　参与員　高梁町書記　徳田蕃之
　〃　藤森磯五郎
　〃　平林鶴蔵
一　議長ハ左ノ報告ヲナシテ開議ヲ宣告ス

出席議員数及欠席議員数
（中略）
議案第三十一号高梁町名誉職町長選挙ノ件
選挙ノ顛末左ノ如シ
町村制第五十一号ニヨリ投票ヲ以選挙ヲ行タルニ其結果左ノ如シ
有効投票十六票
　十二票　荘　直温
　四　票　石川良道
右有効投票ノ多数ヲ得タル荘直温当選ス

当時の町長選挙が、町の名士の集まりである町議会において、互選で行われたことを生々しく示す記録です。

町長になってからの直温はさらに誘致運動にのめり込みます。則井萬壽雄《ますお》弁護士、菊楽定太郎町議らと上京して犬養毅（岡山県出身）に陳情を重ね、翌大正13（1924）年1月、ついに犬養逓相の肝煎りで高梁ルートが確定するのです。

町長という職務は、実に多くの時間を、祝辞を読むことに費やします。古文書に挨拶の下書きが残っているだけでも表2－3－7の通りです。

ここには、国税・県税・町税の納税に対する毎年の表彰式、教員養成所・各種学校・青年訓練所・幼児保育所等広義の教育機関の卒業・開設式、農工業の講習会・表彰式、裁判所長・専売

大正13年（1924）	4月10日	私立高梁正教員養成所（開所式）
	7月27日	伯備南線第5工区線路敷設起工（地鎮祭）
	12月6日	伯備鉄道北線（中生・岩見間開通祝賀式）
大正14年（1925）	1月4日	本町消防団（技術研究会）
	4月9日	納税成績表彰式
	9月1日	桐廃材利用工藝品製作講習会
大正15年（1926）	2月21日	元高梁区裁判所検事岡山裁判所へ栄転小宴
	4月13日	本町幼児保育所開所
	4月23日	元高梁税務署長広島税務監督局へ栄転小宴
	5月8日	国税県税町税皆納成績表彰式
	6月6日	故板倉信古[＊]君（伯備線誘致に尽瘁）葬儀
	7月18日	山田方谷死後50年追悼祭
	8月28日	煙火製造中爆発将来有為の青年三名葬儀
	9月14日	岡山地方裁判所長赴任（歓迎会）
	10月8日	岡山専売局長赴任（歓迎会）
	10月22日	田辺隆二君（逓信省、高梁中卒業）
		伯備線敷設に関する多大の援助（歓迎会）
	12月22日	本郡精農者表彰
昭和2年（1927）	1月19日	神農会奉賽米品評会褒賞授与式
	1月19日	五か町村合併に関する第一回委員会
	3月14日	県下青年訓練所連合研究会開設
	3月15日	教員養成学校卒業式
	3月20日	女学校卒業式
	3月23日	高梁町済生会保育証書授与式
	4月13日	納税表彰金交付式

（＊麦稈真田を高梁に導入した際の勧業主任。p.213）

表2-3-7　荘直温高梁町長の式辞（出典；古文書集「七十二年の足跡（二）」荘芳枝所蔵）

局長の赴任・栄転祝賀会、伯備線誘致関係の式、そして山田方谷追悼祭から爆発事故葬儀までが含まれ、荘直温町長がかかわった仕事の範囲がおおよそ一覧できます。要約すれば、人材教育、鉄道誘致、専売局を含む官民連携の産業振興、そして税・裁判といった国とつながる行政人脈の涵養が重視されました。ちなみに『高梁市史』によれば、昭和3（1928）年の時点で町の予算に占める教育費は54％に上り、人材教育を重視していたことが分かります。

商工業の振興についてもむろん熱心で、直温は高梁町有給助役になった大正7（1918）年に高梁町商工会の副会長になり、さらに同11（1922）年には会長を引き受けています。その時に副会長を務めた池上仙二郎が後に会長となり、直温に贈った感謝状（大正14年）にも、直温がかかわった産業振興策が具体的に挙げられています。伯備線誘致運動について「寝食を忘れて熱誠なる運動」を展開、「畜産共進会」を開催して家畜と地方農産物を県の内外に紹介し、営業税・所得税については税務当局と折衝して負担の軽減を図り、町の商工業にかんする補助指導を行政庁に陳情、独占事業に対しては適切に管理し、公益企業についても指導を与え、店員徒弟の訓育にまで目を配ったというのです。まさに八面六臂の仕事ぶり。もとよりこうした活動は直温ひとりによるというより、町の有力者・有識者たち全体が盛り立てたと言うべきでしょう。直温は中心にあって、人々を鼓舞する存在であったのです。

伯備線誘致問題

高まる陰陽連結の声

ここで備中における地方自治にとっても、直温の行政官・政治家としての人生にとっても、山場となった伯備線の誘致について詳述しましょう。船と徒歩が主要な交通機関であった江戸時代が終わり、道路とともに鉄道が日本中で敷設延長を延ばすと、山に囲まれた備中はいかにも不便と感じられるようになりました。山陽鉄道は明治24（1891）年に岡山まで延伸し、34（1901）年には下関（当時は「馬関」）までの全線が開通していました。明治41（1908）年には、鳥取・米子・松江間が開通しました。山陽と山陰で2線が並行して走り、海岸沿いは東西の行き来が陸路においても短時間で可能になったのです。対照的に山間部を通過する南北の交通は、江戸時代とさして変わりありませんでした。

高梁に初めて自動車がお目見えしたのは明治30（1897）年。鉄道は、中國軽便鉄道の吉備線が開通したのが明治37（1904）年です。けれどもそれは岡山から現在の総社駅より西北に2㎞ほど行った「湛井《たたい》」までで終わっていました。川を下る高瀬舟では玉島が瀬戸内への表玄関でしたが、鉄道では湛井が高梁にとっての表玄関に加わりました。鉄道で生鮮魚介類が深夜に湛井に到着すると、大八車や荷馬車に積み替えられ、夜中のうちに高梁に向け走り出します。岡山に出かけた人が鉄道で湛井まで戻ると、30台とも50台とも言われる数の人力車が駆け寄って乗せ、われ先に高梁を目指したと言います。[*19] 湛井には旅館もあり、それなりに栄えました。けれども鉄道の便利さを知ると、湛井から3時間かかる人力車や馬車はいかにも不便に感じられます。当然、延長が住民たちの願いとなりました。

もともと備中を南北の道路で貫くという案は、山田方谷が晩年の明治6（1873）年、69歳の時に構想し、「麦稈真田の父」中村源蔵が小田県庁に請願書として提出しています。まだ鉄道ではなく道路の発想ですが、玉島―高梁―新見―井村―伯州駒崎村―米子道というルートで玉島と米子の両港を結ぶ発想は斬新で、経路も地形を正確に把握していました。その大略を引用しましょう（のちに三島中洲が跋文を書き、山田家蔵。カタカナをひらがなに修正）。

陰陽連絡に関し小田県令に奉りし建白書

道路の開通は唯往還の易きを謀るのみならず風俗を一にし貨物を豊にし領民を開化に進め貧地を富饒に変ずるの業にして其関係最大なるの事たり。我中備に於て此業を興さんと欲すれば南北を通じ一条の大路を開き南は玉島より北は伯州（注・鳥取県、米子・倉吉・境港等各市を含む）米子までを貫くに如くはなし。然るに其筋に当りて尤《もっとも》険阻なるは高梁より伯州の境に至るを多艱《たかん》とす。これ皆我が県の管下に属するの地なれば先づこれを始めとして切り開き成就に至らば其南方は自然と開け北は伯境より米子迄は鳥取県下にて自を捨て置かずして大業忽ち成るに至るべし。（中略）

又中備の国内を以て云へば阿賀、哲多二郡極北にありて高梁以北の険路遮《さえぎ》り隔て是亦一国中にて風俗異に貨物通じ難く其弊害少なからず。右の大路南北に通ずる時は此患ひは自然に消ゆるに至るのみ仰ぎ願くは官よりも多少の費用を賜はり管内の万民へ懇諭《こんゆ》（注・心をこめて諭すこと）を下され上下力を合せ大は山陰山陽十六州小は中備南北十余郡の便利をなし一国の開化富饒の基をなすに至らんを希ひ望むのみ。*20

ここで方谷が述べているのは、備中と伯州の間には峻険な山や谷があり、風俗が交流せずに相違している、そこに道路を通せば人は開化し貧地も豊かになるということです。方谷は藩財政の改革に当たっても、情報をいち早く得て物資を届ければ利益が得られることを理解していました。一刻を争って釘を江戸に運ぼうとした方谷ですから、交通を制する者が市場競争を制すると熟知していました。峻険な自然を制し異文化を接触させれば、文明の開化のみならず経済の発展が得られるとみなしました。

ただ、方谷が大量輸送機関である鉄道によって陰陽連結を実現せよとまで主張したかは分かりません。道路を馬車が移動するのと鉄道で大人数が運ばれるのとでは、土地により異質である風俗に与える圧力の桁が違うからです。鉄道を誘致することには、「共」を破壊する劇薬という面も潜んでいました。

鉄道はどこを通る?

鉄道による陰陽連結を最初に思いついたのは、岡山の実業家、杉山岩三郎と言われます。それを受け明治20年代から帝国議会は計画にとりかかり、明治25（1892）年6月に公布された鉄道敷設法では3案がありました。*21 ①姫路〜津山〜鳥取〜境港、②岡山〜津山〜境港、③倉敷（または玉島）〜境港です。

①は現在の姫新線と因美線、②は現在の津山線と因美線に該当します。岡山〜津山は明治31（1898）年に開通しましたが、その先は頓挫していました。

③が現在の伯備線に該当します。明治37（1904）年には前述の中國鐵道吉備線（岡山〜湛井）が開通しました。湛井は③のルート上に位置します。

ここで津山線を延長するか、それとも湛井から備中を北上し境港へとつなげるかが俄然注目されました。まずは津山線の延長案は廃案とし、備中線を実現しよう。この発想に備中の住民たちは沸き立ち、政治家の元へと押しかけます。高梁でも大正6（1917）年12月6日に「誘致期成大会」が開催され、町は俄然騒がしくなりました。『山陽新報』はこう報じています。

大正7年1月27日
陰陽連結鉄道問題に就いては去る十八日鉄道会議に於いて既に伯備線として岡山、米子間と決定したるも万一議会に於いて該案が否決さるるが如き事ありては一大事なれば今回は各政党に向かって運動の必要ありとて備中及び作州の両派共に数名宛二十日頃前後して上京し居たるが備中派の上京委員平川廣三郎、長尾豊吉、小林尚一郎の三氏は二四日の夜一応帰岡（山）したるを以て今回は高梁町の弁護士則井萬壽雄氏代わりて上京することとなり同氏は二十五日午後七時二十三分の列車にて出発したり

陰陽連結線を、津山線を津山の先まで延ばす作州線と、備中線のいずれにするかで、最後の最後まで陳情と説得の活動が続けられました。まずは第40回衆議院鉄道委員会で備中線に決まったのですが、本会議で裏工作により大逆転されてはならじと、高梁町の有力弁護士・則井がわざわざダメを押しに上京したというのです。

大正7年2月13日
陰陽連結鉄道は最初作州線に依るか備中線に依るかにつき県民は多大の注意を払い若し備中線に依るとせば中鉄吉備線を買収し之を延長し高梁新見を経て根雨に連絡するものならんと想像したるについに岡山を起点とし西に向かって倉敷若しくは庭瀬《にわせ》附近

迄山陽線と並行し其れより北行して高梁新見方面に出ずる事に決定した……

備中線が採択され一同大喜びしたのですが、コースとして決まったのは、一同が想定したような、岡山〜湛井の中國鉄道吉備線を買収しそれを延ばす案ではありませんでした。岡山から倉敷を経由、そこから北上して高梁から新見に抜けるという新ルートが示されたのです。これには一同驚き、それが厳密にはどんなルートになるのかに関心が集まります。それに先立つ2月6日の衆議院予算委員第6文科（逓信省及び鉄道院所管）で、高梁を地元とする代議士の西村丹治郎が、こんな質問をしています。[*22]

○主査（西村丹治郎君）此備伯線でありますが、是は岡山倉敷間を選ぶと云う御答があったようでありますが、其工事起点の計画に付て最後の確定という訳には無論行きますまいが略々予定になっている所を御差支えない限りでお話願ひたいとますと思います。又其の経過する市街地を承りたいと思います。

○鉄道員理事（松浦宗三郎君）現在は庭瀬附近からやる予定になっております。主なる経過地は高梁、新見、根雨、これが主なる経過地であります。

○主査（西村丹治郎君）総社という所は通りませぬか。

○鉄道員理事（松浦宗三郎君）総社は通り

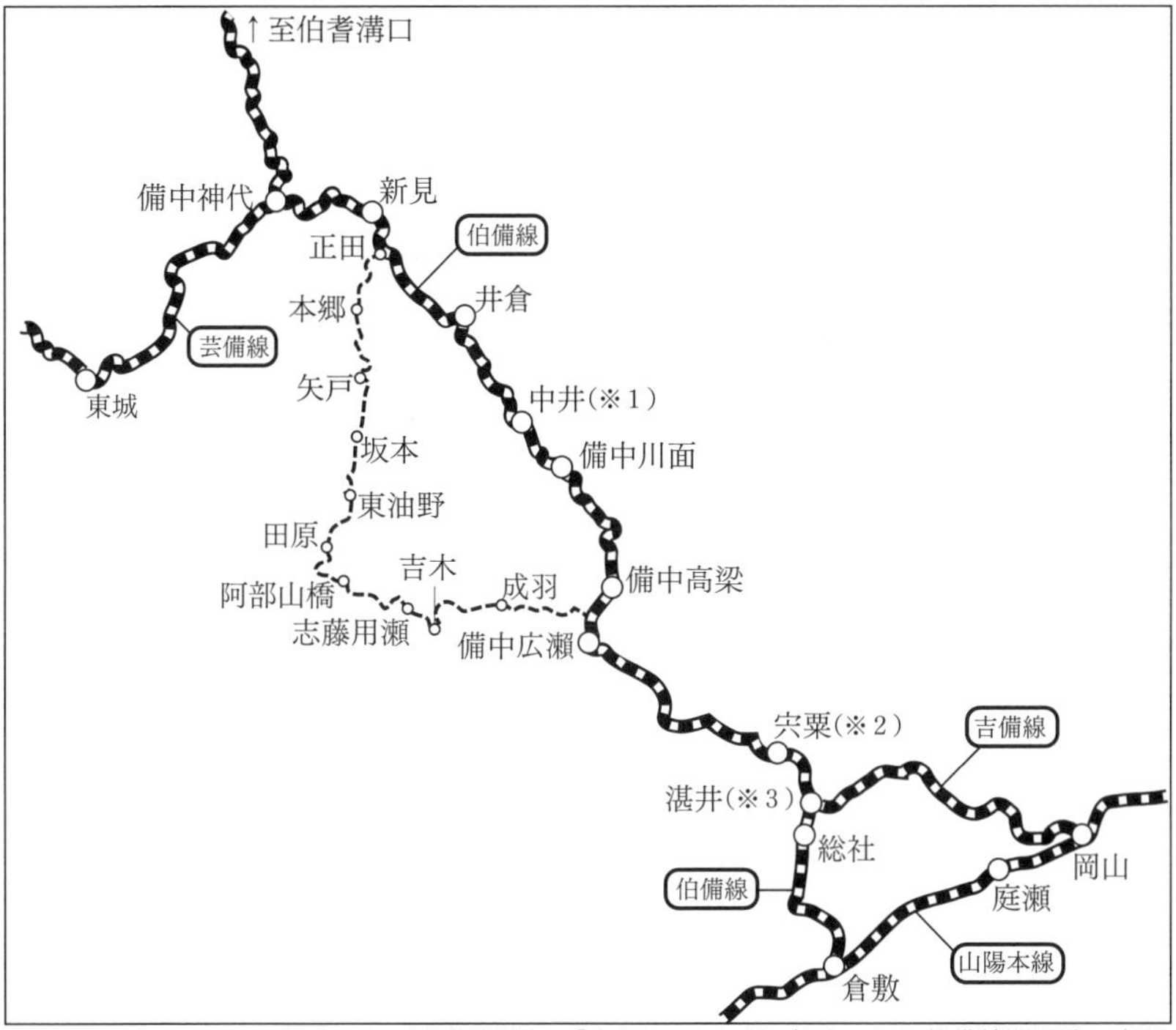

※1 開業時駅名は「方谷」　※2 現・豪渓　※3 伯備線開通時に廃駅

図 2-3-1　伯備線（点線は成羽ルート案）

ませぬのであります。

岡山から倉敷を通り新見に抜けるルートということまでは判明したのですが、予算委員会では、西村が「最後の確定という訳には無論行きますまいが」「経過する市街地を」と留保付きで質問し、鉄道院理事はその前提で答弁していて、実際には通ることになる総社についても「通りませぬ」と答えており、高梁を通ることについても確定していない様子でした。ここから実現の可能性からいって、ふたつのルートが想定されました。

高梁経由 vs 成羽経由

第一は現在の伯備線の高梁－川面《かわも》－中井－井倉－新見、第二は備中広瀬の北、落合町阿部付近を成羽川に沿って西進し、成羽－吉木－志藤《しとう》－用瀬《ようぜ》－阿部山－田原－東油野《ゆの》を越え、坂本－矢戸－本郷－正田－新見に至るルートで、後々は東城、三次方面との連絡をも考慮するというものでした。大正9（1920）年3月には北と南で伯耆溝口と倉敷をそれぞれ起点として工事が開始されましたが、その先はいずれのルートが採用されるのか不明なまま、工事は進んでいきました。

ここでそれぞれのルートを支持するグループが高梁と成羽で結成され、それぞれが誘致運動に熱を上げます。大正10（1921）年になると、『中国民報』がしばしば事態の推移を伝えています。

大正10年7月29日

伯備線敷設問題で　高梁町民成羽に對抗

伯備線敷設問題に関しては其最初において已に成羽とは旺《さか》んなる競争裡にあったのは已に世人の悉知する處だが其他高梁通過の内々確定あるがごとく實測《じっそく》すら終了するに至った頃数日前より成羽地方に技師乗り込み測量する事頻なるや高梁町も之を看過し居る能はずここに廿《にじゅう》五日町総代会を開催し廿六日速成会委員と會見するに至り運動

方針は政治的色彩より之が大々的運動に着手している

大正10年8月7日

高梁町成羽町　鉄道敷設運動

高梁、成羽両町民は予《かね》て陰陽連絡伯備線の通過速成を願っているが十六日高梁町よりは石川町長外十五名成羽町よりは渡邊虎太郎那須森太郎両氏外数名来岡目下帰岡中の福井代議士に対し交交《こもごも》斡旋方を依頼すると共に同日来岡せる大村鉄道省建設局長を出迎へ福井代議士を介して同線の敷設速成に付陳情大に努むる處があった

大正10年9月7日

伯備線の速成運動　高梁町青年焦起す

……今回同町青年有志二十餘名は今日の場合此の重大問題に対して決して軽視等閑に附すべからざることを自覚し……去る三日豫備知識を得るべく菊楽（政友会）則井（国民党）の両氏を白木屋旅館に招き経過を聴取する處あり……

このように両町民の運動が激化し、それでも高梁ルート、成羽ルートのいずれを実現するかは決定されないままで2年が経過します。そして大正12（1923）年5月、痺れを切らした直温らは、それまでの運動を総括するように請願書と比較表を取りまとめるのです。

請願書と優劣比較表

請願書は「陰陽聯絡　伯備線鐵道線路決定及速成請願書」と題され、大正12（1923）年5月に「鐵道大臣伯爵大木遠吉閣下」に提出されました。「伯備線南線中高梁線と成羽線との優劣比較表」は添付資料ですがやたらと長く、請願書がその内容を要約しています。請願書は地形の比較に留めていますが、比較表は有力な産業・建物等いちいちに成羽と比較して高梁側の優越性を主張しており、普段はとても口にしない本音が吐き出されています。

陰陽聯絡伯備線鐵道線路決定及速成請願書

（カタカナはひらがなに変換。文字間一文字空欄の文責は松原）

岡山縣等　謹《つつしみ》て鐵道大臣伯爵　大木遠吉閣下に請願す

曩《さき》に第四十回帝国議會に於て決議せられたる陰陽聯路鐵道伯備線敷設工事中北線に属する新見町以北は現今其工事大《おおい》に進捗し業已《すで》に一部の開通を見　明年度中には將《まさ》に新見町迄開通せんとするの景況なり　之に反し南線に於ける現況は倉敷町より高梁町に達する線路中僅かに湛井隧道の開鑿《かいさく》一部完成せるも同所以北の工事は未だ充分着手せられざるのみならず高梁町以北は線路未だ決定せられず。

地方民の遺憾之に過ぐるものなし抑《そもそ》も高梁町より新見町に至る間の線路は地勢上直線にして毫《ごう》も迂廻せず工事の難易、経費の多寡、里程の長短、勾配の緩急等、一朝有時《とき》のに秋に當り軍隊物資の輸送、平時地方貨物の集散、其他百事高梁川沿岸路線の適《てき》當《とう》なるは天然自然の地形之を示し一點疑を挿む の餘地《よち》なし　之れに反し川上郡成羽町を經て新見町に至る路線は成羽川の兩岸地勢極めて狭隘にして年々水害多く加之《しかのみならず》高梁川沿岸路線に比し里程約六哩《マイル》を延長し就中《なかんづく》湯野村大字田原よりは勾配頗《すこぶ》る急峻谿間《けいかん》狭隘屈曲多く　且《かつ》冬季に際しては往々降雪尺餘《あまり》に達シ鐵道線路に不適當なることは火を睹《み》るより明かなり

今や高梁町より新見町に至る線路と　成羽町より新見町に至る線路の比較測量も漸《ようや》く終了せられたるを以て　近く線路の決定せらるべきことと拜察《はいさつ》せり　仰《あお》ぎ冀《こいねが》くは叙《じょ》上《じょう》の事實を洞察せられ豫定《よてい》の高梁町通過線路に御決定あり南線工事の速かに進行を図られんことを茲《ここ》に関係町村民を代表し別紙伯備線南線高梁線成羽線優劣比較表を添付し衷情を披陳す

幸に採納せられんことを尊厳を冒瀆し惶懼《こうく》無已《やむなし》　頓首再拜

大正十二年五月

大正10（1921）年時点ですでに十分に熱

が高まっていたのに、その後も2年間決着が放置されたため、つい競争相手である成羽町をこき下ろした文書です。成羽側が黙っていたはずもなく、こんな応酬が日々飛び交っていては後々に遺恨が残っても不思議ではありません。

高梁通過が決定

誘致運動が沸騰するさなかの大正12（1923）年9月1日、東京を関東大震災が襲いました。当時、陳情を通じ密に犬養毅（震災翌日発足の第二次山本内閣で逓信相）と連絡を取っていた直温は、すぐさま見舞いを送ります。犬養からは答礼のはがきが届きました。

敬啓、震災および火災に対し御見舞い下され御厚情有り難く存じ奉り候。敝屋《へいおく》（注・自分の家）は幸いに小破損に止まり家眷《かけん》（注・同じ家に住む人々）すべて無事に御座候あいだ、ご安意下さるべく、取り敢えずここに鳴謝致し候。匆々不具

大正十二年十一月

そして翌大正13（1924）年1月12日の『山陽新報』はついにこう報じます。

伯備線は高梁通過　犬養氏の肝煎で決定
豫《かね》て紛糾を呈していた伯備線高梁成羽通過の競争に就いては鉄道省に於いては比較調査中であったが最近に調査完了を見た時が

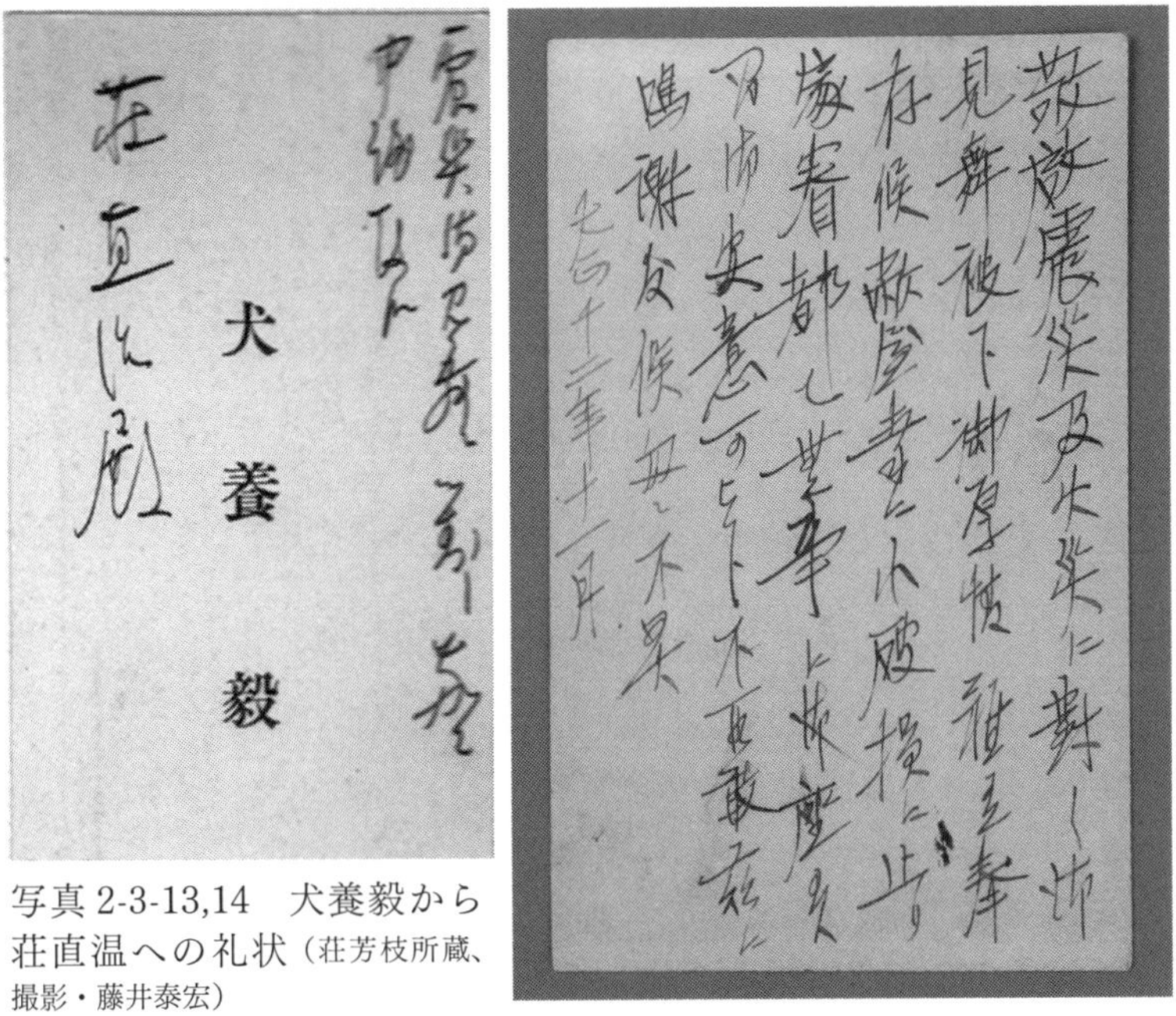

写真 2-3-13,14　犬養毅から荘直温への礼状（荘芳枝所蔵、撮影・藤井泰宏）

恰《あたか》も山本内閣の際であったので犬養逓相の肝煎で遂に高梁通過と決定して了《しま》った　之れに対して政友会側は今期議会に伯備線東城支線敷設即ち高梁より備後東城に達する支線を建議し之れに依りて成羽側の失望を醫《いや》すべく政府筋の諒解を得てゐるといふ事である

「肝煎」で決まるというのも現在では判然としない表現ですが、断固として高梁を推したということでしょう。ただそれには、成羽側の失望を最小限に抑えるべく、成羽－東城間にも線路を走らせる企画を抱き合わせたかのような報じ方です。ともあれ高梁側は大喜びして祝杯を上げますが、ただちに土地の買収問題が生じていました。ここでは直温が大いに手腕を発揮して、大正13（1924）年の暮れも押し迫った頃、地権者たちから感謝状を贈られています。

高梁町長 荘直温君足下

中国に於ける鉄道網之重要なる一たる伯備線か愈《いよいよ》上房線に決するや我高梁人士の歓喜大なるものありし 然れども次に来るべき用地買収地上物件賠償の件か如何なる解決の道をたどるべきかは注意せらるゝ問題なりし 之れ曽《かつ》て我町が葉煙草専売所設置当時敷地買収に多大之痛苦紛難を嘗《な》めたる経験に徴しより以上の困難に接すならんと心ひそかに危惧を抱くものすらなきにあらざりしか如し 而して本年五月該問題に関し関係地主一同会合するや協定委員八名を挙げ之れが折衝に当らしむることゝなし更に足下《そっか》を煩はすに其交渉の任を共にせらんことを以てす 足下（注・貴殿）快く之を諾《だく》せられ国建設事務処当事者と協定委員との間に立ち周旋尽力至らざるなく事情の陳述論議の応酬能《よ》く其処《そこ》を得円満に本問題をして結末に達せしめられ今や町内に於ける線路工事支障なく其緒に就くに至れるもの之れ全く足下の献身努力によりたるは［□□］我［□□］一同の深く感謝する処なり 爰《ここ》に聊か慰労の意を表し別帋目録の祈念品を座右に贈呈す物甚だ薄く足下の意を満たすに足らざるは明なりと雖も足下幸に［□□］にして且微なるを尤《とが》むるなく我儕の衷情の

中國民報

高梁町全景

待たれた今日の開通
鐵路の恵豊かに潤ふ
沿道各町村の喜び

高梁町

松山村

津川村

成羽町

高倉村

玉川村

家畜集散の大市場
松山村家畜市場の今昔

写真 2-3-15　高梁駅の開業（中国民報［現・山陽新聞］、大正15年６月20日）

ある所を採納し給はらんことを希ふと云爾《のみ》
大正十三年十二月二十六日
在高梁町　伯備線鉄道用地関係一同

金銭がかかわり過去にも専売所（明治30年開設の高梁一等煙草専売所、のちの日本たばこ高梁工場）でもめにもめた土地問題を見事円満に解決に導いたという感謝状で、直温にはただならぬ調整能力が備わっていたことを証す文章です。利害が対立する局面で互いが共感しあえるような合意を導くこと。これが直温の目指したまちづくりでした。

写真 2-3-16　備中高梁駅開業の日。駅は正面奥、南町から望む（川口写真館所蔵）

備中高梁駅開業の日

こうした悲喜こもごもを経て、倉敷～宍粟《しそう》（現・豪渓）間が大正14（1925）年2月17日に開通、大正15（1926）年6月20日、ついに宍粟～備中高梁～木野山間で開通、備中高梁駅が開業しました。

開業当日を『中国民報』はこう報じています。

待たれた今日の開通

鉄路の恵豊かに潤ふ　沿道各町村の喜び

三十五年間しびれをきらししつゝ待ちに待つた鐵道が愈《いよい》よ今日から開通し松山、高梁、津川村は其恵《めぐみ》を斎《ひとし》く享《う》くることになった。各町村の地形の関係から来る所の利害は自ら異るけれども多年の憧れに満足を得ることにおいての心持は同様であらねばならぬ。

開通の喜びが伝わるような文章で、直温ら有力者たちや企業、役場、銀行等によるお祝いの広告が『山陽新聞』や『中国民報』を埋め尽くしています。面白いものには、芸者たち30名が連名で出した広告（伍親組合藝妓）があります。高梁のこの日を小説家の石川達三が「交通機関に就いての私見」*23において活き活きと描いています（菊岡仙太郎のモデルは菊楽定太郎）。

試運転の日、近郷近在の農夫たちは親子相連れ立ってT町に殺到した。汽車というものを生れてはじめて見たいと思い、子供たちにも見せるためである。町筋はすべて国旗にかざられ、バラックの駅は人で埋められた。駅長は胸に造花をつけ、町会議員は羽織袴《はかま》であった。功労者菊岡仙太郎の得意たるや察するに余りあるものであった。

やがて定刻が来ると、日の丸を頭につけた機関車が町の下手のトンネルから出て来た。待っていた群衆は万歳を連呼し、河原からは煙花《はなび》がぱんぱんと打ちあげられ、晴れた秋空に白くはじけた。汽車は歓呼をあびて駅に止り、更に上流に向って出発した。

ところが機関手は、意外なる事故にぶつかった。汽車が山手の屋敷街を通る段になると、近郷近在から出て来た百姓どもが何百人となくレールの上に立って見物しているのである。いくら汽笛を鳴らしてもどかないのだ。彼らは汽車の速力について何の概念もなく、轢《ひ》かれたら死ぬという事も知らないのだ。機関手は窓から乗り出して、どいてくれどいてくれ！　と叫びながら汽車を進めた。

「どうも何と！　えらい騒ぎじゃ。町じゅうがもう気狂いみたいに喜んどるわい。あああ、どうやら汽車もついたし、これで私も町会議員はもう辞職じゃ。景気は良うなるぞ！」

仙太郎の一家もまた、醤油庫の男衆や女中に至るまで、彼の喜びを頒《わか》ちあって、菊岡家はまるで幸福の頂点に立ったようであった。

『山陽新報』は、「開通功労者」として8人を顔写真入りで紹介しています。上段右から西村（丹治郎）代議士、則井（萬壽雄）県会議員、荘（直温）高梁町長、岡村秀治郎氏（高梁郵便局長・町会議員）、下段右から池上仙二郎氏（高梁商工会議所長）、菊楽定太郎氏（醤油醸造）、石川良道氏（高梁前町長）、徳田蕃之氏（高梁町助役）とあります。

事の経緯を客観的に叙述して、当事者が知りうるリアルさに迫るのが『中国民報』が掲載した則井の坦懐です。

火の様な同士討　作州對備中、成羽對高梁

縣会議員　則井萬壽雄

（略）

処が明治四十一、二年頃鉄道院から佐橋といふ技師が遣って来て始めて備中線を實測《じっそく》した。その時川上郡から庄政次郎君が飛び出して、備中を通過するなら是非成羽を経由して貰ひたいと言つて盛んに運動を始めた。そこで高梁町からも蓑内町長や金澤、八木両君などが伯耆迄態々《わざわざ》佐橋技師を追掛けて行つて、盛んに競争を遣《や》ったさうだ。その後三十何議會であったか作州の人はうまく多数派に取入つて、津山経由の陰陽連絡線が衆議院を通過したが、その時は貴族院で握り潰しに遇《あ》ったのでその儘《まま》になつて居た。

処が大正七年一月下旬、突然西村代議士から備中線が愈々本年の議會に提案されるから、地方からも上京して運動せれらよといふ通知があつたので、高梁町から堀、原田伊之助両君と僕の三人が委員に選ばれて上京した。川上郡からは長尾豊吉、平出廣三郎の両君、阿哲からは田原藤一郎君が上

写真 2-3-17　開通功労者の８人（山陽新報［現・山陽新聞］、大正15年6月20日）

京し、前後二週間計りも滞在して運動した。
その當時は作州と備中の競争であるから備中派は川上、阿哲、上房の委員が一に結束して、何でも備中へつけばお互の利益だから、中間の競争はしないことに申合して居た。處が愈々《いよいよ》備中線と決定して見れば、今度はお互に欲が出て、爾来成羽線と高梁線と火花を散らして競争を続けたものだが、愈々今日高梁町で開通式を挙げることになつて見ると感慨無量、往時を追懐して全く夢の様である、何んでも今後は作州の落合から高梁・成羽を経て備後の東城に通ずる鉄道の速成を圖らねばならぬ。

この発言から分かるのは、津山線の延長がいったん衆議院を通過し、貴族院で逆転して握りつぶされた段階では、備中派は高梁派も成羽派も一致団結して、西村丹治郎からの指示を受けつつ陳情運動したということです。しかし、「いよいよ備中線と決定」してからは「火のような同士討」が勃発しました。それについては西村丹治郎も激烈な述懐を『中国民報』で披露しています。

迫害と忍苦の裡に　贏《か》ち得た新線の尊さ
代議士　西村丹治郎

（略）
余が初めて本線の敷設を議会の問題としたのは今より十八九年前のことである。當時陰陽連絡鉄道としては津山より米子に至るものが既定計劃《けいかく》線だった。此の既定計劃線たる美作線を備中線に変更せしむるのであるから、却々《なかなか》困難の問題であつたのだ。備北三郡の有志諸君も一致協力この目的を達成せんが為め、前後数年に渉りて奮闘を継続されたのである。漸くにして大正七年時の寺内内閣によって鉄道敷設法が改正され、之に伴ふ伯備線建設費予算も確定し、茲に多年の懸案が解決して其の目的を達成したのである。今は唯だ着工の一日も速からんことを冀《こいねが》ふのみであった

然るに其の後間もなく暗雲は本線の上に落ち来たつた。それは路線の争奪である。今日となりてはまた何をか言はんやである。併《しか》し當時我々同志に向かつて加へられた迫害と侮辱とは今尚忘るる能はざるものがある。而も同志の諸君は所謂一絲乱れざる態度を以て此の迫害に抗し、此の侮辱に忍び、誠意と熱心とを以て初一念の貫徹に向かつて邁進されたのである。殊に青年諸君が雄々しき奮闘ぶりに對しては感激の涙禁じ能はざるものがあつた。此の一絲乱れざる毅然たる態度、此の雄々しき奮闘こそ正しく今日あらしめたものである。今や臥牛山下に汽笛の聲を聴く、余等同志としては更に一層の快感を覚ゆるのである。（後略）

「我々同志に向かつて加へられた迫害と侮辱とは今尚忘るる能はざる」というのは、成羽派から高梁派に相当な攻撃があったことを暗に示唆

しています。具体的な氏名は挙げないにせよ、こう書き記さざるをえない対立があったことを活字に残したいという気持ちが伝わってくる発言ではあります。

最後は直温で、『中国民報』にはこんな談話を残しています。

俄に好影響もあるまい
高梁町長　荘直温氏談

鉄道開通は一般に對し多大な利便を輿へることは明《あきらか》であると共に高梁町としてもこの鉄道を巧に利用して発展するということはいはずも明なことである。（中略）

高梁と成羽においては比較調査時代に既に経由地の争奪の兆があつて秘密裡に運動を開始してゐたもので備中経由と決まつてからは天井なしの運動が行われたが　結局高梁経由と決定しはしたものの高梁は小さい商業地であるから製造業者以外は俄に大なる好影響を夢見ることはできない、それは過去に於ける各地の實例《じつれい》が明確に語つてゐる、併しそれも地方當業者の自覚と努力が如實に現れたなれば小売商人の打撃も一時的現象で案ずることもあるまいと信ずる。

ここで直温は成羽との軋轢について「天井なしの運動」としか触れず、むしろ製造業者には将来には恩恵が確実にあり、小売商人は当面は打撃を受けるという見通しを立てていたことが注目されます。しかし次章で検討するように、材木や煙草、製糸といった製造業が逐次潤ったのは正しいのですが、打撃は小売業者のなかでも老舗を直撃しました。それについては意識していない様子の談話です。

町長再選から辞任へ

町がこのように沸き立ったちょうどその頃、直温の人柄を生き生きと描いた記事が『山陽新報』に写真付きで掲載されました（大正15年7月16日付）。

上房郡高梁町長　荘直温氏

君は所謂《いわゆる》不言實行《じっこう》の士で、何を聞いても多くを語らず、特に賣名的《ばいめい》の気分が少しもない人である。治績などは一寸も語らぬが、何んでも今の松山村が高梁村と言った頃、先代が村の庄屋を勤めていた関係から、早くも戸長に挙げられ、それから松山村長となり高梁町助役となり、更に高梁町長となり、今日迄殆《ほとん》ど生涯を通じて自治の為めに奮闘努力したものである、今年丁度七十一歳の高齢であるが、鑠《しゃく》たること實《じつ》に壮者を凌ぐの概《おもむき》あり、素晴らしい早起の名人で、毎朝四時に飛び起きて先《ま》づ氏神《うじがみ》に參拜《さんぱい》し・それから先祖の墓に禮拝《れいはい》し、次で高梁町内を一巡してから朝食に向ふのが何十年この方一日も缺《かか》さない例である、それでなかなかの子福長者で、五六名の子供さん達は何れも今官界若《も》くは教育界に相當の位置を占めて居る　なほその治績に至っては一々枚挙に遑《いとま》がないが新しい所では鐵道の開通から、教育機関の完成衛生設備の完成、土木工事など悉《ことごと》く君の手腕に依《よ》るものであるが、未解決の問題として排水溝の大改修、高梁成羽間交通機関敷設、高梁、松山両町村合併等君の手腕に俟《ま》つべきものは頗る多い

「鑠《しゃく》たること實《じつ》に壮者を凌ぐ」とか、「素晴らしい早起の名人」といった文章からは、直温のたたずまいから息づかい、凛とした視線までが彷彿とさせられます。

ここで直温に課題として期待されていることのひとつに「高梁、松山両町村合併」がありま

す。[*24]伯備線が高梁を通過することが決まった半年後の大正13（1924）年の6月26日、高梁町長の直温と松山村の中嶋直治郎、両町村の数名が上房郡長の寺尾哲之に呼ばれ、当時は石火矢町の西角、小高下谷川に面していた郡役所を訪ねました。中嶋直治郎は松山村長としては後継者、ともに借金をしたり保証人になったような信頼関係にありました。議題は両町村の合併で、県からの要望が背後にありました。

直温、中嶋直治郎ともにいささか予想外だったのか、すぐに飛びつくことはなく、合併の条件が慎重に模索されました。2年後の大正15（1926）年9月には県が両者を呼び、「町村合併の必要性とその効果」にかんする所見を伝えました。財政規模拡大や人件費節約を目的

としていましたが、そうこうする内に大正天皇が没して代替わりとなり、翌昭和2（1927）年の町長選挙が迫る時期となって、8月21日の『中国民報』はこう報じます。

高梁町長　重任勧説　本人は辞退

上房郡高梁町長荘直温氏は九月八日に任期満了となるので、高梁町十八名の町會《ちょうかい》議員は秘密町會を十八日の夜高梁公會堂で開くことになつた

先づ十八日午後四時頃から高梁町助役の辞表を提出した池上仙二郎氏及び町會議員中の廣島平四郎、難波傳治郎、八木朝太郎の諸氏外數名《すうめい》が同町川端町難波傳治郎氏宅に集まりて下協議を行ひ、午後八時から愈々町會議員十八名が公會堂に集合し種々秘密協議を行つた結果、現町長荘直温氏に今一期再選を願ふことに町會満場一致で決定し、同夜直ちに荘町長に交渉すべく町會代表の岡村秀治郎、難波傳治郎、八木朝太郎三氏が交渉委員となり、町長宅を訪ねることにして午後十時散會した

三名の交渉委員は公會堂から町役場に、荘町長は自宅から町役場にと出会ふことになり、再選方を願へば、町長は老體《ろうたい》の身の上であるから退いて静養するとて應《おう》じないために交渉委員は少しの間考へて戴きたいと願へば、考へる餘地《よち》はないと言はれ兎《と》に角《かく》お願ひしますで午後十一時過ぎ役場に引揚げた

莊町長は温厚篤實《とくじつ》で勤勉家として知られてゐる、而《しか》し莊町會長再選に應じない場合は後任として池上仙二郎氏と傳《つた》へてゐるも池上氏は家庭の事情絶對的ことわるとのことであるから結局は現町長莊直温氏を何かの條件《じょうけん》のもとに拝《おが》み倒しに再選を願ふものと観測される、が二十二日には再び町會を開き町長問題を協議することになつてゐる

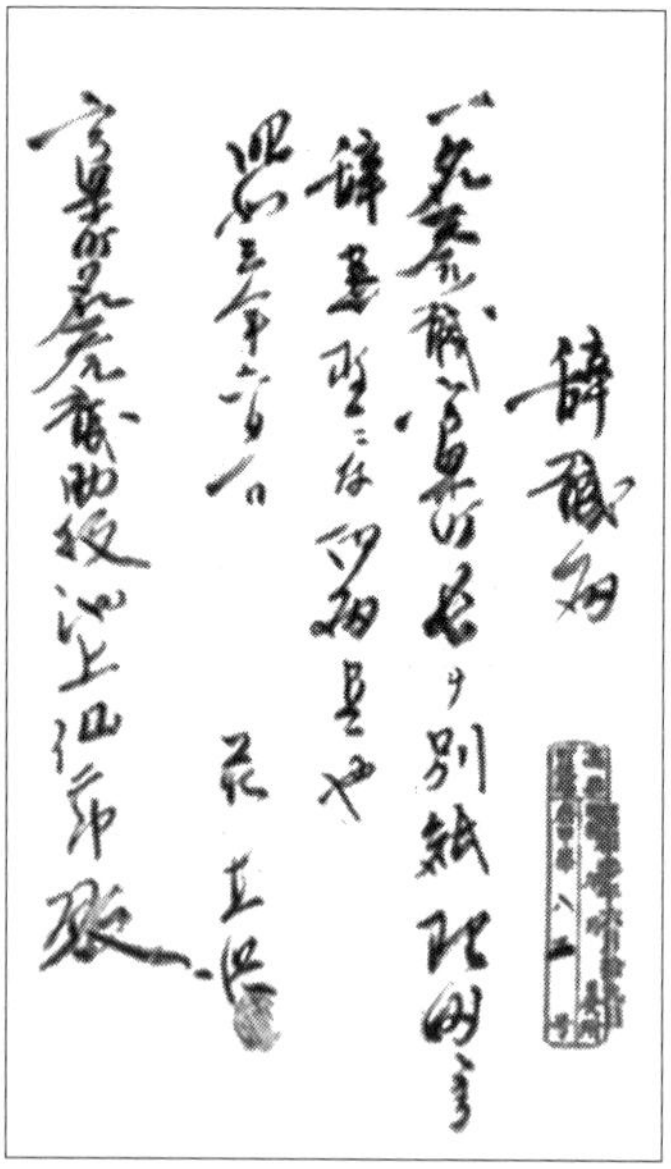
写真 2-3-18　莊直温の辞職届
（高梁市教育委員会所蔵）

町会内の互選だからでしょうが、町議たちの秘密のはずの行動がここまで報じられるのには驚きます。その結果、直温が折れたようで、昭和2（1927）年9月8日に町長に再選されています。合併問題では、鋭意協議を続けました（直温の生前には実現しませんでしたが、直温と中嶋の地ならしが最終的に合併を実現させます）。ところが翌3（1928）年6月1日、直温は突如辞任してしまうのです。私は現高梁市役所に議事録の閲覧を申し込み、議事録の山の中から直温直筆の「辞職届」を見つけ出しました。

辞職届
一、名誉職高梁町長を別紙理由により　辞

退候に付き、御届け申し上げ候也。
明治三年六月一日　　荘　直温㊞
高梁町名誉職助役池上仙二郎殿

理由

高梁警察署改築敷地問題を此の如く紛糾せしめたるは、畢竟《ひっきょう》、自分不徳の致すところに之れ有り。且つ病躯その職に堪えざるに付き、是れを以て茲《ここ》に辞表提出致し候。

直温の死

高梁警察署改築敷地問題は、当時の新聞を見渡した限りでは記事になっていません。明治16（1883）年の建築で県下最古、腐朽がひどく倒壊の危険に瀕している、とあるのみです。直温が昭和3（1928）年6月28日に贈られた感謝状には、「今や病躯其の職に堪えざるを以て退職せらる」と書かれています。高梁警察署改築敷地問題は表面的な辞任理由に過ぎず、本当は病気ゆえに町長の激務に耐えられなくなったことが、周囲にも理解されていました。幾人かの証言を合わせると、再選ののちの冬（昭和3年新春頃）に宿痾が再発し、それゆえ半年後に職を辞し転地して療養しましたが、医薬も劇的な効果を発揮するには至らなかったのです。

直温は8月に入ると自宅に戻り、医師を呼んでは薬の処方と注射を依頼しました。私は三男の四郎が直温の死を迎えて書き始めた日記を、日本生命との会計上のやりとりを紐で括った束の中で見つけました。殴り書きのような文字で、8月31日から10月末まで続いています。

8月31日
八月三十一日午前十一時頃、俄然、父の病勢危篤に迫り心臓逼迫呼吸困難となる
須藤氏の「カンフル」注射にて小康に納まる
（注・午后）二時頃又不安医師留守中につき　薬局看護婦臨時注射す　稍《やや》小康
八時医師に乞い注射数本連射す
医師帰宅後又々注射を乞う
十二時前　眼力乱覚を訴ふ　急招にて医師注射一本づつ四本行い　手洗水に向い立ち障子の処にて父　忽然魂去る　玉の緒切れてカンフルの作用顕る　終焉時に九月一日午前〇時三十分なり
行年七十二才　願勝院智應明道居士

9月1日
明けて八時頃には　直一兄水戸より帰り着高の打電昨日ありたるに未着
葬儀進行決行す　各方面親族に打電　葬式は明二日午後五時と発表
故友隣家多大のお勤め　御世話を煩わせり
午後町議惣代より町葬のご沙汰あり　辛うじて謝陳す

9月2日
三宅愛二兄は数日前より来宅中。皆、梶谷叔母、玉島叔母、團藤ウメ、三宅最平氏

松宮次郎氏、荘直一兄、梶谷五郎君、朝鮮より光田房代子、照子子、集まる
夕刻出棺に際し雨落ち始ム　寺にて　葬儀中大雨あり
葬式役配　および弔辞氏名別紙にあり
其他も　附記　葬儀終わって火葬場行
三宅最平氏帰宅、直一、四郎、五郎、守田二階眠

感動の弔辞

町葬の打診は謝絶し、家族による葬儀は寺で行われました。松山荘家の墓は備中高梁駅近くの山裾にある薬師院にありますので、恐らく場所は同寺でしょう。夕刻の出棺に際し雨がぱらつき、葬儀の最中に大雨となる中、多数の弔辞(弔辞)が読み上げられました。その中には感動的なものがあり、直温の業績をまとめてもいます。主なものを略さずに引用しましょう(カタカナ書きはひらがなに修正)。寺にて弔辞を聞いているつもりでお読み下さい。

高梁警察署長　警部　国府富治
維時《これとき》昭和三年九月二日　不肖国府富治
謹みて故荘直温君の霊に告ぐ
君資性朴直にして謹厳居常《いじょう》*25整然として分度《ぶんど》*26を謬《あやま》らず常に言行一致正義を信條として世に処し克《よ》く後輩を指導して更に倦むところなく個人として玲瓏《れいろう》*27玉のごとく其の高風松柏《しょうはく》*28に譬うべく実に地方の大先輩とし

て郷党《きょうとう》*29敬慕の中心たり
　君若干より職を地方自治の枢要に置き爾《じ》来《らい》幾多の公職に携わり年を閲《けみ》すること実に五十年　その間公務則ち天分なる信念の下に朝夕職務に精進し一日偸安《とうあん》*31の日なく齢《よわい》方《まさ》に喜寿を迎ふるの近きに到るもなお矍鑠《かくしゃく》として公務のために活躍し宛然《えんぜん》*32壮者を凌ぐの概《がい》あり　況んや遺されたる数多き治績は君の人格と手腕を永遠に追懐せしむるものあるへり　実に其の一生は奮闘努力の活教君史なりと謂うべきなり
　然るに無常の風は此高子の枕頭を襲い本春宿痾再び発し遂に起つの機を与えず幽冥《ゆうめい》*33其の域を異にす　実に地方自治のため将《は》た君のため哀悼痛恨措《お》く能わざるものあり　殊に最近君の傘下に参し其の指導の下に漸く今日あるを得たる不肖の悲哀感は更に一層深きものあり　然れども君が多年郷土に培いたる遺風とその気概は必ずや事毎に後輩の手に依りて発揮せられへり　歴史は長く郷土の恩師として後世に胎さるべきものあることは不肖の固く信じて疑わざる所なり　茲に君の葬送に際し其の冥福を祈り併せて郷土に不断の加護あらんことを希う
　冀《こいねがわ》くは来たり饗《う》けよ

高梁郵便局長　岡村秀治郎

故　前高梁町　勲七等荘直温君の霊を弔《とむら》ふ
　君は維新の前　庄屋格の家に生まれ年歯《としは》*34

僅か十五にして老父に代わり其の役に就き
けり　時偶々《たまたま》明治政代に移り縣置の制に革《あらた》
まり郡務に関与し後町村自治制度に変わり
撰ばれて　我が高梁町を始め間断なく各種
の重職を歴任せられこと実に殆ど六拾年の
久しきに互《わた》れり　その間刻苦励精献身的に
自治体の完全を就くし遂に能く其の理想と
せる目的を達せられれば　退かず誠に人格高
潔寛厚以て諸般に臨み亦《ま》た大勢を達観し自
己の栄達を願わず功名富貴を求めず名聞を
思わず才を愛し人を客し雅量坦懐*35　上に媚
びず却て後進に下がり万難前に当たるも敢
えて避けず愈々躓《いよいよつまず》いて愈々奮う敏腕以て真
に大丈夫の士と謂うべし
　平素君の持論はその職に盡《つく》し斃《たお》れて以て

其の任を果たすとの説なりし　果たせる哉《かな》
君は七十有余の高齢をして高梁町のために
一身を任ね町制を掌《つかさ》どられしに不幸昨冬病
床に就れ　為に其の任を辞さんとの意あり
茲に全町挙げて其の辞せるを惜しみ留任を
懇情ありしも　其の意を客れず　断然職を
辞せられ身を閑地《かんち》*36に置き療養怠りなかりし
も実に医薬其の功を発せず遂に白玉楼中の
人となる*37
　嗚呼《ああ》悼《かな》しい哉　今や幽明相隔てし處を異に
し君が快談壮語亦た聞くことを得ざると其
の勤勉たる職務のために自ら斃れて猶止ま
ざるの気概は復た見ることの適《かな》はざる
　嗚呼悲しい哉　君が徳望厚風を敬慕する
もの誰か亦た痛惜せざらんや　君が勲労功

績は普《あまね》く天下の謄仰《とうぎょう》する所之れ後進の輩をして砥礪《しれい》*38せしめるに足る　君死して亦た餘栄《よえい》*39ありと謂うべし　茲に長逝を悲しみ万感胸に溢れて言う所を知らず　恭しく君の霊を弔う　尚《ねがわ》くは饗《う》けよ

高梁町長　池上仙二郎

謹《つつしんで》而前高梁町長勲七等荘直温翁の英霊を弔す　翁は青年時代より本年七十二歳の高齢に到る迄五十餘《よ》年の久しき郡または町村の吏員となり實に一生を公人として一貫せらる忠貞公に奉するの心厚き者に非ずんば何ぞよくここに到るを得ん　翁人と為り聡明にして才識秀《ひいで》て至誠敬虔にして神佛《しんぶつ》を尊信し恭倹《きょうけん》*40温厚人に接し勤勉忍耐事に當る之を久しうして人自ら其《その》徳に悦服し庶績皆揚《あが》る　語に曰く「政をなすに徳を以てすれば譬えば北辰の其所に居りて衆星の之に共《むか》ふが如し」*41と翁の如きは即ちその人なり

我が高梁町の今日あるは翁が多年町政鞅掌《おうしょう》*42の賜にして其洪恩《こうおん》*43いかてか忘るべき　曩に翁病を以て職を辞せらるるや唯かりそめの事とのみ思ひしに何ぞ図《はか》らん病俄に革《あらたま》り溘焉《こうえん》*44として長逝せられんとは我等不敏常に翁の教えを受け翁の驥尾に附して以て今日に及ぶ今後の町政それ誰と興《とも》に語らんや　温容彷彿として今尚ほ目にあるも幽明空しく隔りて復逢ふ由もなし　嗚呼悲しい哉　心迫り情満ちて又言ふ所を知らず唯翁が遺志を継ぎ我が町政の為に努力せん

ことを期す　庶《こいねがわ》くは之を饗《う》けよ

友人総代　西村丹治郎

荘直温君に豎《こもの》の犯す處となり遂に逝く
嗟乎《ああ》悼しい哉　茲に謹みて在天の霊を弔ふ

則井萬壽雄

前高梁町長荘直温君病俄に革《あらたま》り溘焉《こうえん》として長逝せらる　翁資性剛直敢て人に下らずと雖《いえど》も懇切人に接し謹厳身を持す　衆皆其徳を欽仰[45]して止まざりき　然るに今や顕幽[46]遠く隔たりて再び翁の音容に接すべからず
嗚呼悲しい哉
翁は明治拾四年十月本郡に書記拝命以来本年六月高梁町長を辞職せらるるまで町村長として将又《はたまた》郡吏、郡會議員として公職にあること實に四拾有八年　其間桔据《けつきょ》[47]精励一意公共に尽瘁せらる　其の功績の偉大なる現代翁のごときハ蓋稀なり　翁が多年地方発展策として企画せられたる事業の大半は既に完成せしも今後尚翁の力に俟つべきもの　尠《すくな》からざりしに　不幸突如変故《へんこ》[48]に遭ふ
嗚呼　誰か之れを悲み且《かつ》　惜しまざらんや
本日式を行ふに際り衆庶《しゅうしょ》[49]翁の棺前に慟哭す　追慕の念愛惜の情　さらに一段切なるものあるを覚ゆ　虔みて哀悃を披瀝す
尚《ねがわ》くは照鑒《しょうかん》[50]せよ

高梁町会議員総代　金澤長蔵

前高梁町長荘直温君に豎《こもの》の犯す所となり遂に逝く嗟々《ああ》悼《かな》しい哉　君は夙に自治行政の學を究め本町政の要職に在ること十数年町治頓《とみ》に挙り君又公共的施設を持って畢生の業と為し大に町の福利を増進せり　君の功績実に多とせざるべからず　是を以て町民の衆望君が隻肩に集まりき
　然るに天命君に歳を假《か》さず終《つい》に不帰の客と為《な》る　哀哉　之れ本町の大なる不幸にして痛惜措《お》く能わざる処なり　最も追懐の情禁ずる能はす然りと雖も君の功績は永く町民の胸憶に存し之を口碑[51]に伝えて滅せざるべし　君亦た以て瞑すべし　茲に謹《つつしみ》て在天の霊を弔ふ

高梁町　農会長　藤村直太郎

昭和三年九月一日　元上房郡高梁町農會長荘直温氏　逝去せられ本日を卜《ぼく》[52]し　葬儀を挙行せらる　氏は少壮町村行政の事務に管掌し一身を犠牲に供し終始一貫職務に恪勤精錬其《その》成績顕著なるものあるは自他共に認識する處なり　殊に町農會長として町農産事業に関し之が助長発展に努力せられたる多大にして其功績感謝に堪へざるなり尚将来氏の援助を期待せるものありしに今や溘焉《こうえん》籍を易ゆ　嗚呼悲しい哉
　然れども氏の事績は永く後昆《こうこん》[53]に垂れ　世に其範を踏襲し以て将来事業発展の基準となし得たるは後継者の頗《すこぶ》る欽幸とするところなり　茲に謹で氏の英霊に告ぐ　希《こいねが》くは

饗《う》けよ

山室軍平[*54]

昭和三年九月五日　荘四郎様（書簡）

粛啓　頓首　承候得者高梁町長荘直温氏
予而《かねて》御病気御加療中之処薬石其の効を奏せ
ず遂に御永眠被遊《あそばされ》候由《そろよし》
誠に哀悼之情に不堪候《たえずそろ》
御生前救世軍事業に対してハ種々御庇護を
賜り殊に昨年罷上《まかりのぼり》候節ハ何彼と御親切を
拜受仕候《つかまつりそうろう》事とて感慨深きもの有之候
之によりて貴下を始め御遺族御一同様の御
愁傷左こそと[*55]拝察仕候処
此際《このさい》天恩之御慰籍豊ならんことを奉祈上《いのりたてまつりあげ》候
先ハ右御悔みまで如斯《かくのごとく》に御座候　　敬具

直温の次の町長である池上仙二郎（現在の高梁市商家資料館池上邸を継承した、のちの十代目池上長右衛門）は高梁町済世会長および高梁商工会長でもあり、それぞれの前会長が直温であったため、なんと3回も町や会を代表して内容の異なる弔辞を読んでいます。ここには町長としてのものを掲げておきました。掲載しなかった弔辞には、高梁尋常高等小学校長兼高梁実科高等女学校長（三村高右衛門）、高梁消防組頭（荻野禮三郎）、高梁町婦人会会長（伊吹养志）、第十四区総代（小倉善三郎）、大日本赤十字社岡山支部長（三邊長治）のものがあります。

これらを通読して分かることがいくつかあります。まず、地元選出の国会議員である西村丹治郎（１８６６〜１９３７）は「友人総代」と呼べる関係にありました。丹治郎は板野家に生まれ、下町と本町の境にある紺屋川の下町側に大きな屋敷を持つ西村家の養子になりました。東京専門学校（現・早稲田大学）とアメリカのイェール大で学び、帰国後は「中国民報」の記者となって、明治35（１９０２）年から衆議院議員となります。直温らの陳情を受け、高梁への鉄道誘致では国会における質問等で決定的な働きをしました。そんな肝胆相照らす仲であったため、芳枝さんは小学校時代、帰りに西村本家にしばしば立ち寄り、夕食を食べたり風呂に入ったりすることになります。

　次に、則井萬壽雄（１８７９〜１９３６）は弁護士で、のちに衆議院議員にもなりますが、歳の離れた盟友といった弔辞です。鉄道誘致以外にも、直温とは多くの交渉ごとで同席していたからでしょう。地元の案件で特筆すべきは、有漢にあった准教員養成所が大正末に高梁に転出して高梁正教員養成所、現在の岡山県高梁日新高等学校（私立）になる際、場所の候補地として内山下の重クロム酸会社工場跡が挙がり、直温・池上仙二郎らとともに土地所有者と交渉したことがあります。

　また、直温の性格についての描写には、共通するものがあります。「朝夕職務に精進し一日偸安《とうあん》の日なく」（国富）、「持論はその職に盡し斃《たお》れて以て其の任を果たす」（岡村）というのは、仕事の虫で、休む間もなかったということです。芳枝さんも、「あっという間に手紙を何本も書いていた」と聞かされたそうです。「自己の栄達を願わず」（岡村）とか、論語から「政をなすに徳を以てすれば譬えば北辰の其所に居りて衆星の之に共ふが如し」を引用していた（池上）というのも、目立ちたがらず黙って人を引っ張る人柄を表しています。

その結果、参列者たちは心から直温の死を悲しみました。「万感胸に溢れて言う所を知らず」（岡村）、「心迫り情満ちて又言ふ所を知らず」（池上）、「衆庶翁の棺前に慟哭す」（則井）といった表現は、大袈裟でなく参列者の差し迫った心情を示した言葉でしょう。とくに拒絶しながら次期町長に就いた池上の「今後の町政それ誰と興《とも》に語らんや」という呟きには、大先輩である直温の意見を拝聴しつつ町政に取り組もうと思っていたのに、叶わなくなったという呆然たる心情が滲み出ています。[*56]

ただし皆の意見には、残念な誤りがありました。「歴史は長く郷土の恩師として後世に胎さるべきものあることは不肖の固く信じて疑わざる所なり」（国富）、「君の功績は永く町民の胸憶に存し之を口碑（注・伝説）に伝えて滅せざるべし」（金澤）、「氏の事績は永く後昆《こうこん》（注・後の世の人）に垂れ」（藤村）、「君死して亦た餘栄《よえい》（注・死後に残る名誉）ありと謂うべし」（岡村）と、彼らは一様に言いました。直温の人や業績は代々伝説として町内で語り継がれるに違いないと、彼らは確信していたのです。

しかし町村合併の父とも言える直温の名は、現在の市役所が発行している『高梁市の歴史人物誌』では、読みとともに生年・死亡日、在職中に亡くなったと間違って記載されています。唯一の業績であるかに書かれる桜並木も、昭和15（1940）年にはすべて伐採されました。直温についての記憶は、当人を直接に知る人が亡くなるやいなや、高梁から消え失せたのです。高梁の「忘却力」恐るべし、と言わざるをえません。

写真 2-3-19　荘直温 (1857〜1928) (荘芳枝所蔵)

第四章

忘却の町に生きる（昭和・平成）——庄松山分家のその後

直一・四郎の家督相続契約

庄家第二十九代、荘（庄）松山分家第五代の荘四郎は、直温の葬儀後、後片付けに追われました。昭和３（１９２８）年９月の日記はこう続いています。

９月３日
午前六時火葬　骨拾い参列者別の通り　帰宅後仕立ての代わりに砂糖本日二斤を各役配に送る　午后一時　納骨蓋参　参列者氏名別紙の通り　午前十時頃　川上泰三郎氏来宅弔問す　保険掛金受領証　城井田、久保木、森崎、川上四氏の分相渡　集金依頼す　今回の喪に対する世話、弔問、会葬、文弔、供物　香料等　住所氏名　別紙の通り　梶谷てい、團藤ウメ　玉島叔母、松室次郎帰る

９月４日
兄弟四人　午后二時より　町内回禮（注・礼を述べて回る）　士族邸および川端町本町下町《しもまち》を終わる　午前墓参帰り　兄弟四人

９月５日
五郎午后四時帰る　正午より直一愛二四郎三人回禮　中之町南町駅前鍛冶町　終

９月６日

早朝一番汽車にて愛二兄帰玉（注・玉島へ帰る）　直一兄四郎二人午后回禮　残紺屋町新町片原町を終わる　済、二人　則井弁護士宅を訪ふ　亀山長太郎氏に来宅願い郵便弔問の答禮はがきおよび町内訪問漏のはがき　答禮書込発送依頼す　午後

9月7日
午前兄役場へ　相続届提出　午後兄小生二人寺詣および寺禮持参す　兄印鑑二枚委任状　二枚作製置残　午後終列車にて帰水（注・水戸へ帰る）　の途につく

9月8日
玉島叔母帰宅

9月9日
光田一同帰鮮（注・朝鮮へ帰る）、小谷節夫吊問　焼香上宅

葬儀の後片付けの後、兄の直一・（三宅）愛二、弟の（梶谷）五郎と4人で町内を挨拶回りし、その兄弟や親戚たちも次々に高梁を離れる様子が綴られています。直温はお骨になり、親族も引き揚げていったのですが、妻節子と上が7歳から下は零歳児まで4人の子どもたち、さらに数人の印刷職工がいて、印刷所を兼ねた自宅はそれなりには賑やかだったろうと思われます。四郎としては、ほっと一息ついたところでしょう。

ここで文中にさかんに登場する近親者の関係

を図2－4－1で紹介しておきます。

四郎はここまで実質的な喪主として葬儀を執り行い、直一はお客様扱いです。長子相続の原則からすれば妙ですが、それは直温の生前に直一も交え三者で口約束していたからです。長男の直一は、大正13（1924）年に青島から帰国、旧制高知高校で3年間教鞭を取りました。昭和2（1927）年には末娘の薫子の出生届を茨城県東茨城郡で出していますし、昭和3（1928）年に出版した著書の奥付には旧制水戸高校のドイツ語教授となっていますから、昭和2年には旧制水戸高校へと転じていたと思われます。

9月7日の四郎の日記に「帰水」となっているのは、兄が「水戸に帰る」の意ですが、同日「兄　役場へ　相続届提出　午後兄小生二人寺詣」となっていますから、兄が家督を形の上で継ぎ、ふたりで寺参りし、先祖の墓へ家督相続につき報告した様子がうかがえます。この後、9月18日の四郎日記には、「町役場より　除籍謄本　および　分家届」と続きます。

長男の直一が相続し、三男の四郎が分家するというのは、当たり前といえば当たり前の手続きです。ところがその背後では、ふたりの間に口約束がありました。それが本契約となったのは、10月4日のことです（カタカナをひらがなに変更）。

契約証書

故荘直温家督相続人荘直一及び荘四郎との間に於て契約を為すこと左の如し

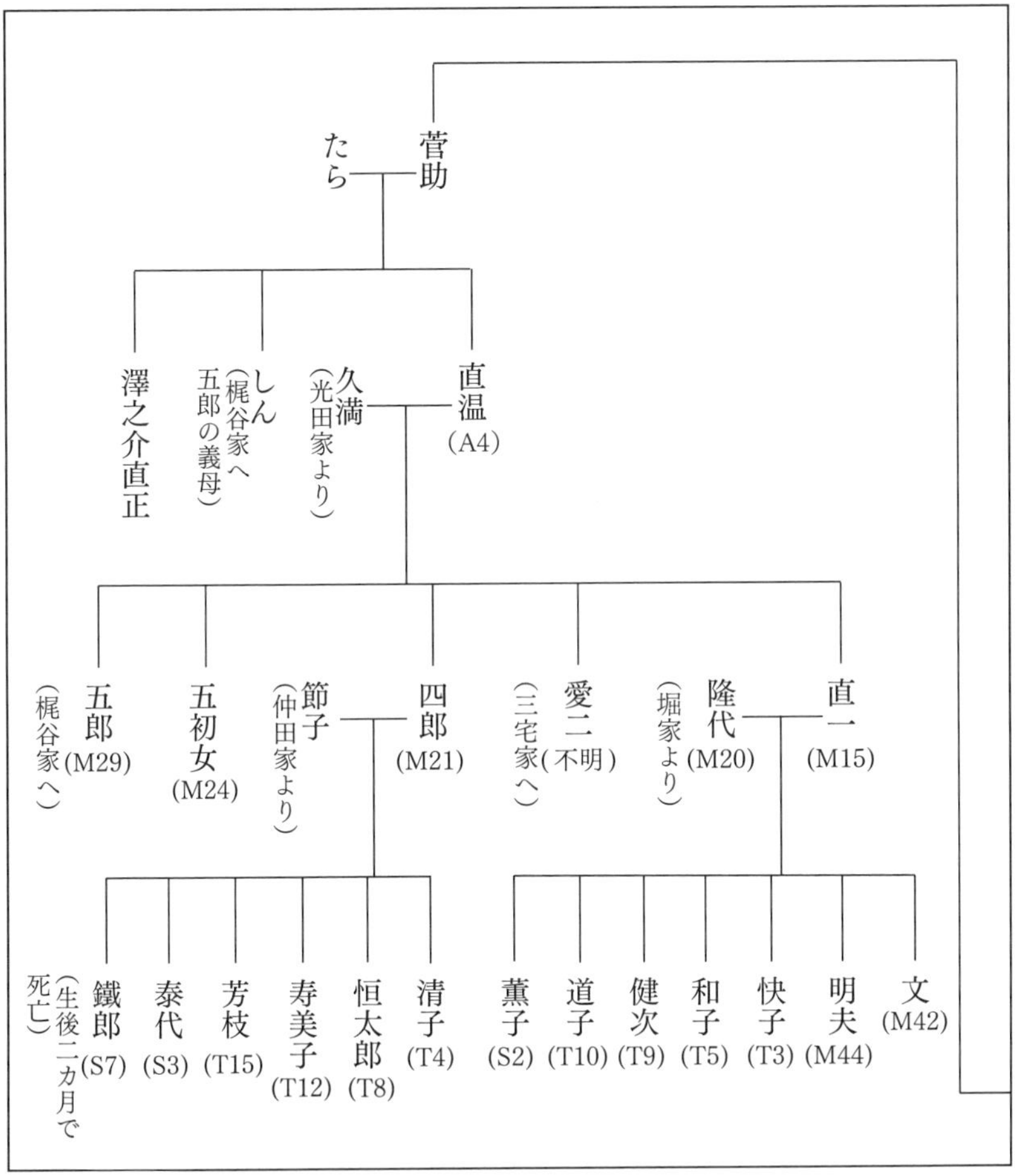

図 2-4-1　荘(庄)松山分家略系図(明治以降)

一、荘直一は荘直温の法定の推定家督相続人なるも其の家督相続財産たる不動産及び動産物件は悉皆《しつかい》荘四郎に対し無償にて所有権を移附する事

二、荘四郎は同番地内に於て分家を為す事

三、荘直一家督相続開始以前に属する荘直温の債権及び債勢は総て荘四郎に於て権利を得及び義務を負担すべき事

四、荘四郎に於て前項の如く権利を得及び義務を負

担したるに付き荘直一家督相続開始前に属する荘直温の負債に関して荘四郎に於て弁済し荘直一には毫も負担せしめざる事

但し荘直一家督相続開始前に属する荘直温の債権及債務に付ては其の債権取立行為及債務の猶予期請求に関し若し法律上の手続を要する時は随時荘四郎及荘直一の需《もと》めに依り夫々各相当の手続を為す事

五、荘四郎は分家を為し一家創立を為したる上に於ても荘家祖先の霊祭は荘四郎に於て之を為す事

右契約証書は同文貳通を作成し契約者互に署名捺印し各壱通を所持するもの也

昭和参年拾月四日

契約者　荘　直一㊞

契約者　荘　四郎㊞

ここで謳われているのは、表面上は直一が家督相続をし、四郎はいま暮らす家の中で分家をするということです。けれどもその内実は、直一は家督すなわち直温が所有した家屋や財産を放棄してすべて四郎のものとし、先祖代々の墓も分家であるはずの四郎が守るというのです。実際、直一は茨城県の水戸で暮らしており、のちに墓を同じ薬師院内に創設しはしたものの、静岡で暮らす子息からすれば遠いということで転出しています。つまり直一は家も墓も位牌も何もかも四郎に渡して出て行ったのです。法務局で下町23の土地台帳を見ると、昭和3

（1928）年10月30日に直一が「家督相続」を受け、同日四郎に「贈与」しています。長子相続が通例の旧民法下であったので、そのように体裁を繕ったのでしょう。本書では体裁ではなく実質を採ることにして、荘松山分家第五代は四郎とみなします。

直温が指示し、三者で合意していた[*1]この契約は、たんに家督を四郎が継ぐだけでなく、「荘直温の負債に関して荘四郎に於て弁済し荘直一には豪も負担せしめざる事」にポイントがありました。この段階で、すでに何がしかの借金があることは四郎にも伝わっていたはずです。長男である直一は外国や四国、水戸と、家督や墓から自由にさせただけでなく、大学に借金取りが押しかけてこないよう配慮したのです。四郎には大学の実科を諦めさせてまで印刷会社を継がせたのに、直温は直一にはずいぶん甘いと私は感じてしまいます。しかしそれは「個人に甘い」というよりも、「家の面体」を国立の旧制高校教授であり形式的に家督を継いだ直一が守り、借金という「家の実体」を四郎が処理するという意識であったと思われます。

直温の心理を想像すると、大卒でいきなり陸軍の通訳となり、天皇の祝宴にも直温とともに呼ばれ（直一が父を推薦したのかもしれません）、シーメンス社にも勤務したことがある直一は、家の面体を守るに足りる存在であったようです。一方で直一は、隆代と離婚したいという面倒臭い長文の手紙を父親に送りつけながら、実際には離婚するどころか子沢山というように、状況に流される面があったので、借金取りがやってきて高等専門学校で騒いだりすればとても耐えられないと判断したのかもしれません。

契約が成立した10月4日の日記は、夕方から直温の三十五日供養が薬師院で行われ、住職が読経し、四郎は母の久満と墓参したと記しています。実はここからが、四郎を大黒柱とする荘（庄）松山分家にとって苦難の始まりでした。直温から引き継いだ家督の中身は、蓋を開ければ予想を上回る負債の山だったのです。

未納総額の判明

四郎は当初、こんな手紙を日本生命に送っています。

謹啓

時下清秋　快適の好季に御座候処　尊社益々御隆祥　邦家の為め大慶此事に存じ奉り候。陳者《のぶれば》　弊代理店主　故荘直温在世中は　多年御本社各位の厚きご愛顧を忝《かたじけの》ふし（注・いただき）職務上幸に大過なく　年と共に代理店の声望を高め得候は　一に御社先輩各位の御庇護の賜に外ならず　茲に厚く生前の御禮申し上げ候。

扨《さて》、今回前店主没後　永々家務取込中にて之《これ》有り候為め　色々と御迷惑失禮相備へ恐縮の至りに陳謝奉り候

扨《さて》　亡父の遺志と推定家督相続人たる長男の兄と協議の結果とにより、次男なる小生

は戸籍上別に分家を創立し、前戸主の遺産と権利義務の全部を引受ける事に契約纏《まと》まり、法定上手続きも近々完了仕るべく候に因《よ》り、爾今《じこん》　荘直温名義の義務と責任は総て小生に於て踏襲履行仕《つかまつ》るべく候間《あいだ》、何卒《なにとぞ》右様御諒承賜はり、幾重にも御指導の上、亡父同様の御愛顧の程奉り懇《こ》い願い上げ候。

就ては御本社に対する当代理店業務も僭越乍《なが》ら小生故荘直温の遺業後継者として御社の驥尾に附し　魯鈍をも顧みず熱誠斯業に努力仕り度く候間《あいだ》、何卒此議御採択の栄に浴し度く幾重にも宜敷《よろし》く懇願奉り候。先《まず》は御挨拶旁々《かたがた》尊意得度《た》く　拝具

御本社専務取締役　弘世助太郎殿
故荘直温次男 分家　荘四郎
虎皮下《こひか》*2

生前の父に対する日本生命の愛顧を感謝、あわせて自分が兄に代わって権利義務のすべてを引き継ぐ契約が成立したと報告し、代理店業務も引き継ぎ自分が努力しますので御指導のほどお願いします、といった旨が述べられています。この時点での四郎は、代理店業務の引き継ぎにやる気満々だったのです。恐らくこの手紙は、兄直一との契約が正式に成立した10月4日よりもずっと早く、葬儀の後に直一と合意、直一が水戸に戻ってすぐに書かれたものと思われます。それほど代理店業務に前向きな文言が並ん

でいます。日記における四郎は、葬儀の後片付けが一段落すると、山積みになっていた保険金の確認と請求に鋭意取り組みます。そうした中で直温の経営実態が次第に明らかになっていったのでしょう。たとえば9月11日、12日、13日の日記にはこうあります。

9月11日

本社調度課へ規則書各種用紙全部　請求

9月12日

六時半　長野　骨拾の為め焼場に参列す
湯野　杉俊雄氏へ保険領収書　および本証書　および福寿袋を一括小包にて発送す
また中村　川上泰三郎氏へ本証書および福寿袋一通を贈呈す　午后 長野埋骨墓参、四時 保険瀬肩與八と油屋で対面す 杉氏へ掛金領収書
（1）植木周市、（2）高阪兼恵、（3）山畑喜市、（4）井上ヨコ、（5）佐々木敬一郎、（6）吉川菅與、（7）松本角三郎、（8）藤井ヒナ、および（9）荻野猛雅の九枚送右の内（9）荻野猛雅分は入金済　残（1）より（8）迄八枚分掛金徴収方　依頼　此掛金合計　百四十九円十三銭也　内引き去るべき手数料（1）～（6）および　村上名子　集金済の五千五百円は千円に付き六円　3900（7）（8）は千円に付き十円　20・00手数料計金　五拾参円　差引　九拾六円拾参銭を振替送金　請求す

9月12日
本社　管理課宛　七月下旬の集金旬報送る

ここで9月12日に7月の集金旬報を送ったとあるのは、6月以降9月まで直温が日本生命の代理店業務に手をつけられず、日本生命から来た督促の手紙も放置されているのに四郎が気づいたからです。

昭和三年七月廿一日
大阪市東区今橋四丁目七番地
日本生命保険株式会社
代理店勘定課　国崎

高梁代理店御中

六月分収支御精算之件
頭書の件につきましては御承知の通り本年は第六回大決算最終年度の事でも御座いますので規定通り御取扱を願ひ［□□］期の実績を挙げ度《たく》御援助方御依頼を重ねて居りますが　如何の御都合に今に拝受に至りませず甚だ焦慮致して居ります次第で御座います
万一未だ御手許に御座います様ならば万々事情御賢察の上折返し御完済に預り度折入って御願ひ申上げます。

かねて精算を依頼しているのに一向に返事がない。焦慮しているぞ、という督促です。催促は翌月も続きます。

昭和参年八月二〇日
代理店勘定課
高梁代理店御中
拝啓　貴店　再三御照介申し上げ候にもかかわらず　左記御勘定尻不足は　依然として御計上之《これ》無く、又亦《これまた》　六月分月報尻において不足と相成り候処　整理上非常に迷惑致し居り　候間《あいだ》　何卒《なにとぞ》至急御決済に預り度《た》く、目下御延滞の七月分と共にご送金下され度《た》く願い上げ候（後略）

今度は「非常に迷惑」している、という怒りの督促です。しかし受け取り主の直温は死の床にありましたから、開封もしなかったのでしょう。このように累積した催促を四郎は2ヶ月遅れで目の当たりにし、着々と精算を進めていきました。9月25日の日記にはこうあります。

本社代理店　勘定課へ　七月分内入　月報および決算額　八百四十五円〇八銭
本社会計課へ代理店勘定課へ　七月分収支月報と同封　八四五〇八〇為替小切手送付
の通告

次いで10月7日には、6月、7月、8月分の精算を進め、9月分についても報告した旨、計算式とともに記しています。そして5日後の10月12日の日記には、突如こんな文章が現れます。

> 五郎に手紙にて　代理店廃止の通知　および　合同本店交渉を依頼す

弟の梶谷五郎は明治29（１８９６）年生まれですから昭和３（１９２８）年には32歳。梶谷家に嫁いでいた直温の妹「しん」に実子がなかったためその養子となり、東京帝大を卒業後、野村財閥に入社、戦前に野村銀行の専務取締役まで昇進するという王道コースを歩みます。戦後にＧＨＱにより戦争責任を問われて追放され、野村銀行は大和銀行として再出発しています。金融業界ではエリート中のエリート。銀行業務に詳しいということで、四郎が日本生命との交渉を依頼したのでしょう。代理店の計算業務が面倒なこと、負債が予想外に大きいことに辟易したのか、四郎は代理店契約を解除する決断を下したのです。未済勘定の調査は続けるにしても、印刷業と兼業するのはとても無理と判断したのでしょう。10月22日にはこう書いています。

> 前夜来の村上、横山朝来宅　帳簿台帳　油屋にて転写　会計へ電報為替５００を電報および電話にて　交換受諾す
> 当日着電なしは　八木氏の勧めにより　徳望ある池上氏を以て村上氏に　支払方法意を訪問依頼
> 横山氏来宅　六月末　未済勘定の調査行う
> 日生本社　出張　父の筆跡実査の（不明）

代理店契約を解除するにしても日本生命に対

する未払いが残っており、その処理を確実に行うので信用してもらう旨を、「徳望ある池上氏」同伴の上で村上・横山という日本生命側の人物に依頼したのです。この池上氏とは、直温を継いで町長になっていた池上仙二郎、のちの十代目池上長右衛門のことでしょう。直温とは、それだけの深い信頼関係にあったことが窺えます。

　そして10月24日、日本生命の勘定課より、四郎の計算との齟齬を詳細に説明する文書が届きます。同日午後5時30分、岡山出張所長の村上豊太郎と広島支店書記の横山一郎が四郎宅を訪れて、「高梁代理店受渡目録」にのっとり、保険原簿11冊、代理店看板、増加保険台帳2冊、未使用の保険料領収証1冊、使用中9冊、使用済2冊、臨時収入金領収証使用中1冊、貸付金整理簿1冊、営業参考書（秘）1冊、地方募集経費規定・募集経費手数料の募集慰労金規定（厳秘）1冊、雑用紙類1冊、印章1個といった一揃いをまるごと引き取って帰るのです。嵐のような急展開でした。その後、数通の手紙のやりとりがあり、四郎は次の証文を発行しています。

証　日本生命保険株式会社　広島支店所属

横山書記様

今回　当高梁代理店引揚　御整理の為め
遠距離遥々《はるばる》　御来宅下さり候に付いては
八月二十日附　代理店勘定課より　御通知
の六月末迄　代理店勘定不足　未了額　壱
百弐拾　八円弐拾参銭也の処決を致し度く

本意に候へども、勘定複雑なる為め　且つは小生を充分理解せしむる証拠材料　遺憾乍ら手元に足らざる為め　来る十月末日迄に　屹度《きっと》小生　本社当課に出頭　親しく故人直温の筆蹟を検して　遺憾なく処決仕るべく候　若し当日　迄に止む無き事故の為め　出頭し能《あた》はざる時は　代理店手数料六月、七月、八月分の未済残高と九月十月分の全額手数料の精算書御送付後　直ちに前記の六月末迄未済残高を承認して後　該手数料と差引差額を必ず本社へ送金完済仕るべく候　貴下の御職責に対し敬意を払い責任を以て前陳実行致すべく　相違い之無く候也。

岡山県上房《じょうぼう》郡高梁町大字下町二十三番地

旧高梁代理店　荘　四郎

すべての精算を済ませるには本社へ直温が送った書類の筆跡を見なければ納得行かず、10月末までに出頭して完済します。出頭出来ない場合もきっと送金します、といった内容です。こうして明治25（1892）年に直温が始めた日本生命の代理店業務は、債務を四郎に託し36年間の営業を経て解消されることとなりました。

貧困に喘ぐ

日本生命の代理店契約は解消し、未払い金も完済しましたが、継承した家督には、資産額を上回るほどの巨額の負債が含まれていました。

何の出費が大きかったのかは具体的には分かりません。桜並木を植樹したり、鉄道誘致に躍起になって何度も東京と高梁を往復し、関東大震災で見舞いを送ったりと、今ならば公費を得て執行すべき公事も自腹で賄ったのですから、そうした支出が大きかったのでしょう。大正期後半の不況から、資産価値の下落もあったかもしれません。直温は郷士である高梁にかかわる「共」の維持発展を自らがなすべき「公事」とし、私費を投じるのが庄屋たる者の責務とみなしたのでしょう。けれども小作料と荘活版印刷、日本生命からの収入は、それに追いつく額には不足しました。ここからが貧乏生活の始まりです。芳枝さんが述懐します。

祖父が、なんでもかんでも手を広げたもんですから、その大借金を父（注・四郎）が全部、背負ったんです。世間の人は「荘さんは立派な家じゃ」と言うてくれて、それで付き合うてはくれるけれども、もう、大貧乏の大貧乏じゃったんです。

寿美（寿美子）姉ちゃんには子守りがいたそうじゃけど、私にはいませんでした。幼稚園に行くんでも、服はなくて着物を着て行きました。それで祖母（久満）が時分の着物をしぼり染めにして、わたしらの着物をこしらえてくれたんです。母（節子）は、実家の仲田家が金持ちのとき（大正4年3月）、それこそ箪笥長持ちで嫁いで来とった。けれどその後、うちには借金があるいうことを聞いて、そりゃあびっくりしました。普段着を買うにも、お金がない。木綿の着物が買えなんだから、もう、自分が持ってきた絹の着物をおろして、銘仙やおめし、大島とかいうのを普段着に着て働いたんです。「家にあった美術品をお父さんが自転車に乗せて田舎の方まで売りに行った時には、ガタガタ道で壊れてしまった」、と母が言っていました。

ご飯のお茶碗が割れても、茶碗ひとつも買えなんだ。お茶碗が買えないから、わたしらが子どものときは、伊部《いんべ》焼き[*3]でご飯を食べよったんです。お母さんもおばあさんも、おじいさんのちびた下駄を履いて、働いた。幼稚園の前ですか、貧乏だったんでわたしは玉島の叔父(愛二)のところに預けられて、1年か2年暮らしました。

9歳で小学校三年のとき(昭和9年)、高梁に大水が出たんです。[*4]そのときに活版所もやられた。家が浸かって、その頃は貧しさが一段と厳しかったから、活字を古道具屋に売ったり、着物も質屋に入れたりしておった。それからは、電灯も消されとった。ランプで灯りをとるので、石油を買いに行ったり、掃除を毎日しとった。私がここへ来る前まで(注・現在の家へ転居するまで)ずーっと。

それでも、お祖父さんとつきあいのあった町の人には助けてもらいました。わたしは小学校の間はずぅっと、帰ってからすぐ西村のお宅（注・西村丹治郎が養子となった西村本家）へ遊びに行って、可愛がってもらいました。ここ（注・下町の道）をまっすぐ行ったら川（注・紺屋川）があるでしょ、ここが西村、大きな屋敷で、裏は3階建てで立派な玄関があって、別に勝手口があって。歳末大売り出しのときには商工会が借りて使《つこ》うたりする離れがあって、普段は東京にいる丹治郎さんが選挙で帰ってきたときには選挙事務所にも使いようた。裏には蔵が2つもあって、秋になったら小作が荷車でお米を積んで来《き》ようた。栄町の辺りに沢山農地を持っとったから。

　そこの家の娘さん（房子さん、ふうちゃん）が、私とちょうどおんなじ歳だったので、毎日遊びに行って、晩ご飯を食べて、お風呂へ入ってから、帰りようたんです。まるで自分の子どもみたいに可愛がってもらいました。遠慮して断ると、おんぶして台所まで連れて行かれてご飯を食べました。西村のお兄さんが東京で勉強して帰ってくるときには、私の分までおみやげを買ってきて下さった。

　私はふうちゃんの1年遅れで（順正）女学校へ入りました。本当は女学校へ行けるだけの資力がなかったんです。じゃけど、酒津の梶谷五郎（叔父さん）にお母さんが手紙を書いて、私を女学校へ行かせたいと頼んだんです。毎月5円かなぁ、為替を送ってもらって、せぇで、私は行けたんです。ふうちゃんは私の1級上になったから、ふうちゃんの一番新しい教科書を譲ってもらって、それで勉強したんです。

家畜市場も助けてくれました。市場で使う印刷ものの注文はほとんどまわしてくれて。お母さんが家の裏で、模造紙を青色に染めたりして、それで牛につける荷札を作ったりしました。貧乏なりにみんなが助けてくれたわけです。

父は平気な人じゃった、貧乏を苦にせん人じゃったんです。何事も平気。私もそういう風な環境で大きゅうなったもんですから、貧乏ゆうことを苦にせん。貧乏を馬鹿にされたようなことも覚えとらんし、私自身も恥ずかしいとか辛いとか思うたことはなかったんです。お母さんひとりが質屋へ行ったり、親類でお金を借りたり、だいぶ苦労をしました。お祖母さん（注・久満）は私の小学校の参観には来たけれど、その後は家計の負担をなくすため、いやいや直一叔父さんの水戸に頼って行きました（昭和11年に水戸市内で死去）。

芳枝さんの記憶で子守はなかったというのは幼児体験ですから、直温が亡くなった昭和3（1928）年から時を置かずして家計は困窮したことになります。西村の家というのは代議士の丹治郎が養子に行った家の本家で、しかも弔辞にあるように「友人総代」ですから、仕事の上でも実生活でも直温とは気の置けない間柄でした。西村丹治郎は昭和12（1937）年に死去していますが、直温が鉄道誘致でどれくらい散財したのかは知っていましたから、本家の人たちも芳枝さんたちに情けをかけてくれたのでしょう。

下町23の土地台帳を見ると、「昭和9年11月27日　岡山土地株式会社競落」と記されています。室戸台風で大水が出て印刷設備まで浸水したのは9月20日から21日にかけてですから、その後2ヶ月で家屋まで競売にかけられ、人手に渡ったのです。活字まで売却しても月々の債務を返済できず、担保である土地家屋が売却されてしまったのでしょう。「貧乏」というのは日々の「衣食」に事欠くということですが、昭和9（1934）年も年末になってついに「住」までが人手に渡ってしまい、電灯をともせなくなり、それでも借金は解消されませんでした。いよいよ窮した四郎が直一に相談を持ちかけると、こんな返事が届きました。

拝復　其の後皆々様御壮健賀《が》し奉《たてまつり》上げ候

扨《かね》て先般はゆりね沢山御恵送下さり有難く存じ候　既に先日着荷早速御礼差出申すべき筈《はず》に候処　其の内御書面参る事と存じ延引致し候。

扨て貴家財政御窮状は先般母上より色々相承御同情申上候へども　今直《ただ》ちに破産は如何のものにて　先般来御話之《これ》有り候千円位でも何処でか借入出来れば此際再生の途之

無く候哉（注・出来るのではないでしょうか）兎に角若し小生に於て二千余円もの借金を引受候事に相成候へば　小生も殆んど致命的傷手にて或は此れが為め小生一家も離散の惨事を見る様の事にも相到り候事と存じ候に付き　明年四月迄と云へば時日も之有り　此れ迄に例の千円借入金の事を　極力御尽力を試みては如何にや　兎に角此の件は小生も何れ熟考の上改めて御返事申し上ぐべく候。

年末にて何かと皆様御繁忙の事と存じ候母上其の後御疲労も之無き趣き慶賀に存じ候　保険書類御送附下さり正に落掌仕り候先《まず》は右御返事旁々《かたがた》御礼迄

敬具

十二月廿日　　　直一

四郎殿

何年のものか記されていないので厳密にはいつの時点かは分かりませんが、母（久満）が高梁から水戸にやってきたかのような文面ですから、芳枝さんの記憶では昭和8（1933）年、もしくは自宅が競落された翌9年の手紙のようです。この手紙の前に、四郎の方から直一に2000円を借りたい、さもなくば破産する、と訴えており、それに対し直一が応える内容です。直一は、2000円を貸したら自分も致命的な打撃を受け一家離散の悲惨な境遇に陥りかねない、と突っぱね、他方この年末から来年4月までの間にどこからか1000円を借り入れれば再生の可能性はあるよ、と人ごとのような見通しを述べています。

昭和9(1936)年の物価というと、日本ビクター(レコード会社)の食堂のハヤシライスが25銭、東宝劇場の地下グリルで夜の定食が1円という記録[*5]が残っています。それぞれ現在の価格で750円と3000円くらいとすると当時の1円は現在の3000円ですから、四郎が直一に依頼した借金は600万円になります。微妙な金額ではありますが、旧憲法のルールでは、もともとこの借金は兄が背負ったはずのものです。直一は国立大学の教員ですから高給取りではなかったでしょうが、すべて四郎に押しつけるこの返事はいかにも酷薄で、唖然とさせられたのではないでしょうか。

兄・直一が捨てたもの

名家が自分の代で破産するという恐怖に怯える弟にそんな手紙を出す直一とは、どんな人物なのでしょうか。経歴を追ってみます。荘直一は明治15(1882)年、2月13日に生まれました。十代から身体が弱く、霧に覆われる季節が長い高梁は出た方がよいと医者に諭され、明治38(1905)年に東京外国語学校を卒業しています。同年に陸軍通訳を命じられ、明治憲法下の高等官である奏任官待遇となりました。独語通訳として相当に優秀だったのでしょう。陸軍省から旅順要塞司令部附を命じられ赴任、翌明治39(1906)年には関東総督府の外国人私有財産整理委員を命じられています。

その後2年間、ドイツ留学をしています。貧乏学生だったようで、ドイツからの手紙で三宅蔵介なる人物に借金を願い出ています。松山荘家の周辺では三宅といえば、愛二が養子に行った玉島の三宅家の関係でしょう。読み下し文にしてみます。

拝啓　仕《つかまつり》　候《そうろう》、陳者《のぶれば》本日は御書下され有り難く拝見仕り候。

（中略）

さて突然にて甚《はなは》だ御気の毒に候へども、小生又々金欠にて閉口仕り居り候に付き、貴君の事情上甚《はなは》だ御気の毒とは存じ候へども、金二百円丈《だけ》御都合下され度《た》く、至急御送附下され度く、実は御承知の如く数日前梶谷より三百円送金相《あひ》願ひ候へども、右は已《すで》に梶谷にも承知の如く、友人等《ら》の借金返済の為めにて全部其の方へ廻し候に付き、此の後又々一ヶ月の後には已《すで》に二百円位の借金に相《あひ》成り申す可《べ》く、右は是非返金致さずては相成り申さず候に付き、甚だ御迷惑の義とは存じ候へども、至急御送金相《あひ》頼み度く、尤《もつと》も此の月末か来月初旬には当地の或る商店へ入店する筈《はず》に相成り居り候に付き、此後は最早《もはや》御迷惑相《あひ》かけ申し候様の事は之《これ》無きと存じ候へども、此の回丈《だけ》は是非入用にて、此の方の借金を返却せざれば、友人等《ら》に対し甚だ迷惑相《あひ》掛け候様《よう》相成り申すべく候に付き、別にくだくだと

相認《あひしたた》め申さず候へども、事情御推察の上二百円丈御心配相頼み候。（中略）草々頓首

二月九日　　　　　　　　　直一拝

三宅蔵介殿

弟の五郎が養子に行った先の梶谷家からはすでに友人のために300円を借りてしまった、自分も金欠で200円を貴君からお借りしたい、近々バイトする予定が決まっているので返済はできます、といった内容です。このドイツ留学は、陸軍通訳をした明治39（1906）年と隆代と結婚する明治42（1909）年の間の時期に行われたと思われます。友人のためには借金してやる優しさがあるのに、自分に代わって家督を守ろうとする弟には冷たいとなると、外づらのみ良いという印象は免れません。

ドイツ留学からの帰国後、直一はいったん東京でシーメンス社に入社しています。[*6] それ以外にも、直一には岡山医学専門学校でドイツ語専門の教授をしていた時期があります。これは明治34（1901）年に第三高等学校から分離した旧制専門学校で、大正11（1922）年に岡山医科大学になっていますから、直一が着任していたのはシーメンスを退社してから大正3（1914）年までの期間でしょう。というのも直一は大正3年に青島戦争が勃発したのを機に青島に渡り、10年間を通訳として過ごすからです。[*7]

直一の資質からすれば、旧制高校、戦後で言

写真 2-4-1　青島での直一家族（荘芳枝所蔵）

えば新制大学に置かれた教養部のドイツ語教員が適任かと思われます。その教授ポストにようやくありつけたのが大正13（1924）年8月、旧制高知高校においてでした（昭和2年8月まで）。直一は42歳になっていました。[8]

この時期の直一の暮らしぶりについて、同僚のドイツ人が描いた文章があります。旧制高知高校に大正14（1925）年から昭和3（1928）年まで外国人講師として赴任していたゴットロープ・ボーナー（Gottlob Bohner, 1888-1963）の滞在記『日本の一年』(Ein Jahr in Japan.1930)です。依岡隆児氏の論文「旧制高等学校ドイツ人講師の見た四国」[9]に訳出されていますので、引用しましょう。

その頃は夕方になると私たちは

よく日本人の同僚・荘さんのところに食事に呼ばれた。(中略)

出されたのは、おいしい魚のスープとさまざまなサラダ、蒸した豆(これは箸で器用につかまなくてはならない)、生の鯛の刺身(『鯛』は日本で最高の魚だ)、煮たウナギとご飯だった。食事の途中でさらに特別なものが出された。それぞれに茸や鳥肉、魚、小さな蟹、インゲン豆、ホウレンソウを卵のソースをかけ、一緒に蒸したものが小皿に入れて出てきたのだ。これは茶腕蒸しといい、とてもおいしかった。

(中略)

生の魚のことをとやかく言うことはない。西洋にだって、生のビーフステーキや生ハムがあるし、そればかりか生きたまま飲み込む牡蠣は言うに及ばずだ。ところが、日本人ときたらこっちの方は煮て食べるのが普通だ。刺身はショウユに浸すとまことに柔らかで生ハムのような味がし、とても食べやすい。それゆえこの料理は、そもそも上等の魚でしかしないのが普通なのだが、日本人にはとりわけ好まれているのだ。こうして私たちは以前にもしばしばそうであったように、この夕べも心ゆくまで堪能したのだった。[*10]

依岡氏は荘直一について「生徒には人気があり、語学教育の実力者という定評があった」と評し、ボーナーが直一の経歴につき詳しかったと述べています。ここから伝わるように、直一はドイツ語教育という軸を据えさえすればドイツ人とも生徒とも闊達に交際できるという、職人肌の教員だったのでしょう。ボーナーの文章からは、直一が神経質な面を一切見せず、恐らくは料理の腕を振るった隆代とともに、四国に馴染んで同僚を楽しくもてなす様がうかがわれます。

直一は旧制高校のドイツ語教育に天職を見たのでしょう。昭和2（1927）年に旧制水戸高校に移ると、矢継ぎ早に著書を出版し始めます。『趣味の和文独訳』（郁文堂、1928）、『今の獨逸』（Das heutige Deutschland von N. Shoh Nankodo 1929）、『独逸1000熟語集』（荘直一編　南山堂書店、1930）、『獨逸小文典』（荘直一編　南山堂書店、1934）、『独文和訳受験百題』（芸文書院、荘直一編著、1936）、『独文手紙の実例と練習：社交文・商用文・公用文・儀式文』（太陽堂書店、1941）等で、昭和16（1941）年まで少なくとも19点を刊行しています。父・直温の死は、水戸に落ち着いた1年後。直一としては、留学後にシーメンスから専門学校教授、青島での通訳と転々とし、やっと手に入れた天職でした。手放したくない一心で、実質的な家督相続を四郎に押しつけたのでしょう。

昭和16（1941）年刊行の『独文手紙の実例と練習：社交文・商用文・公用文・儀式文』（太陽堂書店）の序文には、直一の心情が表れています。

水戸高等学校教授　荘直一

曩《さき》に日獨文化協定の成立するあり、更に又本年日獨伊三國同盟の締結を見たる今日に於て、將来吾國の学生は勿論、一般社會人に取りて従来の英語に代はる可《べ》き外國語は獨逸語でなければならぬ。此後建設せらるべき世界の新秩序に即應《そくおう》せんが爲めには、歐洲人は宜《よろ》しく大いに日本語を學ぶべきであると同様に又吾々東洋人は獨逸語《ドイツ》を修得する事に依《よ》って、東西の両文化を交流せしむるのみならず、又其外交、經濟、通商等の領域に於ても有無《うむ》相補ひ、共に相助け、相携へて将来世界人類の文化と福祉を増進せしむる可きが将来吾々に課せらる可き任務であらう。

吾國に於ても、既に数年以来獨逸語の研究は學生及び社會各層の人士間に逐日隆盛を加へ、従って之れに關する参考書の出版せらるゝもの汗牛充棟とも云ふ可き状況にあるが、然かも尚ほ此後日獨間の交渉が文化、外交、或は又経済、通商上日を追うて益々頻繁ならんとするに當《あた》っては、従来未だに多く試みられなかった本書の出版の如きも亦《また》決して徒爾《とじ》（注・無益）に非ざる可きを信じ茲に之れを上梓する所以である。

日獨伊三国同盟が成立したいまこそ、ドイツ語教員たる自分の出番だと胸を張るような跋文です。直一には、ナチス統治下のドイツを紹介する本も何冊かあります(『第三帝国からの写真("Bilder aus Dem Dritten Reich" von Naokazu Sho)』青木學修堂、１９３５等)。その勢いで大人数が目にする実用書に、つい「吾々東洋人は獨逸語を修得」することで「将来世界人類の文化と福祉」を増進せしむるとまで記したのです。

独語手紙文の実用書で獅子吼する直一の文章からは、自分が他に先駆けて見込んでいたドイツに日本の将来を託そうという気負いが見て取れますが、由緒書に集約される９００年続いた家の系譜や、故郷への里心は感じられません。一族や故郷といった「共」へは関心を持てず、国という「公」と教師・通訳としての能力という「私」にこだわったのは、戦中の知識人に少なくない姿ではありましたが、大戦の帰趨により、直一は肩身の狭い思いで晩年を過ごしたと憶測されます。

現在の私たちには想像しづらいことですが、直一は子どもの死に連続して直面しています。三女の和子が昭和６(１９３１)年(15歳)、東大で共産党員であった長男の明夫が昭和16(１９４１)年(30歳)、昭和21(１９４６)年に次女の快子(33歳)が早世しています。直一は定年後も新制なった茨城大学でしばらく講師を勤め、晩年は東京のどこかの役所にいたと芳枝さんは記憶しています。昭和34(１９５９)年９月13日、大阪府箕面市にて没す。享年72歳でした。没後の昭和37(１９６２)年にも、「ドイツ語教師」直一らしく、『ドイツ語基礎熟語集』(荘直一編、大学書林)が出版されています。

弟・四郎が勝ち取ったもの

けれども四郎には、直温とともにそんな直一を素直に誇っていた節があります。「四郎の釣書」に当たる文書が残っています。直一がドイツから帰国した時期のものでしょう。

家族　祖母父母本人ノ都合四人ナリ
荘直温　三男　四郎
本人は三男なるも長男は独逸留学帰朝後目下東京独逸シーメンス会社に就職
家業を継続せざるに付協議の上本人を以事実上之相続人となす

宗家　上房郡砦部村
故　荘　寛一郎
上房郡有漢村
故　荘　三郎吉
阿哲郡美穀《みよし》村
荘　鎌光
此地に同姓の親族なし
長男　荘　直一　東京シーメンス会社に就職
長男妻　真庭郡落合町堀幾太郎女
（後略）

この後は愛二や五郎、それぞれの妻についての説明が続くのですが、職業が具体的に述べてあるのは直一だけで、「シーメンス」社の名前が繰り返されています。また、呰部と有漢を「宗家」として挙げているのですから、家意識にも強いものを感じます。直温が明治末から大正初期に、すでに四郎を事実上の相続人とみなしていることも注目されます。芳枝さんはそうした四郎について、「父は、もう、何にも言わん、平気な、平気な人間だったんですけど、心の底では、やっぱり家柄を誇りにしとったんじゃないでしょうか」と語ります。

四郎は荘活版印刷所の経営を直温と共同で行う契約をした大正3(1914)年の翌4年、節子と結婚しています。27歳でした(同時期に直一は青島に渡航・定住)。その年に清子(長女)、大正8(1919)年には恒太郎《つねたろう》(長男)、大正12(1923)年には寿美子(次女)、大正15(1926)年に芳枝(三女)、昭和3(1928)年、直温が亡くなる直前に泰代(四女)が生まれています(清子は大正11年に死亡)。

話を昭和14(1939)年に戻しましょう。この年に下町23の土地建物は競売で失っていました。それでも借金が完済されないまま、一家は下町23に住み続けていました。そうした中で、四郎は奮起して夜行列車で東京へ出かけ、図書館と木賃宿に閉じこもり、独力で法律の勉強をして裁判に挑んだのです。

裁判の相手は中國銀行でした。直温は明治末に第八十六銀行から多額の借金をしており、第八十六銀行は昭和5(1930)年には中國銀行になっています。そして昭和14（1939）年、高梁の裁判所で争い、四郎は借金のうちかなりの部分の減額を勝ち取ったのです（この裁判の内容について岡山地裁に照会しましたが、戦前のことだけに記録が残っていません）。芳枝さんが回想します。

　電灯つけるようになったんは、ここ（注・下町の現在の家）へ来てからです。どうして覚えてるか言うたら、女学校の先生が家庭訪問に来た時は、まだ（注・前の家にいたから）ランプだったんです。それだけは覚えとる。だから、女学校の2年くらいのときにここへ転居したと思う。お祖父さん（注・直温）をよう知っとった裁判所の人が、荘さん気の毒になぁ言うて同情して、便宜をはかってくださって、ここの家へ移ってきたんです。
　その前に父が借金のことで、法律の勉強をしに東京へ行ったんです。木賃宿へ泊ってから図書館で法律の勉強をして、借金を裁判にかけて、全部払わずに済んだ。それでこの家に移ってこれて、電灯を点けられるようになったんです。

芳枝さんは1年遅れで順正高等女学校に入学しています。戦前の女学校は5年制ですから、通常は12歳で入学、17歳で卒業。芳枝さんは13歳で入学していますから、現在の家に引っ越したのは昭和14（1939）年以降です。これにより5年間続いたランプの生活は終わりを告げ、転居先のこぢんまりした新居には電灯が戻ってきました。明治21（1888）年生まれの四郎は、昭和14年には51歳になっています。芳枝さんの3つ下の妹である泰代は父母の金で女学校に行けたといいますから、昭和16（1941）年のことでしょう。その頃になると、家計も向上しつつありました。

残念だったのは、印刷所を手伝っていた長男の恒太郎が転居後まもないその昭和16（1941）年、22歳で亡くなったことです。家督を守り切った四郎は、それからはつましくも実直な生活を送ります。晩年の様子を、芳枝さんが語ります。

平凡ないうより、構わんいうか、夏に暑かったら、裸んぼで仕事をしたり、上半身裸で町内を歩くような人でした。印刷でも、他所はモーターでするようになっても、うちはどうせ跡取りもおらんからと、最後まで足踏みでした。うちのおじいさんが死んでからは、職人も解雇して、引っ越してからは夫婦でぼつぼつやっていたんです。

（注・戦争が終わり、日本経済が高度成長期の入り口にあった）昭和29（1954）年3月21日。彼岸の日でした。「役所が休みでもええ、唐松の荘に行けば用事は出来る」と言って、元気で出て行ったんです。汽車に乗って椅子へ座り、前の人が高梁の人だったから話をしたらしいんですけど、がくんといった。脳溢血で倒れたんです。

その汽車がちょっと遅れて、病院へ運んで、担架でうちへ運びました。うちへ帰ったときは、まだぬくかった。体温が、ぬくぬくじゃったんです。

享年66歳。努力の人でした。

写真 2-4-2　荘四郎（荘芳枝所蔵）

鉄道敷設の効果①直温の想定

さて、少なくとも四郎一家にはこれほどまで苦難を強いた直温の仕事は、町にどのような影響を及ぼしたのでしょうか。直温が晩年に情熱を燃やした鉄道誘致に絞って考えてみたいと思います。そもそも直温は鉄道敷設にどんな構想を持っていたのでしょうか。それを示唆する文書があります。実は直温は、備中高梁駅が開業した大正15（1926）年6月の半年後、暮れも押し詰まった12月30日になって、こんな請願書を鉄道大臣と両院（貴族院・衆議院）に送っています。[*11]

鉄道敷設に関する請願

岡山県上房郡高梁町長荘直温等　謹んで閣下に請願仕り候

抑々《そもそも》岡山県苫田郡津山村より同県下真庭郡落合町　上房郡水田村　上水田村　呰部村　中津井村　上有漢村　有漢村　巨瀬村　津川村を経て同郡高梁町に達する県道は　美作備中両国の中央を貫通して高梁町に至り分岐して備後国東城町に通ずる県下枢要の幹線にして　此の区間 木材　薪炭　畜産　米麦　葉煙草［□□］繭等の大産地なるも交通機関の完備せざる為め 之が開発を完うする能はざるは 常に地方民の遺憾とせし處なり　之れを以て真庭郡落合町を基点として作備線に接続し　右各村の県道に沿うて鉄道を敷設し　高梁町に至り　伯備線二交差し　川上郡成羽町経由　備後国東城町に至る［□□］と接続一線となして　敷設する時は　独り　地方民の幸福たるのみならず　伯備線の営業［□□］として　之れが　能率を　増大にし　地方文化の　発展　産業の振興　を促進するは　勿論　鉄道経済の向上　国富の増進に貢献すること多大なりとす

(中略)

仰ぎ冀《こいねがわ》くは　実地を調査の上　速に　鉄道を敷設せられ　岡山県の僻地に在り　世の文化に遅れたる不幸の人民をして昭代の恩沢に　浴びせしめられん事を請願仕り候

敢えて尊厳を冒涜し［□□］止なく頓首再拝

ここで前提されているのは、一つには伯備線が開通したことですが、もう一つは作備線の延伸です。作備線は、当初は姫路から津山までで、その後陰陽連絡線として延伸するのか、それとも備中線すなわち伯備線を敷設するのかで伯備線に先を越されていました。それが遅れて動き始め、大正12（1923）年には津山から美作落合まで、13（1924）年に久世まで、14（1925）年に中国勝山駅まで着々と延び、その先の岩山から新見までが昭和4（1929）年に開通することになっていました。それまでの作美線は作備東線、新線が作備西線（ともに後の姫新線）と呼び名を変え、さらにその先で新見から東城まで芸備線が延びるのですが、それに対して美作落合から南下する地域が鉄道の空白地帯となります。そこには県道、現在の国道313号線が走っているので、それに沿って鉄道を通して欲しいというのが請願の内容でした。沿道の村長がずらりと名前を並べています。松山村長・津川村長・川面村長・中井村長・中津井村長・呰部村長・上水田村長・水田村長・有漢村長、巨瀬村長・上竹荘村長・下竹荘村長・吉川村長・落合町長・木山村長・美川村長が連署しているのです。

これだけの村長に連署させたのは直温のリーダーシップの賜物でしょうが、着々と延伸した作備線と伯備線を目の当たりにして、高梁〜美作落合間の県道沿いの村々の住民は「取り残さ

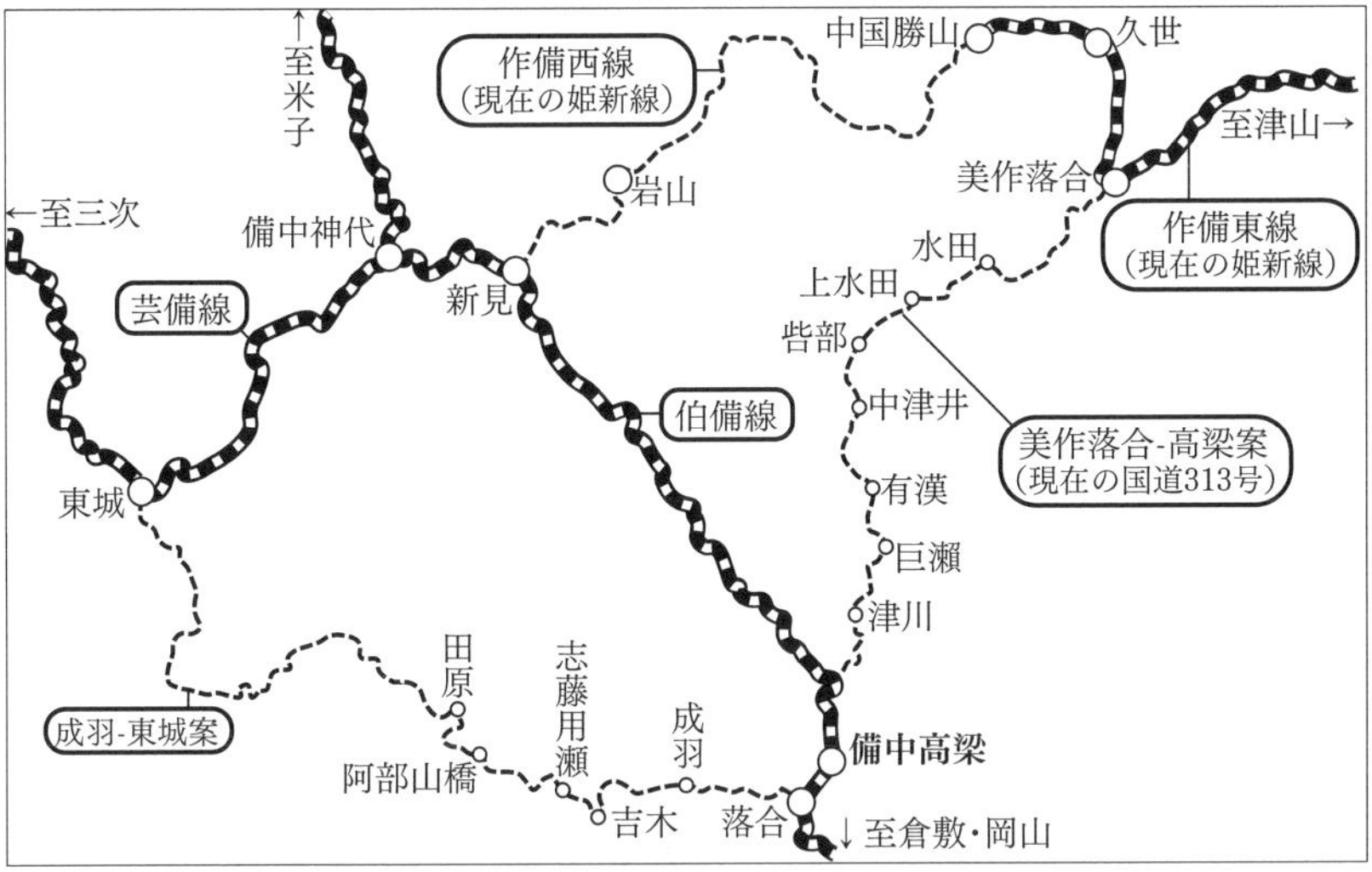

図 2-4-2　高梁を中核とした鉄道網構想

れる」という不安に戦《おのの》いたのでしょう。「岡山県の僻地に在り 世の文化に遅れたる不幸の人民をして昭代の恩沢に 浴びせしめられん事を」という請願は、「鉄道敷設が原因、経済的・文化的な豊かさが結果」という因果関係を共有の理解とした上で、僻地救済を求めるものでした。「取り残される」不安は鉄道空白地帯共通の感覚でした。伯備線が高梁を通過することが決まった大正13（1924）年9月24日の『山陽新聞』には、こんな記事が掲載されていました。

日に月に衰頽の成羽　町民緊褌の秋

躍起となって争奪した彼の伯備線が真に成羽の死活運命を左右するものであったとすれば、その鉄路から見捨てられた成羽は方

に死の境地に陥ったと云へやう（略）

成羽がしょげ返る様子が手に取るように分かる記事ですが、こうなると高梁と成羽間には遺恨が残りますし、同じように美作落合－高梁間にも見捨てられたという意識が定着するでしょう。それもあってか高梁で誘致運動を率いたリーダーたちは、備中高梁駅開設当日に則井萬壽雄が語っているように（266ページ参照）、「作州の落合から高梁・成羽を経て備後の東城に通ずる鉄道の速成を圖らねばならぬ」という次なる請願運動に取りかかっていました。

『成羽町史　史料編』を見ると、備中高梁駅開設直前の大正15（1926）年の3月に、直温が先導して若槻礼次郎総理大臣、仙石貢鉄道大臣らに提出した「高梁・東城間鉄道敷設に関する請願書」が掲載されています（文面は美作落合－高梁線に似る）。そこには松山村長の中嶋直治郎の名も見え、成羽始め東城に至る沿線の村長が連署しています。請願は直温の辞任し逝去した後にも遺志を継ぐかのように継続され、昭和3（1928）年、4（1929）年に池上仙二郎が先導して提出しています。つまり直温・則井・池上仙二郎らの構想は、「十字」に備中を切る作備線・伯備線から取り残される美作落合－高梁ライン、高梁－成羽－東城ラインにも鉄道を通し、高梁がその中核都市となりながら、経済圏を構築することだったのです。

鉄道敷設の効果②現実

　では、高梁に伯備線が誘致されれば町は豊かになる、という直温らの主張は正しかったのでしょうか。この説が正しいならば、直温らの誘致への努力は有意義だったことになります。これはもっと一般的に表現すれば、「鉄道敷設が原因、経済的・文化的な豊かさが結果」という因果関係が正しいのかを問うことにもなります。本書ではそれを高梁への誘致に限って検証してみましょう。

　昭和４（１９２９）年以前は高梁町＋松山村、以降は合併した高梁町は、昭和29（１９５４）年に上房郡の高梁町・津川村・川面村・巨瀬村と川上郡玉川村・宇治村・松原村・高倉村・落合村の1町8村が合併して（旧）高梁市となり、翌年に上房郡中井村を編入、面積が拡大しました。昭和45（１９７０）年には上房郡賀陽町佐《さ》与谷《よだに》地区の一部（大字上竹・西の各一部）も編入します。また平成16（２００４）年には上房郡有漢町、川上郡成羽町、川上町、備中町と合併してさらに拡大、新たな「高梁市」となりました。それを前提に人口の推移を見てみましょう（図２－４－３）。厳密には昭和29年と30年とでは折れ線グラフは切断されるべきでしょうが、面積が増えても人口にはあまり変化がみられないので、繋げたままにしてあります。

　人口は昭和15（１９４０）年から一気に８０００人ほど増えますが、これは太平洋戦争の激化で高梁に疎開者が転入してきたせいです。そして人口の「ボーナス」が消滅したのは昭和45（1970）年頃です。まだ高度成長期の後半といえる時期なので、この頃までは兵士の帰還、ベビーブームと高度成長による人口増が、疎開人口の波が去るのを打ち消していたのでしょう。問題はその後で、人口は今に至るまで減り続けています。とくに平成に入る頃、1990年代以降は東京への一極集中化の圧力が全国の地方都市にかかりますが、それら戦争やマクロ経済といった全国的な圧力がかかるずっと以前、つまり大正10（1921）年頃から昭和15（1940）年頃までの期間であれば、鉄道敷設が町に与えた影響に焦点を当てて取り出すことができそうです。その頃は人口もほぼ3万人で推移し、安定しているからです。

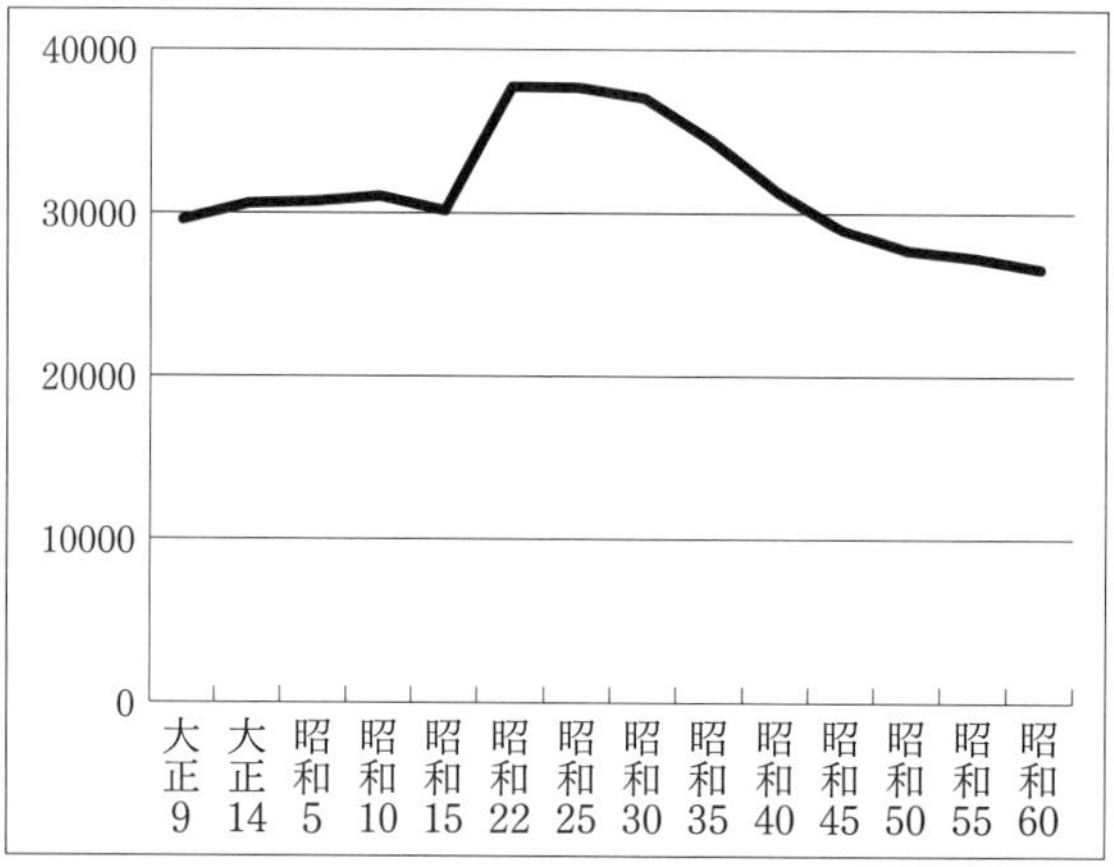

図 2-4-3　高梁の人口推移（昭和4年以前は松山村と合算、単位：人、出典：『高梁市史』p.867、高梁市『高梁市総合計画』昭和60年12月）

　駅が開設されたことの影響は、その前と後を比較することで観察できます。けれども高梁のみに注目して前後比較をしたならば、同じ大正

15（1926）年頃に高梁で起きた他の事件（たとえば名町長と讃えられた直温の死や、高梁町と松山村の合併）の影響と区別することができません。そこで高梁における前後比較を、さらに駅が開設された町である新見町（昭和4年以降しか町のデータがないので、大正時代からは阿哲郡を併記）および駅が開設されなかった町、すなわち成羽町と比較してみます。

豊かさを示す変数としては（一人当たり）所得が適当ではありますが、市町村では計測・公表されていません。地価も有力な指標ではありますが、近年はともかく、戦前となると入手は困難です。そこで町予算、それも歳入を町税および所得総額の代理変数とみなし、それが大正15（1926）年前後でどう推移したのかを、高梁町・新見町と成羽町で比較してみます。もし高梁・新見の歳入が、鉄道が通らなかった成羽とは異なる（それも良い方向で）推移を辿ったとすれば、高梁は成羽と競い合って誘致に成功したために恩恵を受け、成羽はその恩恵を逃したことになります。

それぞれの町の歳入の動向は以下のグラフの通りです。

最初は、高梁における歳入の推移、次は真庭町（阿哲郡）、最後が成羽町の歳入推移です。ただし高梁では昭和4（1929）年に松山村と高梁町の合併が起きているため、それ以前の両町村の歳入の和とそれ以降の新高梁町の歳入を連続的な推移として扱っています。また合併した際に合理化による歳入減が生じており、その分は加算しています。これらのグラフを比較すると、高梁町の歳入は、長期的趨勢として増加が明確です。もっとも大正期の伯備線設置以前にも第一次大戦の好況から歳入は増加してお

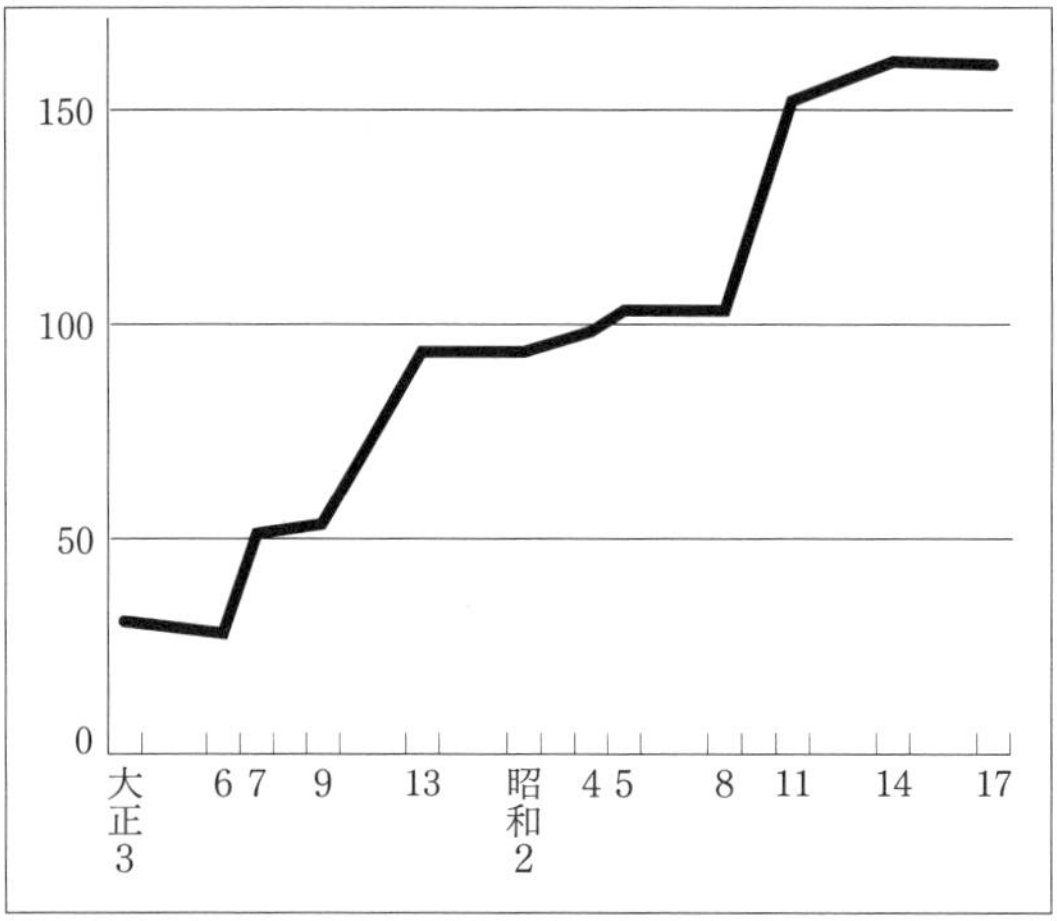

図 2-4-4　高梁の歳入推移（単位：千円／出典：高梁町会議事録および松山村会議事録における決算より、著者作成）

り、高梁の内部だけを見れば伯備線の誘致によって豊かになったとは断言できません。

そこで同時期に伯備線が開通し駅が開設された新見町（阿哲郡）を見てみると、多少の増減はあるものの、昭和に入ってからの増収は明確です。歳入にかんしては、ほぼ高梁と同様の推移パターンと言えるでしょう。一方の成羽町の歳入は、景気変動もあって上下動しているものの、水準はさほど変わっていないように見えます。つまり伯備線誘致の経済効果は見えないと言えそうです。

3つのグラフを比較すると（厳密には回帰分析）、「伯備線が開通した町」（高梁および新見）では昭和に入ってからの歳入増加が顕著であり、「伯備線が開通しなかった町」（成羽）では、

昭和に入ってからの歳入増加は見て取れません。以上の比較から、伯備線を高梁に誘致したことの経済効果は明確に存在したと言えます。

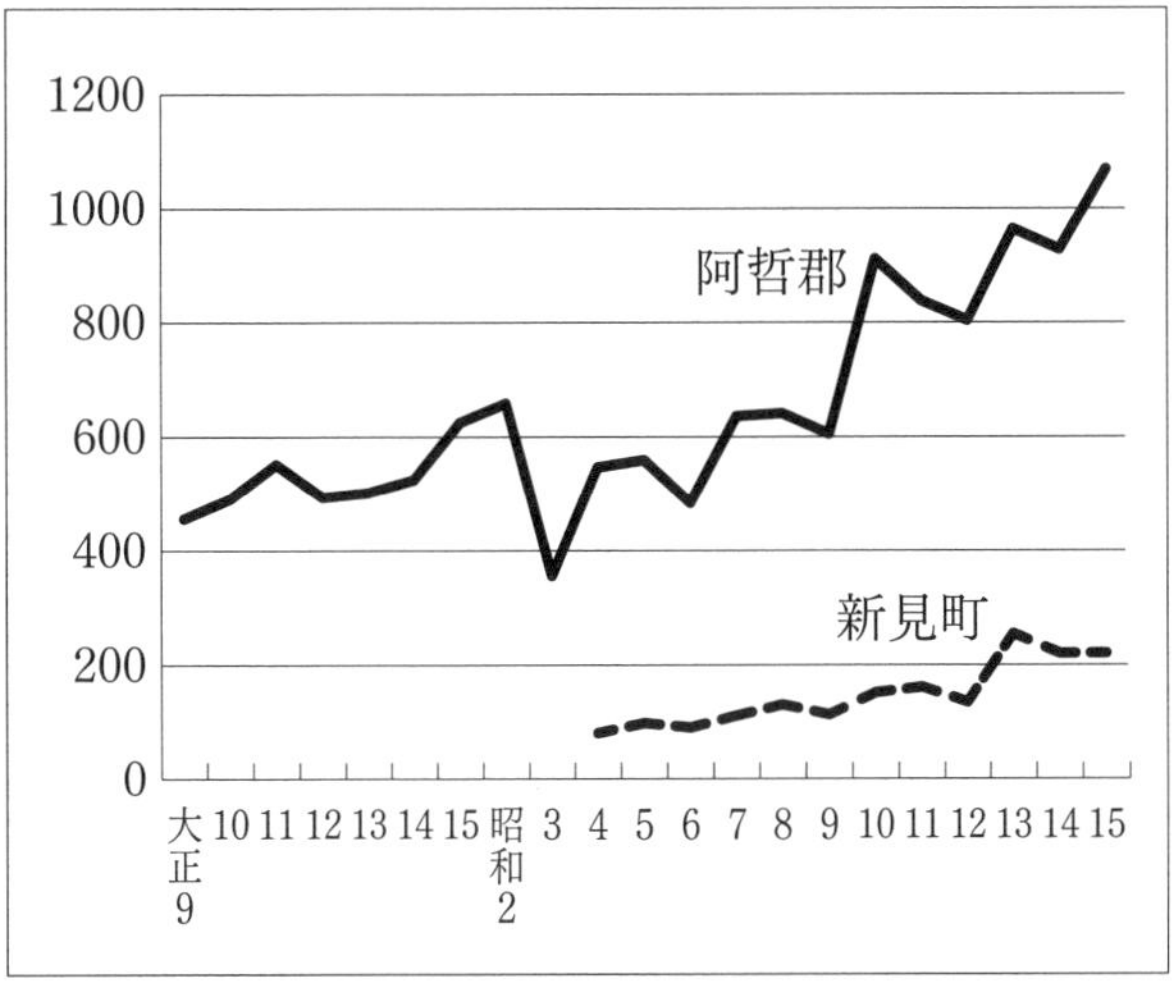

図 2-4-5　阿哲郡・新見町の歳入推移（単位：千円／出典：「岡山県統計年報」より著者作成）

ただしそれ以外にも興味深い点があります。成羽町の歳入は、昭和16（1941）年の92千円に対し、図2－4－6には示していない戦後に

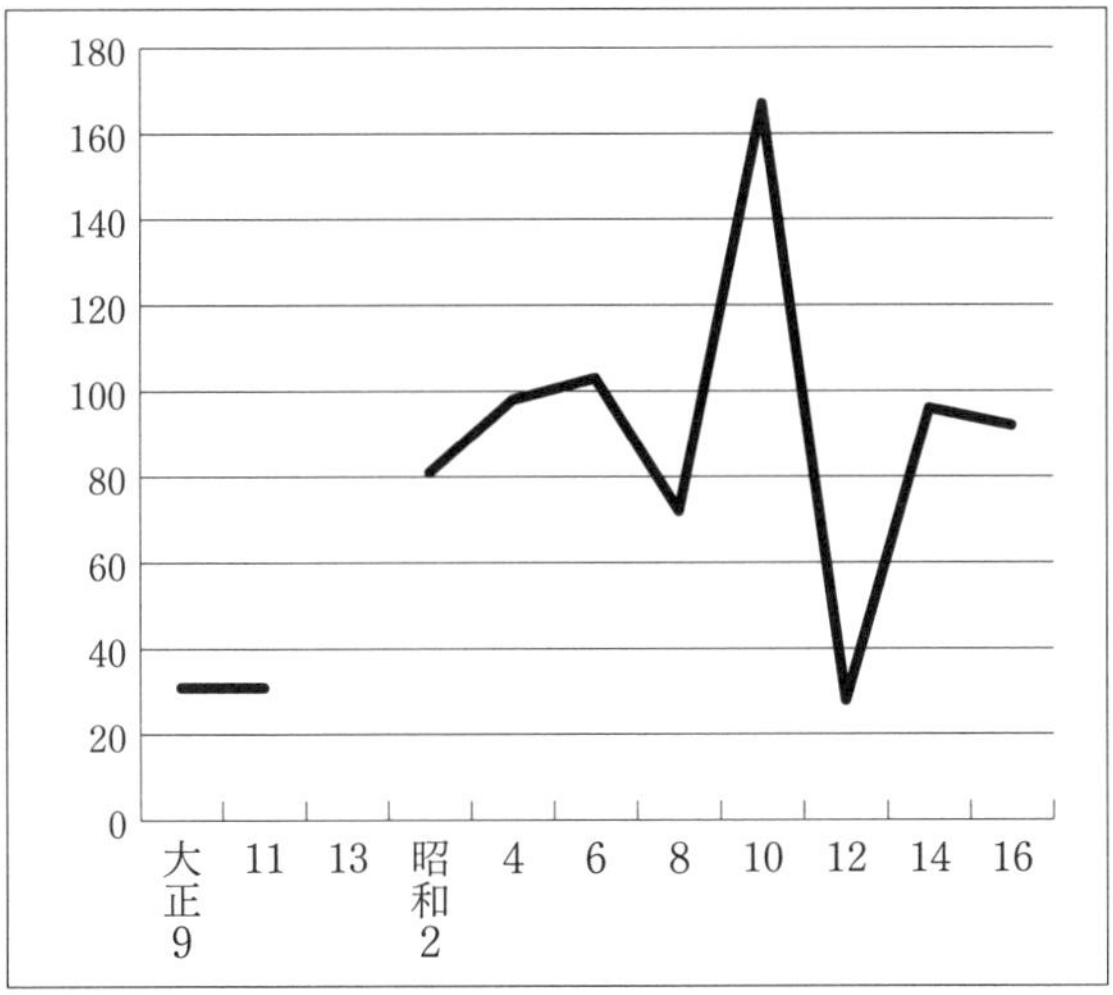

図 2-4-6　成羽町の歳入推移（単位：千円／出典：岡山大学教員学部社会科教室内地域研究会『成羽町の歴史と現在』1984）

おいて、昭和24（1949）年は1464千円、昭和26（1951）年は2197・6千円、昭和28（1953）年は3651・1千円と歳入は20倍、30倍という不自然な伸びを示しているのです。

それは「岡山大学教育学部社会科教室内地域研究会」が指摘するように、昭和16年頃から地方自治体の歳入は、町税を中心とするものから国や県の補助金を中心とするものへと税制改革されたからです。つまり町民の所得をかなり反映する町税が歳入の大半であった時期はその頃までで終わったのです。とりわけ戦後においては、国や県が補助することによって、高度成長がもたらした全国的な繁栄は高梁や成羽にも享受されるようになり、線路が開通したことの影響は打ち消されていきました。ただ、それを一概に良かったと総括するわけにも行きません。なぜならそれは、自治体という「共」にとって自助努力によって町税を稼ごうとする努力が不要になり、町ごとの特徴が失われることにもなるからです。

成羽町につき、歳入に占める町税・補助金の比率を見ると、大正時代には43・5％から73・7％が町税の比率と、町税の占める割合が大きいのですが、昭和一桁、10年代と町税の比率が下がっています。さらに戦後になると、赤字が補助金で補填されるようになっていきます。

戦前の地方政府、たとえば岡山県庁は中央政府の管理下にあり、出先機関に過ぎませんでした。その傾向は、戦時中にはとりわけ強くなり、それが税制改革に表れています。それに対し終戦直後には、「地方自治」が憲法の裏づけを得て、財源の拡充等で地方分権を進めるよう指示するシャウプ勧告も出されました。ところが国民が一律に享受すべき義務教育や公営住宅、公立病院等のサービスを地方政府へ課したうえで地方分権へと足を踏み出すと、地方での税収が不十分であることが判明しました。シャウプ勧告から3年後の昭和27（1952）年に地方自治法は中央政府の権限を復活させる内容へと逆方向で改正され、昭和30（1955）年には地方財政再建促進特別措置法が施行されます。ナショナル・ミニマムと呼ばれるサービスを全国で一律に受けられるよう、国や県から補助金が補填される仕組みが復活したのです。この仕組みは20世紀末に地方分権の動きが活発化するまで続きました。

これは興味深い問題です。そもそも直温たちが鉄道誘致で備中経済圏を作ろうとしたのは、そうしなければこの地域の住民たちが最低限の文化的生活を営めないと考えたからです。つまり国の力（公）によって鉄道が敷設されれば、あとは地域経済（共）が活性化して、各人（町税に反映される「私」）が豊かになるという順番が想定されていました。それゆえ美作落合－高梁－成羽－東城ラインが敷設されないならば、その一帯は町税不足で最低限の文化的生活が営めないと想定されました。

それに対して現実に起きたのは、鉄道は伯備線と姫新線・芸備線を敷くだけで、美作落合－高梁－成羽－東城のラインは実現せず、直接に所得補助をするかのように補助金を注入することでした。それにより、町税不足でナショナル・ミニマムのサービスが受けられないという恐怖感は払拭されたのです。

けれどもその代わりに100年後に生じたのが、バブルが破裂して世紀が転換する頃からの人口流出です。地方分権によって補助金が減少し、地域経済圏も自立できないがゆえに、倉敷・岡山・大阪や東京へとめどなく人口が流出し、美作落合－高梁－成羽－東城ライン上の町村が限界集落と化していく事態です。つまり直温たちの懸念は一世紀を置いて現実のものとなったのでした。

石川達三の予言

以上は数量に表面化した鉄道敷設の影響ですが、高梁町の中でも鉄道の影響で衰退を余儀なくされた場所があります。直温が生前に想像もしなかったであろう地域、高梁川の高瀬舟による物流で栄えた、高梁町の目抜き通りである本町や下町、新町です。目抜き通りが閑散とした豊かさ、それが伯備線誘致によって高梁町の得たものだったのです。それについて予言した小説家が実在します。263ページに短編小説「交通機関に就いての私見」（以下、「交通機関」）の作者として登場した石川達三です。石川は高梁に伯備線が誘致された際の運動を回顧して、雑誌『改造』の昭和14（1939）年11月号にこの短編小説を発表しました。これは小説ではありますが、大正15（1926）年6月20日に高梁に駅が設置され、それによって厳粛な雰囲気の町があまりに大きく変貌したという事実を踏まえ、鉄道という「交通文明」に鋭く懐疑の目を向けています。登場する人物や商店の具体名は変えられていますが、容易に特定することができます。まずノンフィクションと呼んで差し支えない作品です。[*12]

石川がこの作品を執筆した背景として、父の転勤に伴い、小学校1年生の大正元（1912）年9月に東京から高梁へと移住したことがあります。それからはいったん東京に戻る8ヶ月を除き、高梁中学校の3年生を修了する大正11（1922）年3月まで、石川少年は多感な時期をこの地で過ごしました。なかでも中学校の3年次では、父親が岡山市に転勤したために、醤油の醸造元であり町の名望家でもあった菊楽家にひとりで下宿（作中では菊岡家の2階に「居候」）しました。そこで体験したのが、伯備線の誘致運動でした。

その家の主である町会議員の菊岡仙太郎（モデルは菊楽定太郎）は、鉄道の誘致に「最も熱心に運動していた人物」で、「木堂《ぼくどう》犬養（毅）先生の有力なる支持者」でもあり、7度も上京して地元出身の政友会代議士に訴え、時の鉄道大臣を動かしました。「郷土選出の政友会代議士」とは党名を変えてありますが西村丹治郎で、「七度目の上京」には直温も同行したのでしょう。菊楽家は本町と並行に走る新町にありました（現在は駐車場）。西村家、荘家は下町で、200mほどの距離にありました。

この小説では、N町とT町（もちろん「成羽町」と「高梁町」です）が伯備線の誘致を巡って争い、仙太郎ら町の有力者たちの悲願がかなって伯備線は高梁ルートを通ります。誘致合戦に躍起になっていた頃、仙太郎と「僕」はこんな会話を交わします。

「僕はね、おじさん、この町は汽車をつけんほうがええだろうと思うんですがなあ」

仙太郎は屹《きつ》となってふり向いた。

「どうしてじゃ？」

「だいたいこの町はね、交通が不便な為に静かな良い町なんですよ。これに汽車がついたら此の町の良い所は無くなってしまいますよ」

「そんな馬鹿な事が！」と仙太郎は憤然として叫んだ。

「汽車がついて悪いわけは無い。交通がよくなれば文化は栄える。町は活気がつくんじゃ。大体この町がちっとも栄えんのは交通の悪いせいじゃ。汽車がついて見なさい。それあ大した変化が起るから……」

僕はそれ以上自説を主張しなかった。彼の熱意を崩すことが気の毒でならなかったからである。

先述のように当時、岡山から高梁町まで行くのはなんとも面倒で、岡山から総社を経て湛井まで汽車に乗り、その後は高梁川沿いを馬車や人力車で3～4時間行くか、高瀬舟を利用するしかなく、岡山と往復する機会が多かった町の名士たちにとっては苦業そのものでした。それだけに鉄道が敷設されるのは彼らの悲願であり、「汽車に反対したものは、七千人の町民のうち、一介の居候たる僕一人」というのは、あながち誇張ではなかったでしょう。けれども駅の誘致は劇薬であり、町に激変をもたらしました。「おじさん」と言い争ってまでそれを予告したのが、「僕（石川少年）」でした。

第一に、馬車や人力車、高瀬舟でしか外部と触れていなかった高梁の経済が、鉄道によって巨大な経済圏である岡山や倉敷の商品市場、労働市場と接続されました。仙太郎は町の有志とともに高梁で紡績工場も経営し、近郷の女工が多く勤務していました。ところが伯備線が通ると、女工たちはたった1時間汽車に乗れば倉敷や岡山へ行けると気がついて、次から次へと辞めていきました。倉敷には「理想的経営と完全なる待遇」を誇る大原孫三郎の倉敷紡績があり、そちらに殺到したのです。女工さんたちにとっては職場が良いだけでなく、倉敷という都会の空気も目が眩むほど華やかに映りました。そのうえ、近郷の養蚕家から仕入れていた繭も手に入らなくなりました。倉敷紡績が良い値でかすめとっていったからです。

仙太郎たちの紡績工場は鉄道交通により大資本との競争に巻き込まれ、あえなく倒産したのですが、それは序章に過ぎませんでした。あろうことか仙太郎の本業たる菊岡醬油までが閉鎖の憂き目に遭ったのです。岡山から高梁へと瓶詰めの醬油が大量に運び込まれると、町の需要に応えてきた菊岡の量り売りはまったく売れなくなりました。かつては有数の資産家として年末には貧民に施すこともあった仙太郎の醬油醸造場は、閉鎖後には縁戚に頼まれて、売れもしないエプロンやハンカチを店頭に並べることになりました。鉄道の敷設は、高梁町の産業に好影響だけを与えるのではなく、競争を押しつけもするのです。

第二には、町の中心が移動しました。以前の町の中心は臥牛山《がぎゅうさん》の麓に軒を連ねる武家屋敷から、高瀬舟で栄えた有力な商家が立ち並ぶ本町のあたりで、石川はそこに住む中学校長や町長、教師や判事や郵便局長、警察署長ら町の名士たちを「インテリ層」と呼びました。彼らはまさに、直温の葬儀で弔辞を読んだ人々です。町民から尊敬を集め、またそれに応えようとする町の幹部でした。

ところが鉄道開通以来、本町以下、下町、中之町といった老舗の集まる通りは歩く人も激減し、閑散としてしまいます。「本町には一流の大商店が大きな店を張り看板を連ねていた。山岡酒店、杉本呉服店、松本酒店、林田呉服店、大村薬局、尾崎米穀店、それらが町の代表的商人であり一流の資産家でもあった。しかし菊岡醬油店に(注・醬油の量り売りを求める)村の爺さんが来なくなったと同時に、一流の商店はみな閑散になっていたのである」。山岡酒店は杉山酒店、杉本呉服店は杉山呉服店、林田呉服店は永井呉服店、大村薬局は小林薬局がモデルで、石川がその衰退を観察したのは昭和14（1939）年頃でした。

岡山や倉敷から大量に流入する商品を扱う新興商人たちは、本町から離れて開設された駅前に店舗を構えました。以前は桑畑だった場所には旅館や小料理屋、映画館までが現われ、「栄町大通商店街」と命名されました。人の出入りという渦が、紺屋川河口にあった高瀬舟の乗降場所から町の南側に設置された駅近くの栄町へと大きく移動したのです。鉄道により、町なかのカネとヒトの流れが一変してしまいました。

第三に、これはまさに石川少年の主観ですが、尊敬と責任で結びつくような人間関係が消え去りました。以前ならば商人が武家屋敷に出入りすれば、閑寂さといかめしさにおのずから襟を正したものでした。江戸時代の武家屋敷には、騒がしくすると手打ちにされかねない厳格さが漂っていました。ところが線路が山手を横切りインテリ層が住む地帯を貫くと、武家屋敷の半分が壊され、同時に威厳も消え去りました。

石川は、入れ替わりに商人階級が擡頭してきて、駅前通りにはネオンが煌くようになり、渡り者の脂粉の女たちが路上で媚態を呈するようになった、と批判的に述べています。それは「インテリ層」が相対的に力を落とし、町民に軽視されることを意味していました。さらに言えば、それは鉄道敷設に私財を投じてまで挑んだ「インテリ層」の努力が、綺麗さっぱりと忘れられることでもありました。

石川達三はこの物語を、「僕」の「詩的精神」と仙太郎たちの「経済的精神」との対立として描いています。「詩的精神」とは不便であっても静かさが保たれ、封建社会の階級制度が自然な形で残る町を愛する精神、「経済的精神」とは町が経済によって勃興すれば文化も栄えるとみなす精神です。ところが鉄道交通とともに侵入してきた外部の市場は、町の様子を思わぬ方向へ変えました。市場が与える影響は経済に止まらず、文化や社会（人間関係）、自然にも及んだのです。

石川少年の予言は的確で、ほぼ事態はそのように進みました。ただ私は、鉄道が誘致されなければそれで激変をまぬがれたとも思いません。鉄道は来なくても戦後にはテレビが普及し、岡山や倉敷に華やかな世界があることを知れば、高瀬舟や徒歩ででも若者達は故郷の高梁を後にしたでしょう。問題は、文化や社会が市場の気まぐれな流れに翻弄されるのをいかに抑えるのか、残したい町の核心を都市計画によっていかに守るか、老舗はいかに業態を革新するのかだったのではないでしょうか。そのためには、皆が残したくなるような「共」が何だったかを、いまいちど検討すべきだったと思われます。

封建的な階級制度や、首を取り合う野蛮な閑寂さが残っていてよいはずがありません。けれどもそれらを解消する近代化は、市場の圧力を伴うからといっても、美しかった本町にけばけばしいビルや電線だらけの電柱が立つことを必然とするものでもありません。近代化が進んだ古都で、美しさを維持している街はいくらでもあります。たとえばバルセロナの「バロック地区」は、高梁でいえば本町・下町のような旧市街ですが、ピカソ美術館があり、古い民家はほぼ飲食店に貸し出されて栄えています。高梁と巨大都市バルセロナとは規模が違いますが、1992年のオリンピックを機に旧市街の骨格を保存しつつ再生させた都市計画には学ぶところが多いと思われます。厳粛さと美しさを残したままでまちづくりを図るべきだと思われるのです。

これはなにも私だけの意見ではありません。刮目すべき発言として、駅開業の日に『山陽新報』に掲載された佐上信一《さがみしんいち》（岡山県知事）の言葉を引用しておきましょう。

清かれよ高梁の町　佐上信一

高梁川に沿うて走る鉄道は、今回美袋から高梁まで開通することになつた。地方交通の為め洵《まこと》に喜ぶべきことだ。倉敷から高梁川の清流に臨むて走る汽車に身を託すれば、風光明媚なダニューブ河の岸を辿るウインからブダペストへの汽車旅行を想い起させるやうな一種異様な詩趣が浮ぶ。汽車の開通によつて交通の利便が開けるは勿論、之によつて地方民は生活上至大の便益を得るだろう。又従つて文明の潮流も益《ますます》此の地方に押寄せることだろう。之れは吾人の鉄道に感謝しなければならぬ所だ。

　只方谷の遺風に薫りつゝ、嘗ては我が民衆の信仰生活に大きな光を投げかけた幾多の宗教家を育んだ高梁の町が、鉄道の開通に依つて全く現代化してしまつた時、あの醇厚《じゅんこう》な習俗が地を拂ふに至るやうなことはなからうか。若し左様なことに立ち至つたならば何ぼう（ママ）遺憾なことであらう。鉄道の開通に歓喜する高梁地方の人士は、更に従来の美風良俗を傷くることのないやうに、今日以後一層の努力を致さねばならぬ。開市以来未だ盗難事件を見ないと云はるゝ瑞西《スイス》の國のロザンヌの町のやうに。鉄道の開通は嬉しい、併しながら吾人は何時迄も清かれよ高梁の町よと祈らざるを得ぬ。

栄町大通商店街の興亡

　石川達三の言う「町の中心の移動」が、具体的にはどのように進んだのかを見てみましょう。駅近くに出現した新たな町、「栄町大通商店街」は、いかにして登場したのでしょうか。現在、栄町大通商店街で「ギフトショップ松栄」を経営しておられる片岡康平さんに話を伺いました。片岡さんは昭和23（1948）年高梁生まれ、大阪で大学を出た後、昭和53（1978）年に30歳で高梁に戻り、家業を引き継いでこられました。流通の観点で高梁の戦後を内と外から見てきた方で、証言は主観でありながら客観性を帯びています。

――いまは栄町大通商店街の北端、元エスカの前あたりにある「ヒコーキ」というクラブは大正時代に開業したと聞いていますが。

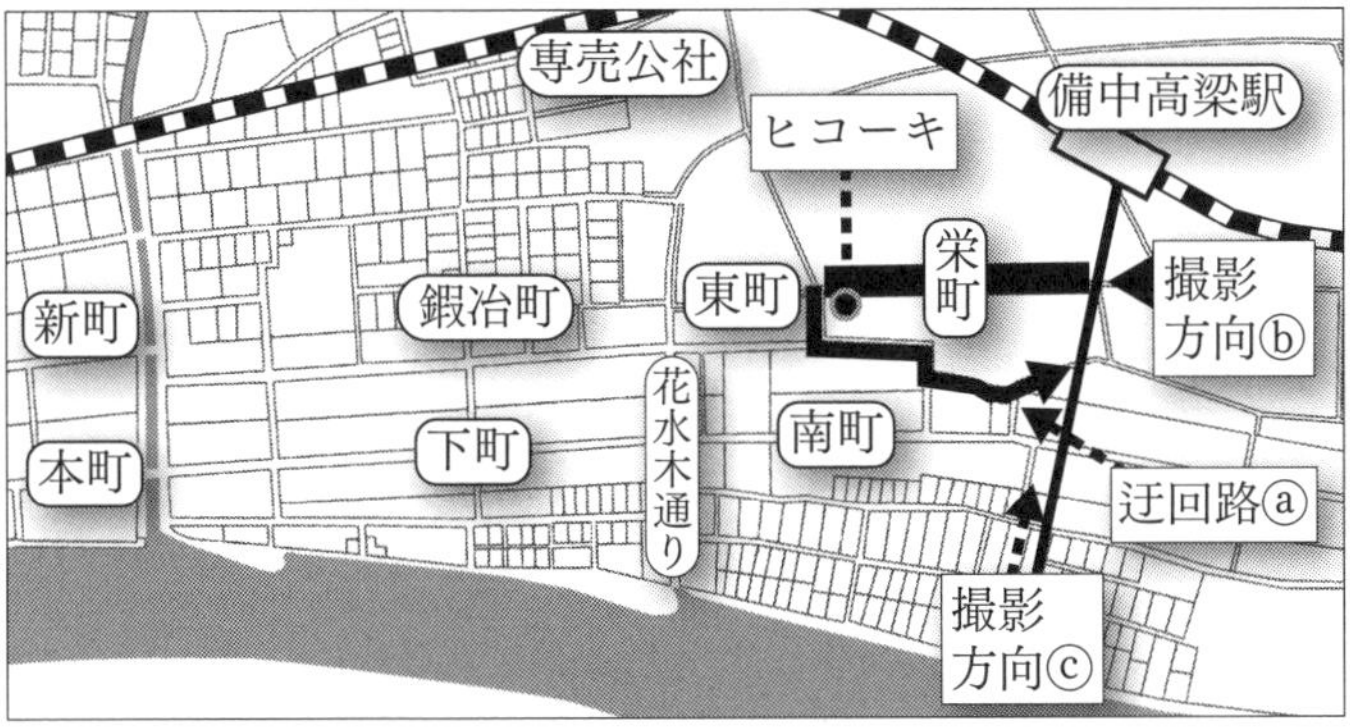

図 2-4-7　栄町周辺図（本文に登場する要素を配置）

写真 2-4-3　「1日道路」建設光景
（撮影者の視線の方向は図 2-4-7のⓑ。川口写真館所蔵）

片岡　そこは、むしろ東町からの続きなんですよ。東町までは道路がありましたが、そこから先、道がなかったわけですから……。それで、これから南町へ入って、こう行く（迂回路ⓐ）のが、ひとつの道なんですね。東町から栄町に入る角の「ヒコーキ」はひとつの関所みたいなもんですわね。大体そのあたりは飲み屋さんばっかりでした。あちこちにカフェがあり、今の「花水木通り」や南町筋にも何件かありましたね。パラパラと。

写真2－4－3は大正15（1926）年7月初旬、駅が開業して1ヶ月後に、当時は駅前に出るのに迂回路ⓐが必要だった東町・鍛冶町・新町の町民が、不便解消のため地主と協議し、畑の中に連絡道路を引いた際に撮られたものです。「1日道路」と呼ばれ、これが後に栄町大通商店街となりました。写真2－4－3はⓑの方向で撮影しています。ちなみに262ページの駅開業当日の写真は、ⓒの方向で撮影しています。

――1日道路に自然に店が増えていったのですか。

片岡　そうですね。昭和初頭に旅館が畑の跡地にパラパラとできて。みどり旅館はじめですね。三日月旅館があって、みのや旅館があって。他にも松竹旅館、平野屋旅館とかたくさんできていって。商圏が固まりました。

私が子ども時代（昭和30年代、1955～64）は、栄町大通商店街はまだ地道でした。アーケードもないし、すずらん灯いうやつです。電柱に設置されている。あれが唯一の灯りです。道路がアスファルトになって、それからアーケードですか。そのときに照明も変わりました。

――石川達三は駅が出来ると間もなく脂粉の匂いがする女性が立ち始めたとかって書いてるんですけど、どのへんのことでしょうか。

片岡　歓楽街の一角。お姉さん方もいて、お姉さんを連れていくカフェみたいなもんもあった。映画館や劇場のまわりの横道や裏通りにも脂粉の匂いがする店は何ヶ所かあったように聞いています。

鉄道と煙草と木材

一方、高梁において鉄道敷設がもたらした明瞭な効果は、一部の産業において現れました。駅を中心とする人の流出入が出現したことの影響を直接に受ける産業です。それがどれほど巨大な衝撃であったかは、乗降人数のグラフ(図2―4―8)に表れています。とりわけ戦後、乗降人数の伸びには著しいものがありました。

高梁に鉄道が誘致されたことで活気づいた個

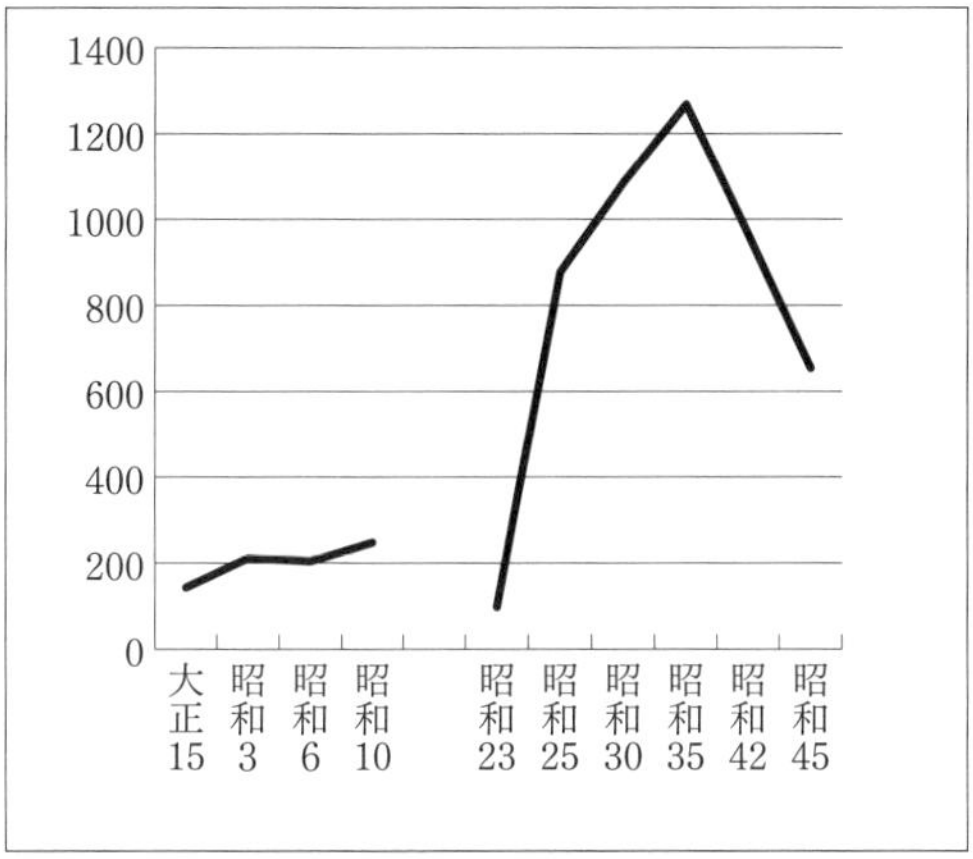

図 2-4-8　備中高梁駅の乗降人数
(単位:千人／出典:『高梁市史』p.937)

別の産業としてはどのようなものがあったのでしょうか。引き続き片岡康平さんに伺います。

――戦後の町内で活気のある職業には、どんなものがありましたか。

片岡　牛市（家畜市場）の日には、相当金が動きました。馬喰さんが一斗缶を背負ってその中へ儲けた金を全部突っ込んでました。（注・戦後に）映画を見るのにも、その一斗缶から札を取り出したりして。映画の切符買うのに一斗缶から札を出すなんて、もうみな、びっくりしていたらしい。

――駅周辺に材木屋さんもあったと聞きますが。

片岡　今、高梁国際ホテルがありますでしょ。あのへんも材木置き場や製材所もありまして、それから今の備北信用金庫本部も製材置き場。もうとにかく駅周辺の一帯が製材置き場でした。

――電車から下して製材するのですか。

片岡　逆なんですよ。山からここへ持ってきて、ここから線路で出すわけなんです。チップ工場も、製材工場もありました。ここで加工して出すわけですね。私の本家もここでチップをこしらえて、東海パルプ（現・東海製紙）や大日本製紙（現・日本製紙）へ出していました。大森材木店はちょうど駅の東側に、まだ工場があります。材木の仕事が線路の近くにできたんですよ。当然、木材関係で市もたちますからね。人が集まってきて。

材木は、大正いっぱいまでは切り出されても高梁川から高瀬舟で下流へと運ばれるだけでしたが、高梁駅が開設されてからは駅周辺に貯蔵し、製材して広く関東までも運び出されました。鉄道敷設の効果が確実に大きかった産業です。

工場を高梁市原田北町に構える株式会社大森材木店の社長で現在は岡山県会議員でもある大森一生氏は、鉄道とともに隆盛を迎えた頃の高梁の製材産業についてこう語ります。

――伯備線が開通したことで、高梁周辺の製材業は活気づいたのではないですか。

大森　高梁は市の8割が森林ですからね。とくに高梁は松の産地なんですよ。質も非常に高い。松に比べると、この辺りの杉は品質が低いんです。

昔は三輪トラックで運んだと聞きますが、なにしろよく転倒する。危ないんですよ。それで伯備線が通ったことで、輸送能力が一気に高まりました。駅の山側が松材の集積地になったんですよ。昭和40(1965)年頃には、高梁の町内だけで15くらい製材所がありました。箸製造やチップ工場など、木材関係をぜんぶ含めると。とくに丸太杭は、先を尖らせて地面に挿し、基礎にして地盤改良に使います。山陽新幹線の地盤改良には大いに利用されて、大量の丸太杭が伯備線で積み出されました。

私の会社は、酒を6本とか入れる酒箱、コカ・コーラの木箱なんかも年間を通してやっていました。プラスチックの箱に取って代わられるまでですね。本業では日本建築の構造材を扱いますが、バブルがはじけた後も地方交付税が下りたこともあって、2000年頃まで凄く忙しかったですよ。

平成に入る頃にはすでにうちとあと1軒くらいしかなくなっていましたが、それはハウスメーカーがどんどん進出してきて、ボンドと鉄砲釘でプレカットの下地材をぽんぽん貼り合わせる工法が普及したからです。大工はカンナとのこぎりの扱い、材木屋は材木の目利きが腕の見せどころでしたが、それがいらなくなりました。結局は材木屋を通しての木材の流通がなくなって、生木を乾燥させるためのストックヤードや丸太を置く貯木場がいらなくなって、線路近くの製材所の広大な土地はアパートや駐車場に転用されていきました。

かつては原木を取引する市場も、高梁木材市場と備北原木市場と高梁に2つあったんですけどね。後者は15年前まで健在で、イズミの場所（注・ゆめタウン高梁）にありました。それも松食い虫で松が枯れて、廃業したのです。

『高梁市史』によれば、鉄道開通前後に高梁を支えた産業は、家畜市場にかかわる畜産、専売公社高梁工場にかかわる煙草、養蚕と製糸業、麦稈真田と（クリスマスの飾り付けとして輸出された）経木《きょうぎ》モールがあります。中でも現在は山陽オカムラ工場になっている専売公社高梁工場には専用の引き込み線が引かれ、現在も一部のレールと路盤、踏切跡が残っています。「いこい」「ハイライト」「セブンスター」といった有名銘柄もこの工場で製造され、引き込み線から伯備線へと出荷されたので、間違いなく鉄道誘致は収益に貢献しました。再び片岡氏に話を伺います。

――本町はどうなっていったのですか。

写真 2-4-4　貯木場（川口写真館所蔵）

写真 2-4-5　平見チップ工場（川口写真館蔵）

片岡　はっきりとさびれたのは戦後ですね。それでも下町は、年に1回ぐらい土曜市だけはしてました。「市」いうよりはむしろ土曜の子どもの遊び場です。各店がゲームをしたり、金魚すくい、ヨーヨー吊り、すいか割りとか、抽選券をお得意さんの子どもさんにあげたりして、遊んでもらうわけです。下町には建材関係とか、今でいう印刷屋にしても数軒ありました。山陽相互銀行（現・トマト銀行）もありましたし、文房具屋、時計屋、カメラ屋と、そこそこの業種が揃ってました。

――本町・下町とは対照的に、消費の中心は栄町に移ったのですね。映画館はどこにありましたか。

片岡　栄町で、私の祖父から始めた松栄館が大映・松竹・日活、高梁劇場が東映で、それからキョーエイの西に入ったところ、今はアパートになってますけど、スバル座いう映画館がありました。うちと東映がやめたのが昭和47（1972）年、水害の年ですね。スバル座はそれより5年か6年早かったと思います。やっぱり昭和20年代から30年代までっていう感じですか。いいときはね。

私の子ども時分には映画館なんていったら、もうそれはすごいもんでした。こんな

写真 2-4-6　松栄館映画館（川口写真館所蔵）

写真 2-4-7 栄町大通商店街（川口写真館所蔵）

に人と金が動いて、ええ商売やな思ってね。前金ですからね、全部。それが今の上皇様のご成婚があって、カラーテレビが始まって、東京オリンピック開催。あのへんからビューッと一気に映画を見る人がいなくなっちゃって。

それでも、土日はまだお客さん来てました。土日で稼げばなんとか1ヶ月成り立っていましたが、それも駄目になった。立派な映画を製作しても売れないから、映画会社も転換してポルノへ走ったんですが、これが致命傷となり、映画産業からテレビドラマに客が流れて、それでバッサリ辞めたんです。

――昭和45年から55年（1970～80）頃で一番栄えたあたりっていうと、どこになりますか。

片岡　いやもう、栄町大通商店街の全部ですね。とにかく午後4時から6時は歩行者天国で、車の通行止めでしたから。それぐらい人が動いてました。私のところも有料駐車場に転換しましたが、常にもう満杯なんです。

当時のショッピングセンターは、この栄町で今のエスカ（左図①）、それからスーパー共栄（同②）、備北会館（同③）。その3つにお客さんがみな集中してくる。大晦日なんかとんでもないことになるんです。もうこの駅前大通りにも車止めてましたて。

年4回～6回の土曜夜市や大売り出しもやりましたよ。秋と春に年2回、2週間程度ね。それぞれの店が抽選券を出して。抽選場はだいたい栄町の中央（松栄）の横です。ちょっと間口が広いから。そこへ抽選場を置いてね。コンピューター抽選なんかは子どもが夜の10時頃までいて親が心配するくらい。

まあ、賑わったのは1970年代の半ばまでです。80年代に入る頃にはずいぶんとお客さんが減りました。

「鉄道時代」から「自動車時代」へ

大正末の駅開設[*13]から、高度成長期を経て1980年頃まで、半世紀以上はこのように賑わった栄町大通商店街も、現在は閑散として、日中から大半の店がシャッターを降ろしています。平成2（1990）年に駅のずっと南側（天満屋ハピータウン高梁店。通称「ポルカ天満屋」）や川向こう（落合地区のゆめタウン高梁）に大型駐車場を擁する巨大スーパーが登場して顧客を奪った、つまりさらに町の中心がさらに南に移動したのです（ポルカは岡山市本社の百貨店「天満屋」の関連会社「天満屋スーパー」、ゆめタウンは広島市本社のショッピングセンター「イズミ」が運営）。

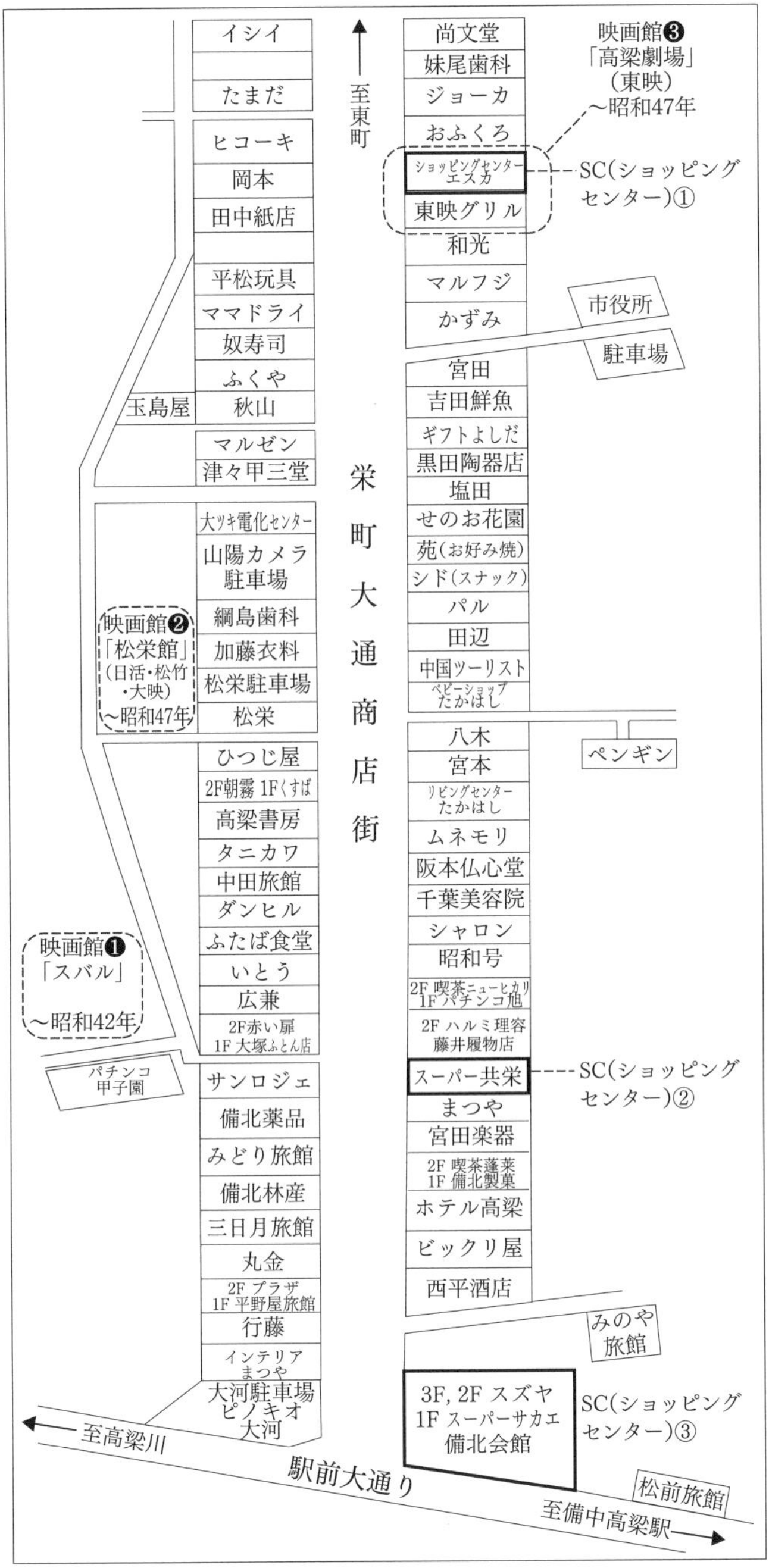

図 2-4-9　昭和50年代前半、最盛期の栄町大通商店街

それは主たる交通機関が鉄道から自動車へと移行したせいであり、石川達三が「交通機関」で描いた構図の延長で起きた事態とも言えます。つまり交通と資本の奔流が一時の勝者を敗者に転じさせ、町の構造は変わり続けているのです。引き続き、片岡康平さんから話を伺います。

——工場がまるごと入ってきたり、誘致したりも大きな人の流れを生みますよね。

片岡　工場はそこそこありましたけど、一番大きいのはやっぱり専売公社（明治30［1897］年開設、平成2［1990］年閉鎖）でしょうね。それにNTT（昭和25［1950］年に高梁電報電話局として営業開始、平成13［1990］年に営業終了）。市役所やその当時はまだ国鉄も元気がよかったですよね。結構職員もいましたから。あと、マイコー（昭和42年開設）が開設されて。そのあとでイーグル工業（岡山事業所、昭和46年）、住友電工（焼結合金、昭和47年、成羽町）、日軽型材（昭和48年）なんかが続いて。

——『増補版高梁市史』を見れば、イーグル工業以降に誘致された工場は、出荷も鉄道でなく自動車によっていると書かれています。ポルカもゆめタウンも、駐車場の大きさを見れば、自動車での来客を想定していると分かります。自動車時代に合わせて、栄町大通商店街を再開発しようという話はなかったのですか。

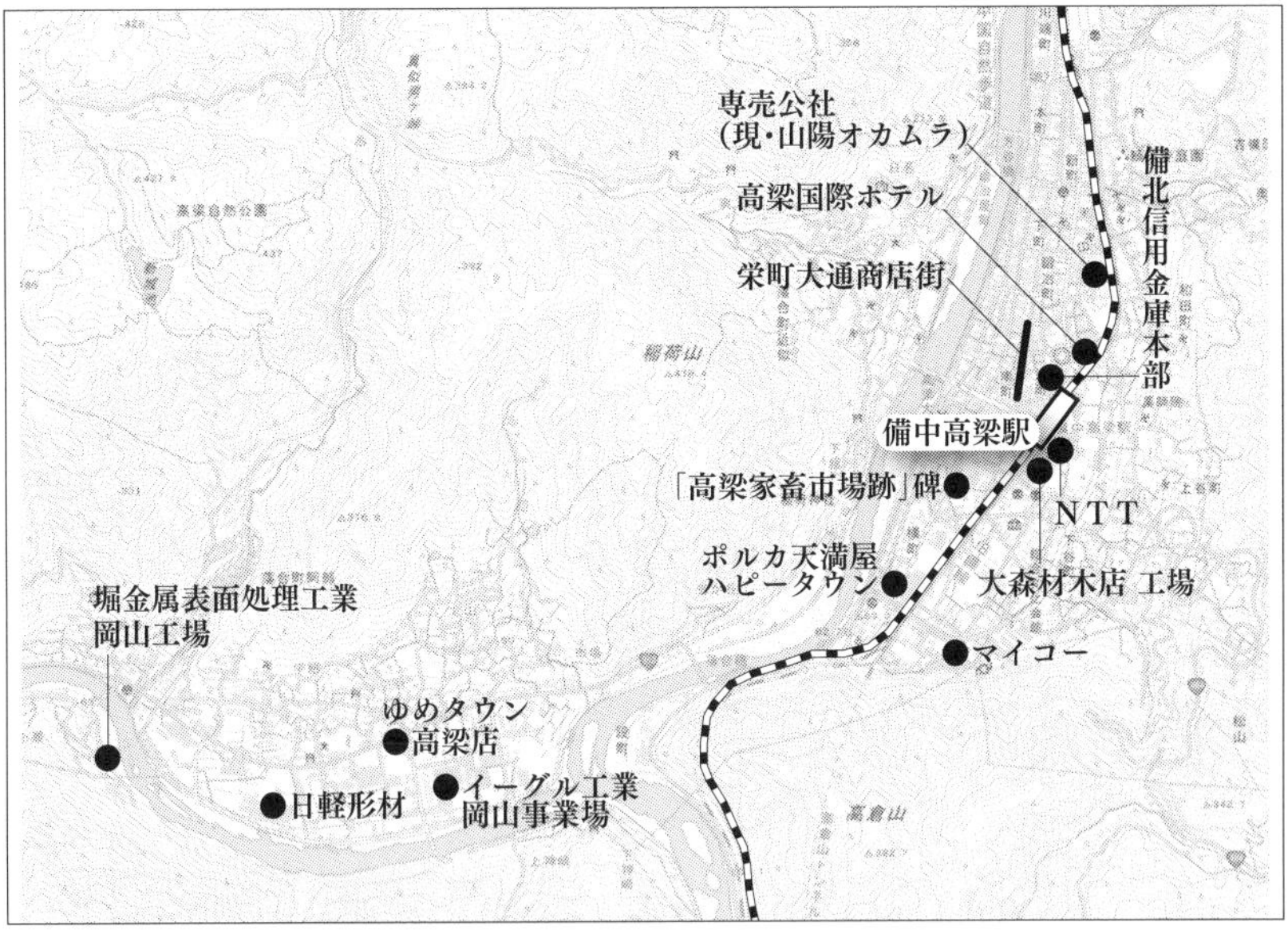

図 2-4-10　高梁周辺の主な事業所（国土地理院地図を編集部にて加工）

片岡　いや最初は高梁市内有志によるプロジェクトが立ち上がり、商店街を再開発して、例えば商店街入り口に駐車場を造り、残りにショッピング店舗ができるという図面までありました。

でも地権者が多いと、話がまとまらないんです。店舗のうち半分は自分たちが土地も持っていて、半分は賃貸で出店してる。賃貸の出店の人はいいんです。再開した新しい商業施設へ入れば同じですから。でも住居を持ってる人は、店舗だけ入っても我々どこへ住めばいいんかとなりますよね。上部5階ぐらいに住居作りますよとかいう話にでもなればよかったけど、そんな話じゃなかったですから。結局は経営者が若くなかったからでしょう。10年先、20年、30年先の中・長期展望が持てなかった。もし話がまとまってたら、別に向こう（ポルカ、ゆめタウン）へ行く必要はなかったです。しかもこの計画を立てていたメンバーが分裂したため、結局は高梁に2大ショッピングセンターが出来てしまいました。

——町にとってはまずい結果ですね。ものを買いに行く人の流れが3つに引き裂かれたようになって、渦を巻くようになっていない。ポルカはどんな経緯で出来たのでしょうか。

ポルカは施設を共同組合で建設しました。それで高梁市内、とくに栄町の、あるレベル以上の店を重点的にテナントに引き入れたんです。当然、ポルカに入ったテナントさんは、従来のお客さんにポルカのご新規さんが加わって、一気に売上げが伸びました。

テナントさんは皆さん苦労されてますよね。そりゃ家賃払うわけですから。かといって、ショッピングセンターにテナント出しながらこちらの商店街でも商売していると、こっち側は売れなくなります。

栄町大通商店街からポルカに加わった中で既に撤退したのは、半分です。ポルカ食品館（スーパー共栄）、パプトリーTANAKA（田中紙店）、レディースパパル（ファッション

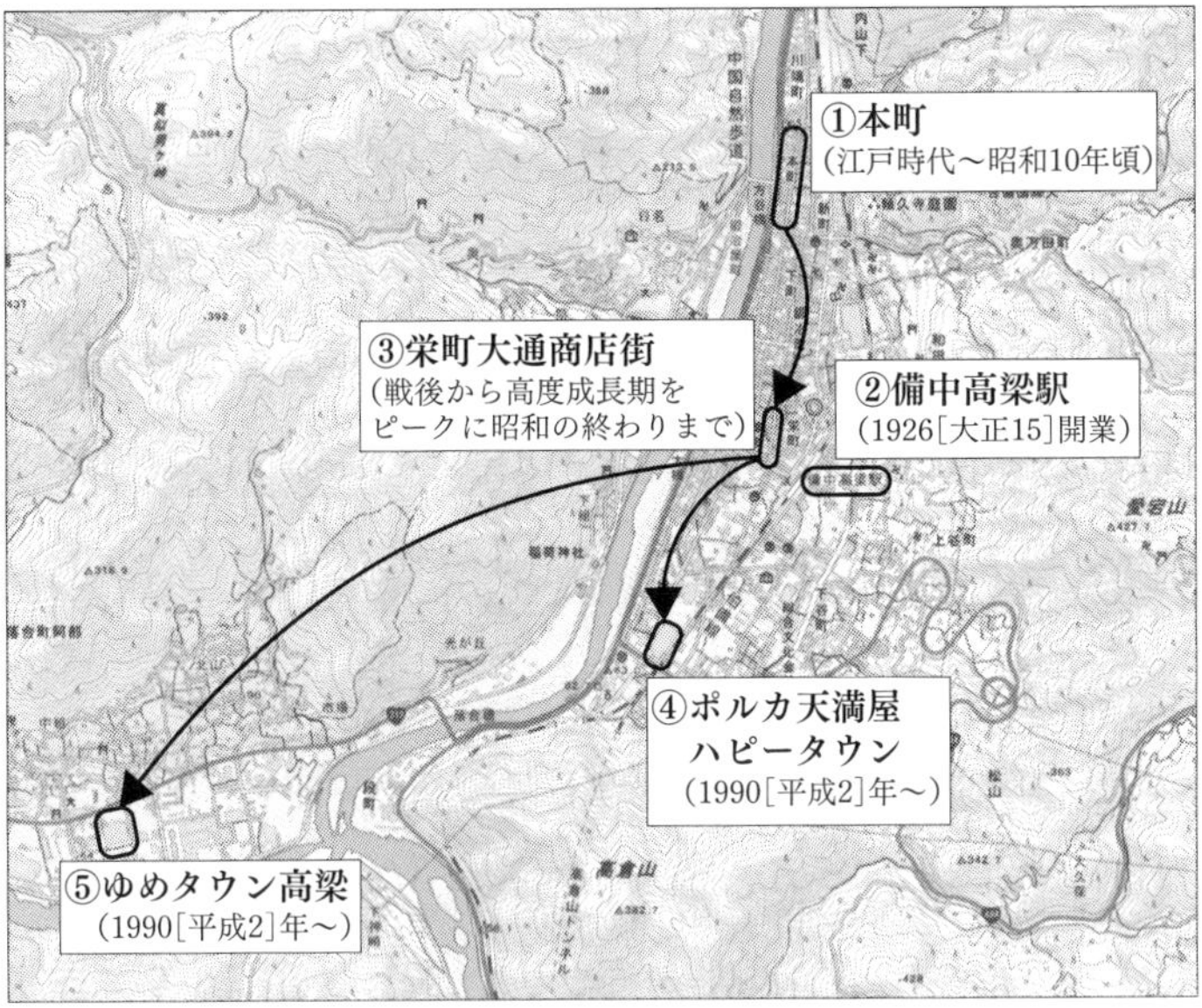

図 2-4-11　町の中心は郊外へ移動した（国土地理院「電子国土 Web」をもとに編集部作成）

ハウスパル）、サニードラッグ（小林日進堂）は残っていますが、たまだ、綱島、まつや、せのおは撤退しました。川向こうのイズミ（ゆめタウン）にも何軒かは入りましたが、栄町大通商店街の店はすべてなくなりました。

でも、撤退してもこちらにはお客さんは戻りはしません。撤退した店は今では、ほぼ商売はやってないですよね。お客さんがあるお店はいくらかやっておられますけど。

この商店街もそうやってどんどん閉店していって、跡継ぎがいないとなおさらです。

現在も栄町大通商店街で開業しているのは、物販が11軒、宿泊2軒、飲食5軒、不動産1軒の計19軒だけです（注・最盛期の加盟店は約75軒）。

私自身は部外者ではありますが、やはり再開発は栄町で行うべきだったと思います。イタリアの主要都市では1970年代、郊外に米国型のスーパーが出来、都心がスラム化しそうになったときそれを食い止めたのは資本を都心に呼び込む政策でした。古い建造物を、外見はそのままで内部を有力ブランドに貸し、都心では自動車を通行禁止するといった風な都市計画を施行したのです。それによって購買客の流れが都心に戻り、いまなお繁栄を維持しています。本町や下町にしても、古民家は積極的に貸し出せば、若者や外国人を惹きつけ、観光資源になりうると私は信じています。それだけこの町の道割りや周囲の山なみは魅力的なのですから。

荘芳枝さんの人生

四郎の死後、家屋や墓、位牌といった家督を実質的に継承しているのは芳枝さんです。昭和22（1947）年の民法改正で長子相続には法的な論拠がなくなりましたが、庄家三十代目、松山分家六代目は芳枝さんとすべきでしょう。けれども独身を貫いた芳枝さんの代で、この家督も消滅します。芳枝さんは、庄家の家筋を締めくくる者として、私に松山庄家の900年を紹介する本を書くよう依頼してこられました。それゆえ私としては、言いにくいことも含めてご本人の口から聞かないと、この物語を終えることができません。

芳枝さんは昭和19(1944)年、18歳で順正高等女学校(現在の岡山県立高梁高校)を卒業、東京女子高等師範学校(現在のお茶の水女子大学)を受験しました。

高等師範の試験を受けるのなら、奈良[*14]に行けばいいいんです、一番近いんですから。それなのになんで女高師を志願したかというと、奈良へ行って、(注・梶谷家の)養女に取られたら困るから行ったらいけん、と言うんです。父と母が。妹の口から言わせたら、親がお姉ちゃんにしがみついてる。のちに東京に空襲があり(注・芳枝さんは高梁に戻ります)、いつも無口な父が、「芳枝は無事でよかったな」とひと言つぶやくように言いました。父も母も、私を手放したくなかった。心で私を頼りにしとったんでしょう。

兄の直一が頼りにならない中で、四郎夫婦が頼ったのは芳枝さんでした。芳枝さんが持っている免状にはこう書かれています。「小学校教諭一級普通免許状　小学校教諭一般　岡山県荘芳枝　大正十五年三月二十日生　岡山県教育委員会」。この免状を出発点として57歳で定年、そのあと補助的に勤め、小学校教諭一筋の職業人生でした。私が聞き取ったところを整理すると、勤務先はこうなります。

戦時中　高梁国民学校高梁校舎　3ヶ月

昭和20～23年　高梁国民学校松山校舎
昭和23～31年　高梁市立高梁南小学校*15
　　　　　　　　　　　　　　　　　計11年間
昭和32～43年　高梁市立高梁北小学校*16　12年間
昭和44～46年　高梁市立中井小学校　　3年間
昭和47～53年　高梁市立津川小学校　　7年間
昭和54～57年　高梁市立福地《しろち》小学校　　4年間

　わたしが女学校を卒業したのは、戦時中。教員も出征するから、人数が足らんようになります。それで教員講習会（国民学校初等科訓導講習会）があって、6ヶ月か7ヶ月かな、春に入り秋に卒業してすぐ、1月から高梁国民学校高梁校舎に勤められるようになったんです。

　勤めたらすぐ終戦になって。お寺で勉強しとった子供の先生が、神戸は空襲で焼け野原だから戻れないということで高梁校舎へやってきて、わたしは松山校舎に移ったんです。わたしひとりで校長も兼務して、3年経ったところで名前が高梁の北小学校と南小学校に変わった。それぞれ、私が子どものときは高梁小学校と松山小学校じゃった。南小はお祖父さんが、24年も村長をした（松山）村の小学校ですから、父兄の人がみんなよく知っていたので、ありがたいことに、とても親しくしてくれました。北小でも、荘さんとこの四郎さんが貧乏したのは気の毒、言う人がたくさんおりました。私は高梁の南と北の小学校で23年も勤められたんです。

勤め始めてから9年後の昭和29（1954）年に四郎が死去。母親の節子に頼まれて役場に行ってみると、税金の滞納がありました。それ以外にも電気代（電灯代）の未納があって、分割払いで芳枝さんが完済します。これで荘家は、ようやく借金から解放されました。

北小学校は、私が入った頃、子どもが900人から1000人、最高時には1300人。1クラスが50人で、5クラス。多いときは6クラス、職員室には40何人の先生がおったんです。後に（高梁市）郷土資料館になっています。わたしは小学校で1年から6年まで全学年担任、特殊学級、複式学級も担任したことをとても誇りに思っています。

次は津川小に決っていましたが、ある日教育委員会に呼ばれて、「あんたは条件のいいところに23年も勤めたんじゃから、ちぃた替わってやれぇ」ということになって、中井小に3年間勤めたんです。その後津川小へ替わって、7年間勤め、最後に福地。シロチと読みます。そこで、4年。あわせて37年、57歳で定年、その後も病気になった先生の代わりに何ヶ月か福地へ勤め、その後完全に退職しました。

退職後は、1年程パッチワークや園芸を通信講座で学んで楽しみましたが、ある日母が昼寝から目が覚めて台所へ行き、椅子に腰かけ損なって転んでしまい、動けんようになった。病院へ連れて行って、退院してから母は5年は寝たでしょうか。私が引き受けて、ずっと母の面倒を見たんです。そしたら、母が私のことを「お母さん、お母さん」と呼ぶようになりました。「お母さんじゃねぇ、あんたの子供じゃ」と言うと、「違う、世話してくれる人はお母さんじゃ」と頼っていました。

芳枝さんは、経理の仕事に就いていた妹の泰代とともに、母・節子の世話をします。亡くなったのは昭和63（1988）年6月10日、享年は95歳でした。泰代との二人暮らしが始まります。

姉の寿美子も母が亡くなるまでちょくちょく世話をしに高梁に来てはいましたが、その都度自宅の神戸市東灘区に帰っていました。そんなところへ平成7（1995）年、阪神淡路大震災が襲います。家屋が倒壊し、すでに夫（仲田勝二）も死去していたため、芳枝さんが「もう、おかえり、おんなじような年寄りがいっしょに暮せばええがぁ」と誘います。こうして三姉妹の同居が始まりました。

退職後、お母さんの面倒を見て、亡くなってからは引き出しの中へ父がたくさん貯め込んどった庄家の古文書や写真を60歳くらいからアルバムにしたり綴じたりしました。それと私はお百姓が好きじゃったので、裏に畑を作り、花や野菜を育てました。

私はこの1年間、幾度となく芳枝さんを訪ね、話を伺いました。そのたびにお茶と、干し柿をご馳走になりました。裏の柿の木で採れたもので、もともとは姉妹で干したのだそうです。

干し柿は、実の付け根の上の小枝を柿縄という細い縄に突っこんで干します。うっかりしたら、ヒヨが来て、食べる。風通しが悪いと、カビがはえる。きれいに皮を剥いて縄に付けて熱湯で消毒して、干すんです。雨に濡れたら絶対にいけません。生乾きになったら、新聞を敷いた紙箱に入れて白い粉がふくまで置いておきます。

表面に自然な糖分が浮き出た干し柿は絶品です。秋に干し柿をつくることを楽しみにしている芳枝さんの日常の用は、下町の周辺で足りているようです。

朝、五時に起きて、ここの二階の戸をあける。泰代は平成26（2014）年に亡くなって、寿美姉ちゃんも平成29（2017）年になくなった。私も94歳になりますが、朝昼晩、ごはんもみんな自分でしとるし、おふろも自分で焚く。することが多いもんで、独りでもさみしくない。寿美姉ちゃんはスーパー（注・ポルカ）の買い物が好きじゃったけど、私ひとりになってからは行かなくなった。生協で買っているほかに、週1回魚屋、八百屋、果物屋が家の前まで行商にやってきます。足らない物は近所の人に頼んで間に合わせています。散歩は、町内(下町)だけは歩くように心掛けています。この町の中だけで暮らせることに感謝しています。

教員になっても、あぁ、荘(直温)さんの孫じゃいうて、保護者の人が、自分の娘みたいに、かわいがってくださった。わたしも、ほんとに、恵まれた教員生活ができたんです。貧乏ながらも、おじいさんが一生懸命したおかげで、私は、助けてもらいました。

でも、おじいさんを知ってる人はいなくなってしもうた。時代が変ってしまもうたんです。それで松原先生に話を聞いてもらって、直温がしたことを残そうと考えるようになりました。

直温の伝記だけでしたら、新聞に出ている記事、芳枝さんから手渡された資料や町村議会の議事録に当たれば、おおよその業績は網羅できるでしょう。けれども私は、それだけでは決定的に足りないものがあると感じ始めました。それは直温や四郎、芳枝さんに通じる、高梁という町や一族に対する自負心や責任感です。明治以降の資料だけでは、それを理解できないと思われました。

直温が生きた時代は、それまでの長い封建時代の遺産を受け継ぎながら、しかも二度負け組になったこの土地にあって、時代に取り残されず近代化を目指そうとした時期に当たります。呆然として過ごしても、時はそれなりには流れます。けれどもそうはしないことをみずからに課したのが、旧松山藩・高梁町の「インテリ層」や、キリスト教会に集う人々でした。鎌倉時代まで遡り、庄家の900年を辿ってみることで、私はそう考えるようになりました。

そうした人々、とくに「インテリ層」に対し、彼らは封建時代の支配階層に過ぎない、近代化とはそんな古くさい権力関係をなくすことだと主張する人もいるでしょう。私も、かつての武士たちが因習にしがみついたのを擁護したいのではありません。備中高梁駅を降り、まずは武家屋敷に向かい、その高台から本町へ降りる辺りで、古い家屋の連らなりに、一瞬江戸時代に迷い込んだかのような錯覚に陥る。その時に肌で感じる威厳や美しさを、今の時代に合わせて継承したいと考えるのです。

かつて街並は色彩が統一され、しかしそれぞれに意匠を凝らした屋号や看板を競い合ったと想像します。本町から下町、南町へと一本に貫く通りや、振り返って霧の上に仰ぎ見る臥牛山と松山城は、神々しいまでに見えたはずです。手許の近景から街並みの中景、そして霧のかかる山城の遠景までが一望できるこうした重層的な街並みは、他のどんな地方都市にもない、高梁特有のもの、町の共有財産だと感じます。高瀬舟で玉島まで下り、回船で瀬戸内から江戸までをつなごうと考えた、商人たちの構想力にも打たれます。

そのことを再確認すべく、私は幕末頃の高梁の地図を再現してみることにしました。これは直温が毎朝巡回し、石川達三が好きだった高梁の町でもありますが、地図を片手に散策してもらえれば、この町がかつて岡山県知事に「風光明媚なダニューブ河岸」とたとえられた理由を感じとれるのではないでしょうか。

そうした文化や伝統を軸に置いて、他人に共感し自分を律する心を忘れず、経済的にも豊かになろう。農民階層出身の山田方谷が古い階級秩序を超えて目指したのは、そんな気高く屹立した地方の文化都市だったと思います。方谷の教えを言葉だけ復唱するのでなく実践を通して直温が目指したのも、自立しうる備中の経済圏だったのでしょう。四郎、そして芳枝さんもまた、そうした直温の思いが残した負債を片付け教育に生涯を捧げることで、この町に貢献したのだと思います。

具体的に言えば、駅前の栄町大通商店街の外に駐車場を設け、中は住居兼用の高層ショッピングセンターになるよう、市役所が仲介すべきだったと思います。駅が開設されたときに地権者をまとめて感謝された（260ページ）直温のような仲介者が必要だったのです。そうすれば栄町大通商店街は今も繁栄し、芳枝さんのような高齢者も、徒歩圏内で生活必需品をすべて入手できたはずです。

それとともに、松山城の観光客がバスで駅へ直接戻らず本町から下町を回遊するような飲食店や高級物販店が点在したなら、外部からの収入も見込めたでしょう。そうできていない現在の高梁には、明治維新後に街を覆っていたアパシーが、再び垂れこめているように感じます。

骨董品を飾り、拝むだけでは歴史を知ることはできません。その背後に潜む先人の人生や目指したものに思いを馳せてこそ、史跡や自然は地域の共有財産として息を吹き返します。本町や栄町を軸に臥牛山を仰ぎ見る人の流れが戻ったら、高梁はいまいちど活気を取り戻すと信じます。直温を理解するための1年間の旅は、身を捨てて町をまとめる人物の大切さを私に教えてくれたのです。

あとがき――忘却について

本書の冒頭で私は高梁に興味を持ったきっかけについいて、直温に関する誤記の横行を挙げました。誤りを掲載したのは市役所が出版した資料（『高梁市の歴史人物誌』、以下『人物誌』）およびネットで公開されている同じ内容（「高梁歴史人物辞典」、以下「辞典」）ですが、それらについて判明した事実を報告しておきましょう。事実は小説よりも奇なり。1年間の私の旅は、予想もつかない結論にたどりつきました。

『人物誌』は高梁市教育委員会を著者として印刷し、郷土資料館で有料販売している冊子です。ところが直温周辺の人物に関する限りまったく同じ内容の文章がネットで「辞典」と題して公表されていますので、私はながらく冊子のデータをネットで公開したものと思っていました。

ところが本書編集者の石井伸介氏から、ネットのほうは「市の教育委員会ではなく『野山屋主人』なる人物が著わし運営している」という指摘を受けました。確かに「辞典」サイトには「高梁歴史人物辞典について」という項目があり、平成19（2007）年に野山屋主人が、様々な資料を引用し作成したと記されています。

「辞典」の「荘直温」の項目は、昭和3年9月1日に没した直温が「昭和3年6月1日」に没したと記されているので、これは誤記です。そこには（参）として参考にした元資料が『高梁市史』および『上房郡誌』である旨が明記されていて、では『高梁市史』(1979)はどうかというと、842ページに「三年九月一日、高梁町長荘直温が急逝」と述べています。とするならば、野山屋主人は、死亡日について引用元である『高梁市史』を写し間違えています。

ただし市史の方も間違いだらけで、『高梁市史』は、3つとも間違いの家紋以外にも、直温の辞任が6月1日なのに「高梁町長荘直温が急逝」と町長のまま急逝したかに書いています。7月21日から池上仙二郎が町長なのでこれも間違いです。『増補版高梁市史』(2004)の方も「庄氏は滅亡した」と、家督を継いだ家系が存在しないかのように述べています。『高梁市史』には「子孫は英賀郡津々村(現在の中井町津々)に住みついた」と書かれているので、別の著者が『高梁市史』を読まずに改稿したのでしょう。偽情報をコピーし、さらに写し間違える「間違いのインフレーション」を、教育委員会が促進しているのです。

それにしても分からないのは、なぜ先に一私人が書いた「辞典」とまったく同じ内容が、高梁市教育委員会が平成25(2013)年に出版した『人物誌』にコピーされているのかです。『人物誌』巻末の「主な参考文献」には、「辞典」が掲載されていません。そこで私は、高梁市役所教育委員会に電話してみました。回答は驚くべきものでした。平成16(2004)年に旧高梁市に成羽町・有漢町・備中町・川上町が合併して新高梁市になったのを記念して、平成22(2010)年から本書の編纂を始めた、それにあたっては「辞典」を引用した、というのです。『人物誌』では巻頭の「発刊にあたって」で、高梁市教育委員会教育長が「出展資料もそれぞれ明記しています」と、誤字をもって宣言しています。引用と言っても分量にして「辞典」は『人物誌』の8割を占めており、関係者の意図が何であれ、読者にとっては無断で引用しているのですから「剽窃」もしくは「盗用」と判断されます。知識にも「所有権」はあり、他人からの借用を明らかにするためには出典を明記しなければならず、そうしないのは義務教育で言えば「カンニング」です。さらに巻末には高梁市教育委員会「高梁人物誌」なる書名が挙げられていますが、この本は図書館に収められていません。未刊行で同名の原稿がかつて市役所内に存在し、印刷・出版に至らなかった由ですが、剽窃を隠蔽するために架空の資料名をデッチ上げたと決めつけられても仕方ないでしょう。

野山屋主人は「辞典」で、「歴史に専門的な知識もなく、また資料収集が十分でなく、調査が行き届いていないところもあります」と断っています。民間の非専門家の作業なのですから、間違いがあるのは仕方ありません。一方『人物誌』には、専門家が含まれる「高梁市歴史人物事典編さん委員会」として9名の名前が記載されています。教育委員会からの聞き取りでは野山屋主人はこの委員会には入っていないとのことですが、野山屋主人はみずから「歴史に専門的な知識もなく」と書いているのですから、委員会は掲載に当たって「辞典」には写し間違いがないのか、専門家の知見からすれば足りない部分はないのか等、逐一チェックする義務があります。それゆえ『人物誌』の誤記は、「委員会」に責任があります。さらに言えば、『人物誌』の編纂委員会の名前を「人物誌編さん委員会」でなく「事典編さん委員会」と別名にしているのも、責任逃れを疑われるでしょう。

「教育とは何か」と大上段に振りかぶりたくはありませんが、「ある文章があるとして、それが正しいのか間違っているのか、生徒が独力で判断できるような力を養う」というのがそのひとつの答えでしょう。それゆえ文章の出所や出典、編集者がどれだけ関与したのかを明示するモラルが教育の出発点となります。『人物誌』は、市の教育委員会が「出典の書き方」を知らず、「出典という字の書き方」も知らないことの残念な証拠となっています。

私は歴史学については門外漢でありますから、本書で間違いを書いた可能性はあります。けれども間違いは、出典が明記してあれば特定できます。指摘を受ければ歴史がより鮮明になるのですから、間違いを犯すことそのものは悪ではありません。出典を隠蔽したり、出典の間違いを鵜呑みにすることこそが歴史をねじ曲げる「悪」なのです。

歴史の忘却は、「正確に出典を記すこと」や「編纂に当たっては、引用する資料の正否をいちいちど検討すること」というモラルの欠如に由来します。山田方谷の言う「至誠惻怛」（まごころや慈しみ）やアダム・スミスの言う「シンパシー」

は、このモラルあってこそ成り立ちます。

直温は昭和2（1927）年に体調を危惧して町長再選を躊躇しますが、池上仙二郎ら周囲の説得もあり、町のために尽くすという気持ちを奮い起こして、再選に乗り出します。ところが翌年には病状が思わしくなくなり、6月1日に辞任、3ヶ月の闘病を経て、四郎に負債を残し、池上に松山村・高梁町の合併を託して亡くなりました。こうした過程における直温と四郎や池上の心の交流、高梁町誕生のドラマは、辞任や死亡の日時を間違えては理解できません。古い道具を並べ方谷の記念館を建てたところで、事実を伝えようとするモラルなしには、方谷の精神を直温が継承したことは理解されないのです。

本書は私が専門とする社会経済学の歴史版ともいえるもので、私は経済思想家F・A・ハイエクにならって「歴史は個々人の営みの意図せざる帰結」とみなし、前著『頼介伝』以来、個人を追うことにより歴史を描こうと努めてきました。そのため生年没年も含め、荘直温について深く知るところとなり、こうした誤りに気づいたのです。

ただ、その先を思うと、不気味な予感も生じます。もし誤記が悪意からなされたのだとすれば、直温や庄家の項目だけが誤っていることになります。けれどもそんな悪意がなかったとすれば、「市史」は他の項目全般にわたり間違いだらけである可能性があります。さらには、これが高梁という一地方都市だけで起きた現象かどうかも分かりません。他の町史・市史を精査したならば、日本中の郷土史は間違いだらけで放置されているのかもしれないのです。世に「地方創生」と言われますが、一過性の客引きなどよりも、郷土の来し方を今一度確かめる必要があるのではないでしょうか。

芳枝さんが私に託したのは、「なぜ間違った記述ばかりが横行するのかの究明」および「直温について正しく伝えること」でした。芳枝さんの年齢もあり、ごく短期間で執筆することになりましたが、首尾良くお応えできたか否かの判断は読者諸賢に委ねましょう。私はというと、靄を払うように正確な情報を掘り起こす過程において、この土地には鎌倉時代以来、日本を代表するような興味深い史実が眠っていることを確認できたのが収穫でした。

大小、ふたつを記しましょう。まず明治6（1873）年の税制改革（地租改正条例公布）で、旧庄屋の納税が、物納から金納に転換されたことがあります。「貨幣をいかに流通させるか」と問うて「税金の金納による」と応えるのが、ちょうど本書を執筆したのと同時期、経済学界で旋風を巻き起こしたMMT（現代的貨幣理論）の核心に当たる命題です。封建時代の物々交換経済（日本では「首」と「土地」を交換）から、資本主義の貨幣経済への強制的な転換は、この税制改革がもたらしたのです。それは庄屋に衝撃を与え、直温は不安から「家政改革規定書」を残します。これは明治期の日本が資本主義に本格的に直面したことを示す貴重な史料です。貨幣を手放すことへの不安から、無駄遣いをしないよう自分への監督を親族や商業の先輩に依頼したのです。現在の日本人が不安から貨幣を手放さないことにも通じ、後日の研究が待たれます。

ふたつめは、芳枝さんの父・四郎が負債の整理のため東京で猛勉強したという芳枝さんの証言です。荘家は直温の死後、借金による貧困に苛まれたとは聞いていましたが、私はいまひとつその心情が納得できませんでした。突破口となったのは、法務局で閲覧した下町23の土地台帳です。そこには「昭和9年11月27日　竞落」と記されており、私には当初「竞落」の意味が理解できませんでした。古文書読解専門家に尋ねても、「分からない」との答えでした。それが「競落」だと気づいた時、こんがらがった紐の結び目がはらりとほどけるかのように四郎の気持ちが伝わってきました。担保であった土地家屋は「競売により落札」されたのです。そうなると、ふた月前の昭和9（1934）年9月に高梁川が氾濫を起こし、活版印刷所が泥につかったことの重大性が浮かび上がってきます。現有の印刷機で細々と返済資金を稼いできた印刷業は、印刷機を失って立ち行かなくなったのです。900年続いた庄家に破産が迫り、兄にも借金を断られて、四郎は一念発起し裁判に立ち向かいました。直温の死後に四郎家が陥った貧乏と、氾濫による窮乏とでは、桁が違ったのです。たった1文字の理解だけで、私には四郎の動悸の高まりから決意までが伝わってきたかに感じられました。長い歴史を有する一族あってのことと痛感したのです。

最後に、調査に際しお世話になった方々にお礼を申し上げます。研究費を調査に充当させて下さった、現在の勤務先である放送大学。高梁市役所では、資料閲覧の労をおとりいただいた歴史美術館の西雄大《ゆうだい》氏、社会教育課の林悦子氏。

位牌を確認させていただいた曹洞宗の下呰部上合寺と矢掛町洞松寺、上合寺にお連れ下さった吉備中央町議の西山宗弘住職。店内の撮影許可とともに墓所・資料についてご教示いただいた「北房ほたる庵」および北房まちづくり株式会社の加戸《かど》義和氏。玉島、猿掛城、呰部での現地調査に自動車運転をもって同伴して下さった、格闘家で福山大学講師の中村和裕氏。多くの貴重な写真をご提供下さった高梁市下町の川口写真館。

山陽新聞にかんし閲覧の労をとっていただいた同社太田隆之東京支社長、ご仲介いただいた大森壽郎《ひさお》博報堂ＤＹメディアパートナーズ会長。岡山県の各自治体の予算データをご紹介下さった日本銀行副総裁の雨宮正佳《あまみやまさよし》氏、同企画局の藤田研二氏。漢詩の現代語訳を助けて下さった鹽谷健《しおのやけん》先生。古文書の翻刻・読み下しをして下さったＳＯＨＯ吉田屋の吉田吉文《よしふみ》氏、原稿の細部まで読んで誤りを修正してくれた東京大学大学院人文社会系研究科の太田知宏氏（有漢准教員養成所を佐藤晋一が設立した件の研究者）。

インタビューさせていただいたのは、高瀬舟については高梁市教育委員会の田村啓介氏、材木産業は大森材木店社長で県会議員の大森一生《かずお》氏、栄町の盛衰は株式会社松栄の片岡康平氏、庄氏館は矢掛町御土井の平井鉄工所、高梁市政は市役所ＯＢの箭引憲人《やびきのりひと》氏、高梁基督教会については牧師の八木橋《やぎはし》康広氏。

本書をご提案下さった栗野哲郎氏。強行軍にお付き合いいただいたカメラマンの藤井泰宏氏。『頼介伝』以来の精密さで出典にさかのぼり無数の質問を投げかけて編集に当たった苦楽堂・石井伸介氏。出版・流通の労をとって下さった吉備人出版・山川隆之社長。私の再三のインタビューに対し、年齢を感じさせない明晰さで対応して下さった荘芳枝氏。

すべての方に感謝します。どうもありがとうございました。

二〇二〇年三月

松原隆一郎

巻末注

第一部

第一章

＊1――この時点で私は『人物誌』と『辞典』の関係をこうとらえたが、のちに誤りと判明。「あとがき」を参照のこと。

＊2――正確には「旧高梁市」。本書で定義なく「高梁」と記す場合はこの松山村と高梁町を併せた地域を指す。昭和30年に中井村、昭和45年に上房郡賀陽町佐与谷地区の一部を編入して成立。平成16年に有漢町、成羽町、備中町、川上町の1市4町が合併して「新」もしくは「二代目」高梁市となる。

第二章

＊1――SOHO吉田屋（吉田吉文氏）、羊雲庵、東京大学大学院人文社会系研究科の太田知宏氏に翻刻・読み下しを依頼。ただし本文の文責は、すべて松原隆一郎にある。

＊2――それ以外にも、親族である芳枝さんからヒアリングするというやり方もありうる。

＊3――ハローページに掲載されていた電話番号・氏名をデータベース化したもの。旧「住所でポン！」。

＊4――太田知宏氏が紹介する唐松荘家の末裔である荘田鶴子さん（太田氏の遠縁）の証言によれば、唐松の「由緒書」は火事で焼失したとのこと。また田鶴子さんのお母さんが芳枝さん宅を訪ね、芳枝さん所蔵の史料から唐松に関する情報を筆写したものの、これもまた神戸で戦災に遭い、焼失したとのこと。

＊5――単行本としては、植木成行『中世備中の歴史 庄氏と植木氏と三村氏』（新人物往来社、2008）等。

＊6――「庄氏」の項、p.132-140、「荘直温」の項、p.840。

＊7――直亮は有漢分家の墓に眠っているはずだが、有漢分家は大正時代に墓ごと土地が人手に渡っており、確認できない。

＊8――藤井駿・水野恭一郎編『岡山県古文書集』全3輯（山陽図書出版、1953-56）。

＊9――興味深いのは植木（2008）が掲載する系図で、津々由緒書からすれば未知の名前を多く含み、末尾に「（以下略）我家」とある。著者は植木秀長の末裔であり家伝の由緒書が出所だということを示唆しているのであろう。だがそう明記してはいないし、誰が所蔵しているのかも不明である。さらに庶流の系図も掲載しているが、どの由緒書を引用したのか、誰が所蔵しているのかも不明である。しかもそこには植木が研究した生存年次が書き込まれ、また惣家と庶流の区別も、断定し名付けているだけで、判断の根拠が示されていない。つまりどこまでが由緒書の表記であり、どこからが植木の仮説なのか不分明で、資料としては参照すべき条件を満たしていない。庶流から見た庄氏系図の参考資料にはなるが、本書では採用しない。

第二部

第一章

＊1――以下の日本史にかかわる説明は石井進・五味文彦・笹山晴生・高埜利彦『詳説 日本史』（山川出版社、2014）にもとづく。

＊2――児玉党の系図では、代の数が水増しされることが少なくないとされる。

＊3――植木（2008, p.14）

＊4――土地の開墾をいかに進めるかは、経済学ではD・リカードが地代論・資本蓄積論において論じ、政治思想においてはJ・ロックが土地所有権の防衛のため政府が構成されると主張している。

＊5――『詳説 日本史』、p.89。加えて段当り5升の兵粮米を徴収する権利と、さらに諸国の国衙の実権をにぎる在庁官人を支配する権利も得たとされる。

＊6――『詳説 日本史』p.80、網野善彦『荘園公領制の構造』網野善彦著作集〈第3巻〉（岩波書店、2008）

＊7――「本庄」が誤記だとすれば、それは津々系譜が、東国の政治につき詳細でありながら誤記の多い『吾妻鏡』を参照したせいかと思われる。

＊8――五味文彦・本郷和人・西田友広編『現代語訳 吾妻鏡11 将軍と執権』（吉川弘文館、2012, p.12）

＊9――同右『現代語訳 吾妻鏡13 親王将軍』（吉川弘文館、2013, p.23)

＊10――『詳説 日本史』（p.96-97）

＊11――これは現代日本の組織にも通じるやり方である。トヨタ自動車などは、社長が社員から推挙される場合と「豊田家」から人材を求める場合があり、状況により使い分けている。豊田家からだけだと、適切な能力を持つ者が払底する状況も生じうるであろう。そうしたときには社員から社長に昇進させる。けれども内紛が勃発して組織が分裂の危機に瀕するような危機状態では、豊田家から社長が出た方が丸く収まる。

＊12――『矢掛町史』（本編、1980, p.235）

＊13――施工者は成羽善寺の尊海、奉行は南都西大寺の実尊。藤沢晋の研究による。

＊14――『図説 井原・笠岡・浅口の歴史』（太田健一監修、郷土出版社、2009, p.78-85）

＊15――『矢掛町史』（同、p.249）

＊16――『矢掛町史』（同、p.210）

＊17――『矢掛町史』（同、p.213）

＊18――『矢掛町史』（同、p.254, 庄名の記された部分）。

＊19――『岡山県古文書集』第一輯所収。

＊20――『井原・笠岡・浅口の歴史』（p.78-85）

＊21――『蔭涼軒日録』（相国寺日録）延徳3（1491）年11月2日の条。

＊22――『図説 井原・笠岡・浅口の歴史』（p.88

＊23――ただし、石見が猿掛城や草壁の庄から遠すぎることもあり、植木（2008, p.77）は元資が備後に拠点を持って

＊24――現在の上合寺は山城から300ｍほど下りた平地に移動している。ただし田井（1988）は為資が上合寺を創建したのは1505年と、ずっと早い時期とみている。またこの山城を「丸山城」と呼ぶのも田井（1988, p.35, p.73）である。ちなみに岡山県で丸山城は、他に吉備中央町（吉川氏）、瀬戸内市長船町（虫明氏）、高梁市宇治町（赤木氏）がある。

＊25――『高梁市史』p.136-137。以下、備中兵乱については、断らない限り『高梁市史』の解釈に従う。

＊26――この梵鐘は猿掛城が宇喜多氏の攻撃を受けた際に小田川に転げ落ち、後に引き上げられて延福寺に寄進されるという数奇な運命をたどる。

＊27――和睦は3月から4月にかけて行われたとすれば為資はすでに亡くなっており、元祐は為資ではなく実近の養子になったと考えらる。

＊28――東京大学本郷キャンパスにある武道場は私が部長であった柔道部の稽古場で、漢文学の大家である鹽谷温博士が「七徳の武」から採って「七徳堂」と名付けている。

第二章

＊1――『高梁市史』（p.197）

＊2――『詳説 日本史』によれば、改易された西軍諸大名は93家506万石で、毛利輝元は120万石を37万石に厳封されている。

＊3――以上、『高梁市史』p.199-201による。

＊4――『高梁市史』（p.361）

＊5――実際には成人男性で1日玄米5合、年間で1・8石が理想的な扶持米だったようである。

＊6――『高梁市史』（p.234）

＊7――『高梁市史』（p.210-212）

＊8――國分胤之『昔夢一斑』（高梁市郷土資料刊行会、1991, p.46）

＊9――東京芸術大学前野研究室『高梁 城下町備中高梁の歴史的町並み』（岡山県高梁市伝統的建造物群保存対策調査時宜用中間報告書、岡山県高梁市教育委員会、1991, p.6）

＊10――高梁市教育委員会参与・田村啓介氏、2019年3月26日インタビュー。以下は高梁市史増補版編集委員会『増補版高梁市史』上巻（2004, p.338-345）も参考にした。

＊11――《河川を遡るときには水流に逆らうために、順風のときには舟に帆柱を立てて木綿の帆を張り、風を利用した。逆風の場合は、河川沿岸の土手より長い綱で、川舟を曳いて航行する曳舟が行われた》（児玉幸多『日本交通史』吉川弘文館、1992, p.334-360）

＊12――松原が生まれ育った神戸市東灘区魚崎町で「山津波」が起き、巨岩で町が埋め尽くされた情景は、谷崎潤一郎が『細雪』の名場面として詳細に書き留めている。

＊13――藤井・水野（1953-56）

＊14――ここで一時的に松山城地の守備を担当したのが浅野長矩（内匠頭）。

＊15――『高梁市史』第七章「元禄検地」。

＊16――万福寺の現在の所在地は「高梁市中井町津々３７７４」。

＊17――藤井・水野（1953-56）

＊18――小林浩平他編『御所替之節渡方諸事心得覚帳　宝暦五年亥春改之』（高梁市立図書館、1980）

＊19――國分（1991, p.55）

＊20――『高梁市史』（p.453）

＊21――『高梁市史』（p.695）

＊22――山田方谷に学ぶ会『入門山田方谷 至誠の人』（明徳出版社、2007, p.44）

＊23――同右（p.48）。ただし同書は不明な数値については整理している。

＊24――同右（p.75）

第三章

＊1――『高梁市史』（p.802）

＊2――同右（p.803）

＊3――同右（p.14）

＊4――同右（p.824）

＊5――新島襄全集編集委員会編『新島襄全集3（書簡編1）』（同朋舎出版、1987）

＊6――國分胤之（1991, p.42）

＊7――八木橋康広「新島襄と備中松山藩の宿縁」『山陽新聞』新見・高梁圏版、２０１２年5月9日

＊8――八木橋康広『備中高梁におけるキリスト教会の成立　新島襄の伝道と新しい思想の受容』（ミネルヴァ書房、2016）

＊9――「入会」は日本に特有の現象ではない。近世以降のイギリスでは、囲い込み運動による私有化にさらされながらも共同地の性格を残存させる土地は「コモンズ（commons）」と呼ばれた。日本の「入会地」に相当するものである。

＊10――武田晃二「明治初期における「普通学」・「普通教育」概念の連関構造」『日本の教育史学』（教育史学会、34,1991, p.35-49）

＊11――『増補版高梁市史』下巻、p.217～等

＊12――『高梁市史』p.892

＊13――大正3年3月23日、送別式送辞

＊14――有漢町教育委員会編『有漢町史 通史編』(2004, p.359)

＊15――私立上房郡教育会編『上房郡誌』（荘活版印刷所、1913, p.86「名勝　三、櫻の堤」）

＊16――二編の漢詩を訳すに当たり、元筑波大附属駒場高校教諭である鹽谷健氏の助言を得た。

＊17――『高梁市史』（p.134）

＊18――津々系譜と松山由緒書にはこの郷土史家の名が記載されていないため、彼が5つの荘家とどんな関係にあり、いかにして津々本家の由緒書を取得したのかは不明。

＊19――『高梁市史』p.940

＊20――『山陽新聞』昭和３（１９２８）年10月25日

＊21――『中国民報』昭和３（１９２８）年10月25日

＊22――「帝国議会会議録検索システム」に議事録詳細あり。

＊23――『日本文学全集64 石川達三集』（集英社、1967）

＊24――『高梁市史』（p.831）
＊25――家族がいつもいる部屋。居間。
＊26――現状をよく知り、力量に応じて計画的に生きる教え。
＊27――玉などが、冴えたよい音で鳴るさま。
＊28――（常緑樹は一年じゅう葉の色が変わらないところから）節を守って変えないことのたとえ。
＊29――ふるさとに住む人々。
＊30――年月を経過する。
＊31――目先の安楽をむさぼること。
＊32――さながら。
＊33――あの世。
＊34――年齢。
＊35――気持ちが平らである。
＊36――職務の少ないひまな地位・身分。
＊37――文人・墨客が死ぬこと。
＊38――学問・修養などを高めようと努力すること。とぎみがくこと。
＊39――死後に残る栄誉。
＊40――人に対して慎み深く控え目に振る舞うこと。
＊41――論語。「政治を行うに徳を以てするは、例えるならば北極星が中心となって、周りの星が自然と集ってくるようなものである」の意。
＊42――忙しく立ち働いて暇のないこと。
＊43――広大なめぐみ。大恩。
＊44――にわかな様。
＊45――尊敬し慕うこと。
＊46――あらわれたり、見えなくなったりすること。
＊47――忙しく働くこと、骨折ること。
＊48――非常の事柄。異変。
＊49――一般の人々。
＊50――神仏、また天皇、上皇などが明らかにご覧になること。
＊51――昔からの言い伝え、伝説。
＊52――善し悪しを判断する。
＊53――のちの世の人。
＊54――１８７２～１９４０ 宗教家。日本人初の救世軍（軍隊を模した組織をとり、軍隊用語を使用して活動しているキリスト教の教派団）士官（＝牧師）。岡山県阿哲郡哲多町（現在の新見市）生まれ。「岡山四聖人」のひとりとされる。
＊55――「左こそと」は「嘸《さぞ》や」、したがって「嘸やお嘆きのことと推察致します」の意。
＊56――池上は、直温が残した難題の内でも重要な町村合併については昭和４（１９２９）年５月10日に実現、高梁町と松山村をひとつの高梁町として、のちの「高梁市」の基礎を作っている。

第四章

＊1――「四郎の釣書」（p.316）参照。
＊2――虎の皮の敷物のもとへの意。多く学者や軍人にあてた手紙で、あて名の脇付として記す。
＊3――日本六古窯のひとつ。岡山県伊部地方産の陶器で、備

前焼の代表。水簸《すいひ》した細かい土を用いて、黒褐色の薄手の焼き物とする。

＊4――9月21日の室戸台風による河川氾濫で橋梁が倒壊、家屋浸水した。

＊5――徳山璉《たまき》「有終の美を完うする」『復録 日本大雑誌 昭和戦前編』（流動出版、1979, p.394）

＊6――「四郎の釣書」（p.316）

＊7――ゴットロープ・ボーナーの証言。後出の依岡論文（2011-12）による。

＊8――後述のように、業績は参考書やドイツ事情の紹介が占め、専門論文が見当たらないので、直一は語学教師・通訳としては超一流でも、学者としてはさほどの評価は得られなかったのかもしれない。

＊9――依岡隆児「旧姓高等学校ドイツ人講師の見た四国」『言語文化研究』（徳島大学、19, 2011-12, p.39-71）

＊10――Jakobo Gottlob Bohner, “Ein Jahr in Japan”（Hermann Schaffstein Verlag, 1930, p.13-16）

＊11――『山陽新聞』昭和2（1927）年2月2日

＊12――この作品について論じた文献として山本洋「石川達三『交通機関に就いての私見』論」（『龍谷大学論集』436,1990-07）がある。

＊13――備中高梁駅開設は大正15（1926）年6月20日。全線開通は昭和3（1928）年10月25日。

＊14――明治41（1908）年に日本で2つめの女子高等師範学校、奈良女子高等師範学校（現在の奈良女子大）が設立されている。

＊15――昭和45（1970）年、高梁小学校に統合。同校「南校舎」となる（上谷町4348。現在同地には高梁南幼稚園が建つ）。

＊16――昭和45（1970）年、高梁小学校に統合。同校「北校舎」となる（向町21。現在同地には高梁市郷土資料館が建つ）。現在は落合町近似に北・南の校舎を統合した高梁市立高梁小学校がある。昭和47（1972）年開校。

関連年表

西暦	和暦	荘家（庄家）と高梁	その頃の日本と世界
１１８４	寿永3	庄太郎藤原高家と庄三郎家長、一ノ谷の合戦で平重衡を生け捕る	
	文治年中	庄小太郎広家（庄氏四代・家次か）が備中国小田郡旅掛（猿掛、草壁の庄）の地頭となる	平氏滅亡（１１８５）
１１９０	建久元	庄家長、源頼朝の上洛に随行（『津々系譜』）	源頼朝、征夷大将軍に（１１９２）
１２３８	嘉禎4	庄氏五代・本庄新左衛門尉（朝次）、四代将軍藤原頼経の入洛に随行（『吾妻鏡』）	
	延慶年間	庄氏八代・資房、現在の総社市南部に幸山城（高山城）を築城	
１３３１	元弘元	元弘の変において幕府側についた庄資房が敗れ自害。	
１３３３	元弘3	庄資房嫡子（庄氏九代）資氏（幸山城主）、後醍醐天皇の帰洛に随行	鎌倉幕府滅亡
１３５３	正平8	庄氏十代・資政（猿掛城主）、南朝に奉仕。足利尊氏執事高師直と闘う	
１３７７	永和3	庄氏十一代・資昭（猿掛城主）、足利幕府執事細川右京大夫より朝鮮国使者の馳走役を命じられる	
１３９２	明徳3	庄資昭、足利義満の命を受け、南朝（後亀山天皇）入洛に随行	南北朝合一
１４１０	応永17	備中守護代庄氏一族、備中三成荘（南禅寺荘園）に押坊。草壁の庄を中心に勢力を拡大	
１４３９	永享11	庄氏十二代・氏貞、鎌倉公方足利持氏に従い、関東合戦で戦死（永享の乱）	
１４４９	宝徳元	庄氏十三代・氏敬、管領細川勝元の命を受け、八代将軍・足利義政の宮中拝賀に随行	応仁の乱（１４６７～）
１４９１	延徳3	備中守護代・庄伊豆守元資、備中守護・細川勝久の屋敷を急襲（備中大合戦）	
１５３３	天文2	庄氏十五代・為資、城主上野伊豆守兄弟を討ち捕り、松山城主となる	
１５５１	天文20	この頃、猿掛城主穂田実近（庄一族）、三村家親と闘う（頂見山の合戦）	大内義隆、陶晴賢の叛逆により自刃
１５５３	天文22	毛利元就備中に侵入、三村家親を先陣に猿掛城の穂田実近を攻撃するが失敗（矢掛合戦）	今川義元「仮名目録追加」を定める
		庄氏十六代・高資、尼子氏と提携。尼子勢の吉田義辰が松山城を実効支配、高資は猿掛城に移る	
１５６１	永禄4	毛利一族の小早川隆景、松山城を攻撃。吉田義辰自刃。庄高資、松山城に戻らされ三村家親の監視下に	桶狭間の戦い（１５６０）
１５６８	永禄11	8月、宇喜多直家、備中に侵攻。松山城の庄高資は投降し宇喜多の幕下に	織田信長、足利義昭を奉じて入京
		11月、庄氏一族は宇喜多派（庄高資・植木秀長）、毛利派（三村・穂田）に分裂（才田城の戦い）	
１５７１	元亀2	尼子・宇喜多連合軍、庄氏十七代・勝資を大将に据え上房郡竹之庄を攻める。毛利元就、松山城を三村元親に攻めさせ庄高資を討ち取る（庄一族は尼子勢力下の雲州に逃亡）	姉川合戦
１５７５	天正3	三村元親、毛利・宇喜多連合軍に攻められ松山城落城、元親自刃（備中兵乱）	長篠合戦

1577	天正5	庄資直（のちの庄氏十八代）の元に織田信長より朱印状が届く	信長、安土城下を楽市とする
1579	天正7	宇喜多直家、織田信長に帰属	
1581	天正9	毛利輝元、宇喜多支配下の児島を攻める（麦飯山の合戦）。毛利の先兵となり参戦した庄勝資が戦死。	羽柴秀吉、鳥取城を陥す
1590	天正18	のちの庄氏一九代・直清、毛利家に属し秀吉の小田原征伐に従軍	豊臣秀吉、全国統一
1594	文禄3	庄氏十八代・信資、文禄の役で戦死	
1600	慶長5	関ヶ原の戦いで西軍敗北、毛利領備中は闕国となる。庄氏、津々で農戸となる	
1653	承応2	農戸初代（庄家二十代）直明没、直法が農戸二代（同二十一代）、津々村庄屋となる	佐倉惣五郎、幕府に直訴
1694	元禄7	農戸三代（庄家二十二）直勝、松山藩安藤氏の検地に際し、津々村万福寺が除地である旨を証言	柳沢吉保、老中となる
1698	元禄11	庄直勝の弟・直重（時直）、呰部に分家	赤穂浪士討ち入り（1702）
1744	延享元	津々村の農戸五代・庄直庸「帯刀御免」の記録（『御所替之節渡方諸事心得覚帳』）	
1764	明和元	のちの有漢分家初代・庄直亮（庄家二十四代）、29歳で村役となる	田沼意次、側用人となる（1767）
1775	安永4	庄直亮、松山藩の御勝手御内用方御用懸となる	
	天明年間	庄直英（庄家二十五代）、松山に分家。のち原西村の庄屋となる	
1791	寛政3	有漢庄家・直亮、士格を与えられ札座役所相詰めとなり、松山・中之町明屋敷に住む	松平定信「寛政の改革」
1795	寛政7	有漢庄家・直亮、江戸へ出向。松山藩札座頭取吟味役となる	
1803	享和3	のちの有漢庄家二代・庄猪太郎（松山藩広間御番入り）、中之丁橋で野中丈左衛門家来を手討ち	
1804	文化元	庄猪太郎、有漢二代となり120石の跡目を継ぐ	
1833	天保4	松山庄家・虎蔵直亭、庄家二十六代（松山分家二代）となる	天保飢饉
1835	天保6	松山庄家・虎蔵直亭、原西村村役となる	
1838	天保9	松山庄家・虎蔵直亭、検地に際し藩役人を案内	大塩平八郎の乱（1837）
1852	嘉永5	荘菅助直則、庄家二十七代（松山分家三代）となる	ペリー、浦賀に来航（1853）
1857	安政4	荘直温生まれる（のちの庄家二十八代、松山分家四代）	
1868	慶応4	1月、松山藩、薩長政府に帰順。熊田恰、玉島で自刃 3月、野山西村一揆	戊辰戦争 9月、明治改元
1872	明治5	菅助直則が隠居、荘直温、松山分家当主となる	新橋〜横浜間で鉄道開業
1873	明治6	荘直温、小田県（のちの岡山県）から「第十二大区小台区戸長」（松山西村庄屋の後継役職）に任命 荘直温、天城静修館に普通学及び算術を学ぶ	徴兵令、地租改正条例
1874	明治7	荘直温、興譲館坂田警軒に普通学を学ぶ	台湾出兵

1875	明治8	荘直温、森田月瀬に支那学を学ぶ	江華島事件
1876	明治9	荘直温、堺県（現・大阪府）で小学四等助教となる（翌年、三級訓導補となる）	廃刀令
1880	明治13	荘直温、上房郡役所へ転職。徴税掛事務、庶務掛事務となる	
1881	明治14	荘直温、備前国津高郡溝辺村の久満と結婚	国会開設の勅諭
		松山分家三代（庄家二十七代）菅助直則没	
		荘直温、上房郡書記となる	
1882	明治15	荘直温の長男・直一生まれる	改進党結成
1883	明治16	荘直温、岡山県から有漢村の戸長を拝命	
1887	明治20	荘直温、高梁の南町ほか五か町（下町・鍛冶町・中之町・弓ノ町・鉄砲町）の戸長を拝命	
1888	明治21	荘直温の三男・四郎生まれる	市制・町村制公布
1889	明治22	荘直温、高梁市大工町2番地に土地を取得して移り住む	大日本帝国憲法発布
		荘直温、高梁町の名誉助役となる（初代町長・國分胤之を補佐）	
1891	明治24	荘直温の長女・五初女生まれる	足尾鉱毒事件
1892	明治25	荘直温、高梁町二代目町長に就任。同年、日本生命保険との代理店契約を締結	
1893	明治26	荘直温、高梁町長を辞職し、上房郡役所徴税課に勤務（のち書記）	
1894	明治27	荘直温、松山村村長となる	日清戦争
1896	明治29	荘直温の四男・五郎生まれる（のち酒津梶谷家に嫁いだ直温の妹・真の養子となる）	
1897	明治30	高梁一等葉煙草専売所（のちの専売公社高梁工場）開設	金本位制
1902	明治35	荘直温、桜並木を植樹	日英同盟
1905	明治38	荘直温、下町23に転居（荘活版印刷所を創業）	ポーツマス条約
		荘直一、東京外国語学校を卒業。陸軍通訳（奏任官待遇）となる	
1906	明治39	荘直一、旅順要塞司令部附を経て関東総督府外国人私有財産整理委員となる	鉄道国有法
		この間、荘直一ドイツ留学。帰国後、東京でシーメンス社に勤務（のち、岡山医学専門学校にドイツ語教授として勤務）	
1909	明治42	荘直一、富士紡績の家系出身の隆代と結婚。同年、長女・文生まれる	伊藤博文暗殺
1911	明治44	荘直温、『岡山県川上郡宇治村治績』を刊行	関税自主権快復
		荘直一の長男・明夫生まれる	
1912	大正元	当時小学校1年生の石川達三、東京から高梁に移住	
1914	大正3	荘直温、松山村村長を辞職（勤続20年）	シーメンス事件
		荘直温、三男・四郎と内約書を交わし、荘活版印刷所の共同経営者となる	

1915	大正4	荘直一の次女・快子生まれる 荘四郎、節子と結婚。長女・清子生まれる この頃、荘直一、青島に通訳として赴任	対華二十一ヶ条要求
1916	大正5	荘直温、上房郡会議員に当選 荘直一の三女・和子生まれる	
1918	大正7	荘直温、高梁町有給助役に就職	シベリア出兵、米騒動
1919	大正8	四郎の長男・恒太郎生まれる	ヴェルサイユ条約調印
1920	大正9	荘直一の二男・健次生まれる	日本社会主義同盟結成
1921	大正10	荘直一の四女・道子生まれる	
1922	大正11	荘直温、高梁町商工会会長となる 四郎の長女・清子没	日本共産党結成
1923	大正12	荘直温、高梁町長に当選 四郎の次女・寿美子生まれる	関東大震災
1924	大正13	荘直一、青島から帰国。旧制高知高校に勤務	第二次護憲運動
1926	大正15	伯備線（宍粟～備中高梁～木野山間）開通、備中高梁駅開業 四郎の三女・芳枝生まれる	
1927	昭和2	荘直一の五女・薫子生まれる（この頃直一は旧制水戸高校に勤務か） 荘直温、高梁町長に再選	金融恐慌
1928	昭和3	6月、荘直温、高梁町長を辞任 四郎の四女・泰代生まれる 8月31日、荘直温没（享年72） 10月25日、伯備線（岡山～米子）全通 10月、荘直一と四郎、契約書を交わす（四郎、庄家二十九代、松山分家五代となる） 同月末、四郎、日本生命との代理店契約を解消	張作霖爆殺
1929	昭和4	高梁町と松山村が合併し高梁町となる	犬養毅、政友会総裁就任
1931	昭和6	直一の三女・和子没（享年15）	満州事変
1934	昭和9	室戸台風水害で荘四郎の自宅および荘活版印刷所が被災する 同年末、荘四郎の自宅が競売により人手に渡る 直温妻・久満、水戸にて没	溥儀、満洲国皇帝に
1939	昭和14	荘四郎、中國銀行を相手とする裁判にて借金減額を勝ち取る	第二次世界大戦開戦

1941	昭和16	石川達三、雑誌『改造』11月号に短編小説「交通機関に就いての私見」を発表 この頃、荘四郎一家、下町23の旧宅から同下町（現・芳枝宅）に転居（電灯が点く） 直一の長男・明夫没（享年30） 荘四郎の長男・恒太郎没（享年22）	真珠湾攻撃
1944	昭和19	荘芳枝、順正高等女学校を卒業、高梁市立高梁北小学校に勤務	サイパン島陥落
1945	昭和20	荘芳枝、高梁国民学校に勤務	原爆投下、敗戦
1946	昭和21	直一の次女・快子没（享年33）	日本国憲法施行
1954	昭和29	3月21日、荘四郎没（享年66） 上房郡の高梁町・津川村・川面村・巨瀬村と川上郡玉川村・宇治村・松原村・高倉村・落合村の1町8村が合併して高梁市となる（翌年上房郡中井村を編入）	自衛隊発足
1957	昭和32	荘芳枝、高梁市立高梁北小学校に勤務	なべ底不況
1959	昭和34	荘直一、大阪府箕面市にて没（享年72）	岩戸景気
1969	昭和44	荘芳枝、高梁市立中井小学校に勤務	東大紛争
1970	昭和45	上房郡賀陽町佐与谷地区の一部（大字上竹・西の各一部）が高梁市に編入	大阪万博
1972	昭和47	荘芳枝、高梁市立津川小学校に勤務 高梁市で集中豪雨被害発生	沖縄返還
1973	昭和48	伯備線電化	
1979	昭和54	荘芳枝、高梁市立福地小学校に勤務	共通一次試験開始
1988	昭和63	四郎の妻・節子没（享年95）	瀬戸大橋開通
1990	平成2	6月、落合町にゆめタウン高梁開業 11月、中原町に天満屋ハピータウン高梁店（ポルカ天満屋）開業	バブル崩壊
1995	平成7	阪神淡路大震災で四郎の次女・寿美子、神戸市の自宅倒壊。高梁に帰郷し妹の芳枝、泰代と暮らす	サリン事件
1997	平成9	岡山自動車道が全線開通	
2004	平成16	上房郡有漢町、川上郡成羽町、川上町、備中町と合併し、現在の高梁市となる	新潟県中越地震
2005	平成17	高梁市の人口が4万人を割る	
2014	平成26	四郎の四女・泰代没（享年86）	広島土砂災害
2017	平成29	四郎の次女・寿美子没（享年94）	九州北部豪雨
2020	令和2	『荘直温伝』刊行 高梁市の人口が3万人を割る（国立社会保障人口問題研究所推計値）	新型コロナウイルス流行

荘(庄)氏松山分家略系図

●津々本家

初代 藤原庄権守廣高 — 二代 太郎家長 — 三代 小太郎頼家 — 四代 三郎右衛門家次（小太郎広家）旅掛地頭 — 五代 左衛門朝次 — 六代 太郎時次 — 七代 太郎有次

八代 左衛門四郎資房 幸山城主 — 九代 七郎資氏 — 十代 左衛門資政 猿掛城主 — 十一代 小太郎資昭 — 十二代 掃部介氏貞 — 十三代 左馬允氏敬 — 十四代 駿河守元資

十五代 備中守為資 松山城主 — 十六代 備中守高資 — 十七代 兵部大輔勝資 — 十八代 市之祐資直 — 十九代 宗右衛門直清 — 二十代 津々與左衛門直明 農戸初代

二十一代 津々彦左衛門直法 農戸二代 — 庄治右衛門直勝 農戸三代 — 新左衛門時直 ＝茂兵衛時直 農戸四代 — 三左衛門直庸 農戸五代 — 彦左衛門直頼 農戸六代 — 彦左衛門直阿 農戸七代 —（不明）

●呰部分家

二十二代 庄茂兵衛直重 呰部初代 — 二十三代 茂兵衛直寛 呰部二代 — 富治郎直政 呰部三代 — 武兵衛直興 呰部四代 —（不明）

●有漢分家

二十四代 三郎吉直亮 有漢初代 — 猪太郎 有漢二代 — 半 有漢三代 — 秀太郎 有漢四代 —（不明）

●松山分家

二十五代 菅助直英 松山初代 — 二十六代 虎蔵直亨 松山二代 —

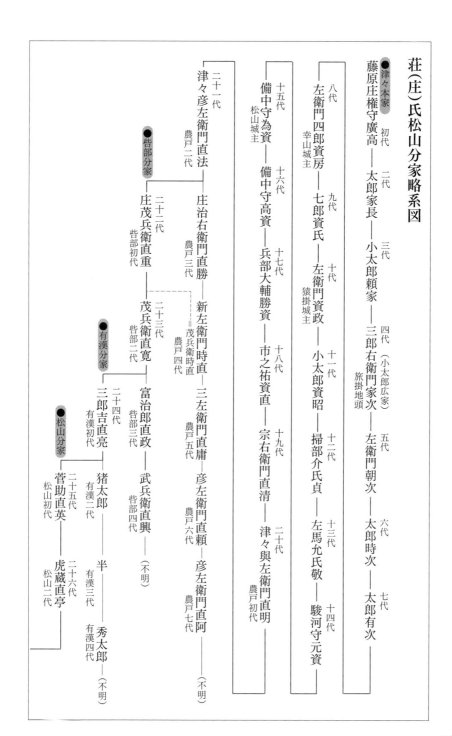

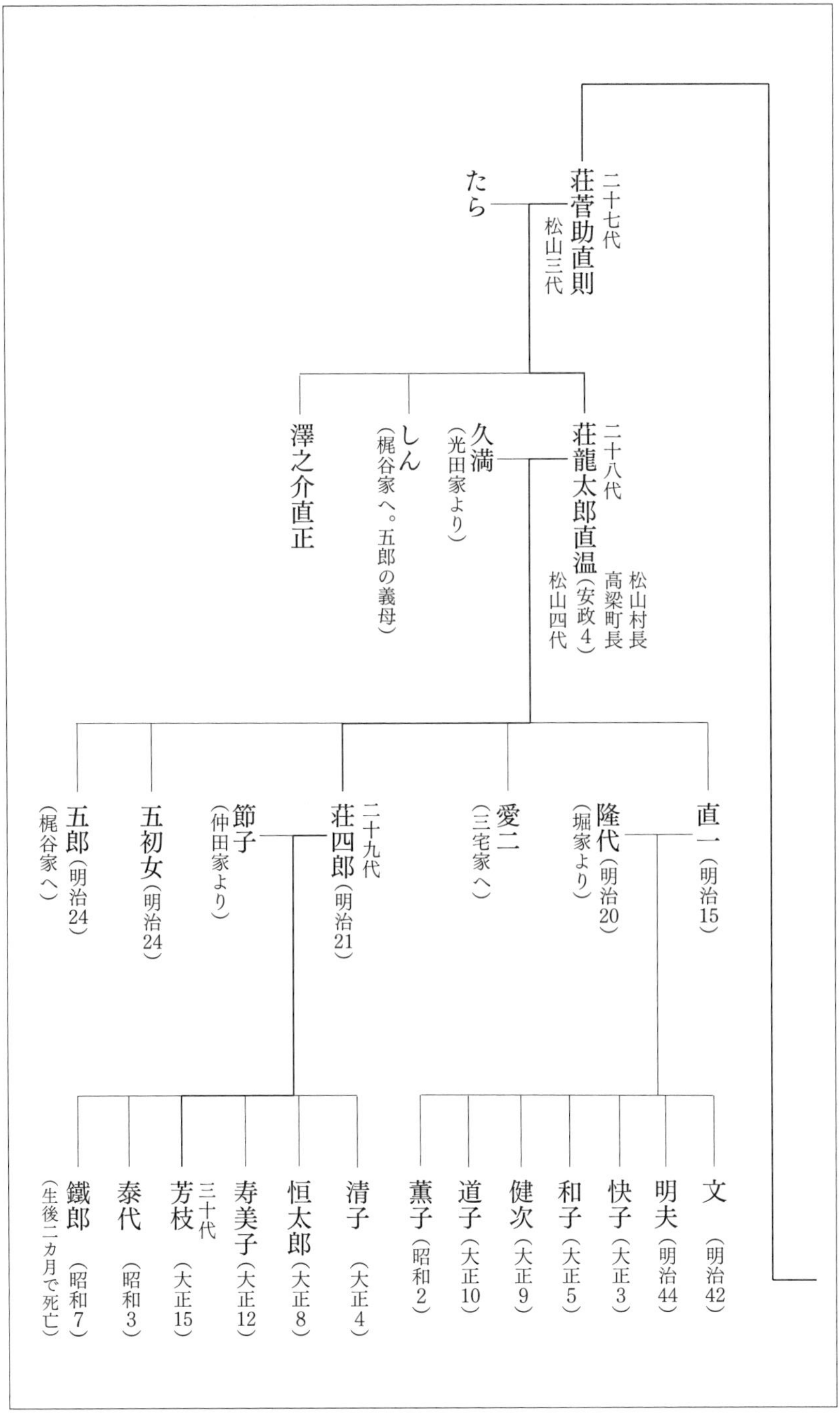
二十七代
荘菅助直則
松山三代
たら
二十八代
荘龍太郎直温（安政４）
松山村長
高梁町長
松山四代
久満（光田家より）
しん（梶谷家へ。五郎の義母）
澤之介直正
直一（明治15）
隆代（明治20）（堀家より）
愛二（三宅家へ）
二十九代
荘四郎（明治21）
節子（仲田家より）
五初女（明治24）
五郎（明治24）（梶谷家へ）
文（明治42）
明夫（明治44）
快子（大正３）
和子（大正５）
健次（大正９）
道子（大正10）
薫子（昭和２）
清子（大正４）
恒太郎（大正８）
寿美子（大正12）
三十代
芳枝（大正15）
泰代（昭和３）
鐵郎（昭和７）（生後二カ月で死亡）

索引

●人名

あ

赤木蘇平 191
赤木良祐 204
明石源三郎 105
秋庭三郎重信 92
秋庭備中守 77
朝森要 232
足利尊氏 73-75, 381
足利持氏 79, 381
足利義勝 80
足利義教 79-80
足利義久 79
足利義政 80, 381
足利義満 75-76, 381
安達又二 242
尼子晴久 96
雨宮正佳 373
天児屋根命 54
荒木六郎兵衛 134
安国寺恵瓊 104

い

池上仙二郎 246, 264, 271-273, 278, 281-282, 300, 324, 367, 370
池上長右衛門 281, 300
石川久式(源左衛門尉) 93-94
石川達三 263, 332, 338, 340, 343, 352, 364, 383, 385
石川総慶 144
石川良道 244, 264
板倉勝晙 146, 148, 167
板倉勝静 167-168, 170, 174-176, 186, 191
板倉勝弼 175, 178
板倉勝澄 144, 167, 187
板倉勝武 167
板倉勝職 167
板倉勝政 146, 167
板倉勝従 167
板倉信古 211
犬養毅 245, 258-259, 333, 384
伊吹养志 281

う

ウェーバー, マックス 206
植木成行 60, 77, 375
植木秀長(下総守) 92-94, 98, 375, 381
植木藤資(下総守) 26, 92-94, 104-105, 132
植木孫左衛門 105, 108
上杉氏憲（禅秀） 76
上野頼氏 92
上野頼久 92
宇喜多(浮田)直家 98, 103-104, 107, 381-382
宇喜多秀家 107-109, 115

え

遠藤重氏(源治郎) 139

お

大木遠吉 256
太田隆之 373
太田知宏 373, 375
大月新太郎 244
大原孫三郎 335
大本琢寿 81
大森明雄 216
大森一生 345, 374
大森寅之助 244
大森壽郎 373
岡村秀治郎 264, 271, 276
岡本清右衛門 168
荻野禮三郎 281
小倉善三郎 281
織田信長 100, 104, 106-107, 111, 381-382

か

梶谷真(しん) 202, 299
梶谷武雄 239
片岡康平 340-344, 347-349, 352-353, 374
加戸義和 373
加藤清正 108
金澤長蔵 244, 279
川田甕江 191

き

菊岡仙太郎 263-264, 333
菊楽定太郎 224, 245, 255, 263-264, 333
北畠親房 75

く

楠木正成 72
国重 131
国村秀治郎 244
熊田恰 175, 382
栗野哲郎 2, 14-16, 89, 374
桑原定太郎 244

こ

高師直 75, 381
高師秀 92
後亀山天皇 76, 381
國分胤之 148, 174, 187, 203, 226, 377-378, 383
国分太郎(三亥) 226-228
国府富治 275
後白河法皇 62, 64
後醍醐天皇 72-74, 381
ボーナー, ゴットロープ 311-313
後鳥羽上皇 66
小早川隆景 97, 104, 381
小林尚一郎 204, 251
小林与一右衛門 204
小堀政一(作助, 遠州) 120-121, 139, 188
小堀正次 120
近藤盛久 87-88, 90

さ

坂田警軒 200, 382
佐上信一 339
佐々木清高 73
佐藤晋一 222, 373

し

鹽谷健 373
宍戸備前 109
柴原宗助 186, 191, 222
柴山久 244
清水宗治 107

●庄姓

庄朝次(新左衛門尉) 40-41, 66-67, 381, 386
庄有次 40-41, 66-67, 386
庄家高 15
庄家次(三郎左衛門入道) 40-41, 63, 66-67, 381, 386
庄家長 30, 40-41, 50, 54, 56, 59-60, 63-64, 66-67, 92, 381, 386
庄猪太郎 31, 42, 47, 146, 148-151, 382, 386
庄右京進 105
庄氏貞 41, 79, 381, 386
庄氏敬 41, 77, 79-80, 87, 90-91, 381, 386
庄甲斐入道 78, 84
庄勝資 41, 68, 99-100, 103-106, 111, 114, 381-382, 386
庄キン 44
庄慧稠 84-85, 90-91
庄十郎三郎 78
庄秀太郎 30-31, 42, 47, 146, 148
庄四郎次郎 78
庄資昭(小太郎) 41, 76, 381, 386
庄資氏(七郎) 41, 73, 75, 381, 386
庄資直(市之亮, 市助) 41, 106-107, 114, 382, 386
庄資房(左衛門四郎) 41, 67, 70-73, 381, 386
庄資政(左衛門) 41, 67, 75, 381, 386
庄政次郎 265
庄高家(太郎藤原) 50, 54, 56, 58-60, 381
庄高資 26, 41, 50, 97-100, 103, 232-233, 381, 386

庄辰三郎 34
庄為資 15, 20, 26, 28-29, 36, 41, 50, 62-63, 87, 89, 91-97,105, 110, 124, 130, 132, 139-140, 193, 231-234, 377, 381, 386
庄時家 66
庄時次 40-41, 66, 386
庄時直(新左衛門, 茂兵衛) 40, 43-46, 142, 382, 386
庄直興(武兵衛) 33-35, 42, 386
庄直亮(三郎吉) 30-33, 36, 40, 42-43, 45-47, 120, 145-148, 151, 375, 382, 386
庄直勝(治右衛門) 35, 42-46, 133, 138, 140, 142, 382, 386
庄直清(宗右衛門尉) 42, 108-110, 114, 120, 382, 386
庄直重(茂兵衛) 33, 40, 42, 44-45, 120, 133, 140, 142, 382, 386
庄直延(楠治郎) 30-31, 47, 148, 151
庄直法(彦左衛門) 33, 40, 42, 120, 132-133, 138, 382, 386
庄直則(菅助, 管助) 42, 120, 151, 161, 163, 199, 201, 204, 206, 382-383, 387
庄直英(菅助, 菅介) 30-31, 33, 42, 46, 120, 151, 154, 181-182, 382, 386
庄直寛(茂兵衛) 33-34, 42, 45-46, 142, 386
庄直文 134
庄直正(澤之介, 澤之助) 151, 183, 199-200, 291, 387
庄直政(富治郎) 33, 35, 42, 46, 145, 386
庄直亭(虎蔵) 32, 42, 151, 154, 156-157, 161, 382, 386
庄直庸(三左衛門) 34, 40, 42-46, 145, 382, 386
庄直芳(英五郎) 154
庄直頼(彦左衛門) 34-36, 40, 42-46, 138, 386
庄信資(三治郎) 106, 108-109, 111, 382
庄春資(四郎次郎) 78
庄半 31, 42, 47, 146, 148
庄秀資 100
庄広家(小太郎) 28, 63, 381, 386
庄広高(廣高, 権守藤原) 41, 50, 54-55, 59-60, 386
庄房時 40
庄元資(駿河守, 十郎太郎) 29, 36, 41, 50, 62, 78, 84-92, 96, 110, 115, 231, 233, 376, 381, 386
庄要二郎 204, 206, 208, 223
庄頼家(小太郎) 63, 386
庄頼資 40, 78
庄頼澄 40
庄頼房 40

●荘姓

荘愛二 201-202, 237, 274, 288-289, 291, 303, 309, 316, 387
荘明夫 234-235, 291, 315, 383, 385, 387
荘文 234, 383, 387
荘五初女 201, 291, 383, 387
荘薫子 237, 290, 384, 387
荘和子 315, 384, 387
荘鎌光 316
荘寛一郎 316
荘清子 317, 384, 387
荘(光田)久満 201, 222, 235, 291, 294, 302, 305, 307, 383-384, 387
荘健次 32, 237, 291, 384, 387
荘(梶谷)五郎 201-202, 275, 288-289, 291, 299, 304, 310, 316, 383, 387
荘四郎 25, 42, 51, 201, 237-239, 273, 275, 281, 288-308, 313, 316-320, 356-359, 362, 364, 370, 372, 379-380, 383-385, 387
荘寿美子 291, 302, 317, 360-361, 385, 387
荘(仲田)節子 289, 291, 302, 317, 359-360, 384-385, 387
荘(堀)隆代 234-237, 291, 293, 310, 313, 383, 387
荘田鶴子 375
荘たら 199
荘恒太郎 317, 319, 384-385, 387
荘直一 32, 201, 234-237, 241, 274-275, 288-293, 295, 305-308, 310-317, 357, 383-385, 387
荘直温(龍太郎) 2-3, 18-21, 24-26, 29, 32, 42, 50-51, 151, 154, 156, 177, 183-184, 193, 197-210, 212-226, 228-232, 234-235, 237-247, 255, 258-261, 263-264, 268-273, 275-276, 278-285, 288-302, 305-306, 313, 316-318, 320-322, 324-325, 327, 331-333, 336, 362, 364-367, 370-372, 375, 379, 382-384, 387
荘道子 237, 291, 384, 387
荘泰代 317, 319, 360-361, 384-385, 387
荘芳枝 3-4, 15, 17-20, 24-27, 29-30, 32, 36, 40, 42, 51, 151, 162, 203, 211, 221, 230-231, 282, 291, 302, 305-307, 315, 317-319, 356-357, 359-362, 364, 371-372, 374-375, 384-385, 387
荘快子 237, 291, 315, 384-385, 387

し

進鴻渓 216

す

杉岡直枝 242
杉山岩三郎 250
スミス, アダム 188, 192, 369
角倉了以 127
陶山嘉四郎 244

せ

仙石貢 324

た

田井章夫 29
平清盛 55-56
平重衡(三位中将) 54, 56-60, 64, 381
平知章 56
平朝昌(武蔵守) 54, 56, 60
高橋宗康 73, 92
田原藤一郎 265
田村啓介 127, 130, 374, 377
團藤ウメ 274, 288

つ

津々資朝(加賀守) 94, 139
津々直明(與左衛門) 26, 42, 114, 120, 132, 382, 386
津々直法(彦左衛門) 132-133, 138, 382, 386
鶴若丸(庄元資幼名) 84-85, 90-91

て

寺尾哲之 270

と

時任義當 194, 208-212
徳川家光 174
徳川家茂 175
徳川家康 109, 115, 174
徳川綱吉 119, 135
徳川秀忠 174
徳川慶喜 175
徳川吉宗 174
徳田蕃之 244, 264
豊臣秀吉 108-109, 111
豊臣秀頼 116

な

長尾豊吉 251, 265
中嶋直治郎 221, 224, 270, 272, 324
仲田勝二 360
中西昌三郎 244
中村和裕 373
中村源蔵 204-205, 208, 211-212, 224, 248
中村三平 211
那須森太郎 255
名和長年 72
難波伝治郎(傳治郎) 244, 271

に

新島襄 21, 185, 191, 192, 378
新島八重 185
西村丹治郎 252-253, 264-266, 279, 281, 304, 306, 333
西村房子 304, 305
西山宗弘 89, 373

西雄大 373
二宮邦次郎 191
の
野山屋主人 366-368
則井萬壽雄 245, 251, 255, 264-265, 279, 282-283, 289, 324
は
ハイエク, F.H. 370
羽柴秀吉(筑前守) 107-108
林悦子 373
林羅山 127
ひ
備中青江 202
姫井浅太郎 244
平川廣三郎 251
平出廣三郎 265
平林鶴蔵 244
平松達三郎 244
廣島平四郎 271
弘世助太郎 295
ふ
福西志計子 191
藤井千代太郎 244
福井孫六左衛門 93-94, 105
藤田研二 373
藤村直太郎 280
藤森磯五郎 244
藤原家長 31, 36
藤原鎌足 54
藤原末師 54
藤原廣高(広高, 庄権守) 50, 54-55
藤原頼経 67
ほ
穂田実近 94, 96-99, 381
穂田元祐 98
北条仲時 73
北条義時 66
北条氏久 77
細川勝久(上総介) 68, 77, 85-87, 381
細川勝元 80, 85, 88, 381
細川澄元 88
細川澄之 88
細川高国 88
細川政元 85
細川満元 83
細川満之 77
細川之持 77
細川頼重 77, 83
細川頼之 76, 77
堀幾太郎 316
堀隆代 234
本多忠国(中務大輔) 135
ま
松浦宗三郎 252
松平定信 167, 174, 382
松原頼介 2, 14-16
松宮次郎 275
み
三上勘九郎 33, 45
三島中洲 190, 248
水谷勝隆 130
水谷勝時 135
水谷勝晴 135
水谷勝美 135
光田喜久治 239
光田久満 201
光田房代 275
三邊長治 281
源範頼 60
源義経 56, 62
源頼朝 56, 62, 64-65, 381
源頼政 59
三村家親 96-98, 103, 381
三村高右衛門 281
三村(穂田)元祐 97
三村元親 98-100, 103-104, 381
三宅蔵介 309, 310
三宅最平 274, 275
三宅茂助 239
宮若丸(庄信資幼名) 105-106, 108
妙清禅尼 63
む
村上治太郎 244
村上豊太郎 300
も
毛利輝元 99, 104-107, 109-110, 377, 382
毛利元清 98, 103
毛利元就 96-97, 99, 104, 381
森田月瀬 200, 383
や
八木朝太郎 271
八木銀太郎 244
八木橋康広 192, 374, 378
柳本省三 242
箭引憲人 374
山田準 228-229
山田忠治 244
山田方谷 21, 50, 120, 146, 148, 153, 167-176, 179, 182, 186, 188-190, 192, 213, 228, 246, 248-249, 340, 364, 369-370
山室軍平 281
よ
横山一郎 300
横山耕一郎 242
横山平左衛門 242
吉田市太郎 244
吉田義辰(左京亮) 97, 381
依岡隆児 311-312, 380
わ
若槻礼次郎 324
若林治郎 93
渡邊虎太郎 255

●地名

(※駅名、路線名、寺社名含む)

数値
1日道路 341-342
あ
愛宕山 122, 153, 184
間ノ丁 187
阿賀(郡) 131, 140, 249
阿賀崎 130
阿口 105
呰部(村) 12, 30-31, 37, 93-94, 105, 131, 140, 231, 321, 323, 373
阿佐谷 14
安土城 100, 382
阿哲(郡) 265, 327
油屋 185
阿部山 254
い
伊賀町 187
井倉 254
石火矢丁 187
石火矢町 270
一ノ谷 54, 56, 63, 381
威徳寺 154
岩山 322
因美線 250
う
有漢(町, 村, 郷) 12, 30-31, 33, 66, 77, 92, 196, 198-199, 202, 208, 210, 222, 282, 316, 321, 323, 325, 367, 375, 383, 385
有漢上村 31, 33, 47
宇治村 217, 218-219, 325, 383, 385
内山下 187, 282
蔚山 108
お
大坂城 116, 175
大松山 91-,93, 103
岡山駅 14, 59
隠岐 66, 72-73, 116
奥万田(町) 152, 160-161, 163
小田川 12, 63, 81-82, 86, 94, 110-111, 377
小田郡 28, 63, 67, 70, 381
小田県 184, 193, 248, 382
落合(町, 村) 152, 254, 316, 321, 325, 380, 385
御土井 70, 82
御根小屋 119, 122, 124-125, 135, 187
御根小屋跡 102, 123
御前丁 187
か
柿木丁 187
臥牛山 91, 267, 336, 363, 365
鶴首城 96
笠神の龍頭 81

鍛冶町 125, 172, 187, 195, 202, 288, 342, 383
鍛冶屋町 172
片原丁 187
片原町 195, 289
上有漢村 321
上谷町 154
上谷町檜林 154
神原村 145
上水田村 321
賀陽郡 200
賀陽町 325
轟橋 224
川上町 325, 367
川端丁 187
川端町 288
川辺(河辺) 12, 86
河辺荘 86
川面(村) 199, 254, 325, 385

き

姫新線 250, 322, 331
北 179
木野山 262
吉備線 247, 250-251, 252
吉備中央町 89, 153, 373, 377
吉備津 87
牛王山万福寺 138, 139
清音(村) 14, 68

く

草壁の庄 6, 50, 62-63, 80-82, 233, 376, 381
久世 322
功徳山檀度坊 89
倉敷(市, 町) 12, 14, 67, 81, 86, 129, 202, 225, 250-254, 256, 262, 323, 332, 335, 337-339

け

芸備線 12, 322, 331

こ

紺屋町 289
甲賀丁 187
豪渓 14, 262
幸山城 67-68, 77, 381
高山城 67-68, 92, 381
荒神丁 187
庚申山 179
紺屋川 124, 150, 282, 304, 337
郡山城 96
国道313号 322
小高下(町) 153, 160-161, 187
小高下谷 124
小高下谷川 270
巨瀬村 208, 321, 325
小松山 92-93, 102-103
五稜郭 176

さ

斉田(才田、佐井田)城 12, 98, 132, 106
才田山城 139
西明寺 154
栄町 51, 151, 337, 341, 348, 350, 356, 365, 374
栄町大通商店街 13, 16, 51, 337, 340-342, 349, 350-352, 354-355, 364
酒津 12, 202, 304, 383
坂本 254
作州線 251
作備線 321-322, 324
作備東線 322
作備西線 322
里山田 80
佐与谷 325
猿掛城 12, 15, 28, 50, 63, 67-70, 75-76, 79, 81-82, 86, 94, 96-97, 102-103, 107, 376, 377
山陽道 82, 86, 110, 131

し

宍粟 262, 384
後月郡 200
志藤用瀬 254
下呰部 36, 373
下谷町 154
下町 3, 125-126, 128, 156, 185-187, 202, 216, 218, 282, 288, 292, 301, 304, 306, 317-318, 332, 334, 336, 339, 341, 348, 356, 361-363, 365, 372-373, 383, 385
上合寺 89, 93-94, 97, 140, 231-232, 234, 373, 377
庄氏舘址 70-71, 82
正田 254
上房郡 193, 198, 202, 213, 217
松連寺 123, 153-154
新倉敷駅 128
新丁 187
新町 51, 125, 185, 187, 289, 332, 334, 342

す

岨谷 179

せ

船上山 72

そ

総社駅 247
総社(市) 12, 14, 68, 137, 252, 381, 335

た

大工丁 187
大工町 202, 216, 228
大悲閣千光寺 127
高倉村 325
高梁川 12, 51, 86, 92-94, 108, 110-111, 119, 123-124, 126-131, 152-154, 156, 172, 185, 187, 202, 225, 226, 257, 332, 335, 339, 345, 372
高梁県 193
高梁市 14, 18, 21, 51, 152-153, 217, 228, 325, 345, 354, 367, 375, 378-380
高梁町 18, 21, 50-51, 123-125, 183-184, 189, 203, 214, 218, 224-226, 243-244, 251, 254-257, 264-266, 268-269, 271, 273, 276-278, 301, 321, 325, 327-328, 332, 334, 336, 363, 370, 375, 379
高梁南町 198
高梁村 151, 183, 269
湛井 12, 247, 248, 250, 252, 256, 335
建丁 187
ダニューブ河 339, 364
田原 254
旅掛 28, 63, 381
玉 152, 154
玉川(町, 村) 153, 325
玉川町増原 154
玉島 12, 119, 121, 128-131, 172, 175, 191, 202, 237, 247-248, 250, 274, 288-289, 303, 309, 363, 373, 382

ち

近似 152, 154, 172
近似河原 171
中間丁 187
中間町 125
中国勝山駅 322
頂見寺 96
青島 237, 290, 313, 317

つ

津川村 321, 325
津高郡 201, 383
津々(村) 12, 26, 50, 93, 106, 110, 114, 116, 132-133, 136, 138, 145, 165, 367, 378, 382
津々城 94, 106
津山 12, 106, 250-251, 265-266, 321-322
津山線 12, 250-251, 266

て

哲多 131, 249, 379
鐵砲丁 187
鉄砲町 125, 156, 202, 383
寺町 187
天神の丸 91

と

堂島 130
東城(町) 12, 254, 321-322, 324
洞松寺 84-85, 89-91, 373
同心丁 187

な

中井(町、村) 51, 254, 325, 367
中津井 93-94, 105-106, 139, 321
中ノ丁 187
中之丁橋 149-150, 382
中之町 146, 150, 202, 288, 336, 382-383
楢井 161
楢井坂 153

成羽(町) 12, 81, 94, 96, 125, 129, 243, 253-259, 264-268, 270, 321, 323-325, 327-332, 334, 352, 367, 375, 385
成羽川 12, 81, 93-94, 126, 254, 257
成羽善養寺 81
名和の湊 72

に
新見(町) 12, 93-94, 116, 128-130, 248, 251-257, 322-323, 327-329, 379
西江原村 200
西方 105
西村 179
庭瀬 251
の
延原村 145
野山往来 153, 179
野山西村 179, 182, 199
野山村 153, 179
は
伯備線 9, 12, 15, 18, 51, 224, 243, 246-247, 250-251, 253-256, 258- 261, 267, 270, 321-325, 328-329, 331-347
伯備南線 225
八幡丁 187
花水木通り 341
原田北町 345
原西村 151-152, 154, 157-161, 163, 165-166, 182-184, 199
原東村 152, 154, 165, 183-184
原村 145
バルセロナ 339
バロック地区 339
ひ
東町 125, 187, 341, 342
東油野 254
備中川 36
備中守護 86
備中線 250-252, 265-267, 322
備中高梁駅 9, 17, 32, 51, 153, 217, 225-226, 262, 275, 320, 324, 343, 363, 380, 384
備中高松城 107
備中町 325, 367, 375, 385
備中広瀬 254
備中松山城 14-15, 20, 26, 28-29, 50, 53, 66, 73, 87, 91-92, 94-103, 110, 116, 119, 123-124, 126, 130, 135, 139, 144-145, 153, 157, 187, 193, 229, 232, 363-364, 377
広小路 185
広小路下 128
日羽 14
ふ
ふいご峠 100, 102
深津県 193
ほ
伯耆溝口 254
宝蔵寺 154
北房ほたる庵 140, 141, 373
本郷 254
本庄市 55, 63
本丁 187
本町 51, 125-126, 128, 185-187, 189, 194, 201, 204, 280, 282, 288, 332, 334, 336-339, 347-348, 356, 363, 365
ま
前山 92
松原西村 183
松原東村 183
松原村 325
松山(村) 17, 30, 32-33, 46, 50-51, 71, 118, 120, 127-128, 130, 146, 148, 151-152, 154, 156-157, 166, 172, 175, 183-184, 196, 204, 206, 214, 241-242, 262, 269-270, 325-328, 370, 375, 379, 383-384
松山大久保 154
松山河内谷 154
松山玉坂 154
松山檜井 153, 160-161
松山西村 182, 199
松山原西村 33
松山広瀬 154
松山山ノ上 154
真庭(市, 町) 36, 105-106, 327
真備町 67, 84, 86
丸山城 94, 377
み
水田(村) 105, 321
美袋 14, 339
南町 125-126, 185-187, 202, 211-212, 214, 288, 341-342, 363
南山田 80
三成荘 83-84, 381
美作落合 12, 322, 324, 331-332
宮地 179
む
向丁 187
室地 55, 60
や
矢掛 12, 15, 50, 63, 67, 70, 81, 84, 89, 97, 373-374, 376
薬師院 32, 123, 153, 275, 292, 294
弥高銅山 82
矢戸 254
山手村 68
ゆ
有終館 148, 150, 167, 228
宥勝寺 63
弓之丁 187
弓ノ町 125, 202, 383
よ
横谷 63, 70, 80, 82
横町 224
吉井川 127, 131
吉木 254
ら
頼久寺 104, 121-123, 148, 150, 154, 187-188
り
旅順要塞 308, 383
れ
蓮花寺 225
ろ
ロザンヌ 340
わ
和気川 127
和気町 127
和霊神社 224

●組織

(※企業、商店、商業施設を含む)

欧文
ＧＨＱ(連合国最高司令官総司令部) 186, 299
ＮＴＴ 352
あ
油屋 185
天城静修館 199, 382
安中藩 191
い
イーグル工業 352
イズミ 351
茨城大学 315
う
宇治地区町づくり推進委員会 219
え
エスカ 350
お
大坂屋 147
大森材木店 345, 374
岡山医学専門学校 310
岡山医科大学 310
岡山県立図書館 3, 20
岡山大学教育学部社会科教室内地域研究会 330
岡山地方法務局 151
岡山藩 175-176, 178, 182, 186
尾嶋酒造 223
か
家畜市場 305
川口写真館 189, 211, 262, 341, 347, 349, 373
関東総督府 308, 383
き
ギフトショップ松栄 340, 374
く
倉敷紡績 335
こ
興譲館 200, 382

高知高校 290, 311
国立国会図書館 3, 33
児玉党 54-55, 63, 66, 376
小林日進堂 355
小林薬局 337
さ
栄町大通商店街 10, 51, 340, 349, 355
サニードラッグ 355
山陽オカムラ 347
山陽新聞 20, 223, 225-226, 242, 261, 263, 265, 323, 373, 378, 380
山陽相互銀行 348
山陽鉄道 247
し
シーメンス社 234, 293, 310, 313, 316-317, 383
柴原開文堂 186
准教員養成所 222, 282, 373
順正高等女学校 304, 318, 357, 385, 396
松栄館 348-349
荘活版印刷所 8, 215-216, 238, 317, 378, 383, 384
商船学校 238
松竹旅館 342
上房郡教育会 216, 240, 378
上房郡役所 194, 201-202, 207, 214, 383
福地小学校 358-359, 385
す
スーパー共栄(キョーエイ) 348, 350, 354
杉山呉服店 337
杉山酒店 337
スバル座 348
住友電工焼結合金 352
せ
専売公社高梁工場 347, 352, 383
た
第三高等学校 310
大日本製紙 344
第八十六銀行 317
高梁一等煙草専売所 261
高梁家畜市場 214, 242
高梁北小学校 226, 358-359, 385
高梁基督教会 192, 374
高梁区裁判所 195
高梁警察所 195, 273
高梁劇場 348
高梁高校 102, 123, 357
高梁国際ホテル 344
高梁国民学校高梁校舎 357-358
高梁国民学校松山校舎 358
高梁市教育委員会 127, 366-367, 374, 377
高梁市郷土資料館 359, 366
高梁市史(増補版)編纂委員会 232
高梁市商家資料館池上邸 281
高梁小学校 358
高梁市歴史人物事典編さん委員会 368-369
高梁市歴史美術館 3, 373
高梁正教員養成所 282
高梁中央病院 215
高梁町商工会 246, 384
高梁定期家畜市場 214-215
高梁電報電話局 352
高梁日新高等学校 282
高梁南小学校 358
高梁木材市場 346
高梁郵便取扱所 195
田中紙店 354
ち
中國銀行 317, 384
中國軽便鉄道 247
中國鐵道 250, 252
つ
津川小学校 358-359, 385,
て
鉄道院 243, 252-253, 265
鉄道省 255, 258
天満屋 351
天満屋ハピータウン高梁店 350, 385
と
東海パルプ 344
東京外国語学校 308, 383
東京女子高等師範学校 357
同志社英学校 191
徳島県立文書館 134
トマト銀行 348
な
永井呉服店 337
中井小学校 358-359, 385
中曾屋 214
成羽屋 185
に
二松学舎 190, 226, 228
日軽型材 352
日本生命保険 8, 219-222, 243, 273, 294-295, 297, 299-302, 383-384
日本たばこ高梁工場 261
野村銀行 299
野村財閥 299
は
麦稈組紐伝習所 208, 210
麦稈真田紐同業組合 212
パプトリーTANAKA 354
林原美術館 59
ひ
備前藩 182
備北会館 350
備北原木市場 346
備北信用金庫 216, 344
平井鉄工所 374
平野屋旅館 342
広島県文書館 207
ふ
ファッションハウスパル 354
ほ
ポルカ食品館 354
ポルカ天満屋 51, 350, 352, 354, 361, 385
ま
マイコー 352
松山小学校 358
松山藩 8, 31, 35, 50-51, 118-120, 130-131, 137, 142, 144-145, 147, 153, 167-169, 173-176, 178-179, 182-183, 186-187, 189-191, 193, 195, 199, 203, 363, 378, 382
み
三日月旅館 342
見付屋 185
水戸高校 290, 313, 384
みどり旅館 342
みのや旅館 342
む
武蔵七党 55
も
元仲田邸くらやしき 217
ゆ
ゆめタウン高梁 51, 346, 351-352, 354-355, 385
り
陸軍省 308
れ
レディースパル 354

●文献

(※古文書、研究論文、私家版を含む)

あ
吾妻鏡 60, 67, 376, 381
安永三甲午天六月吉日 庄氏 萬日記 直頼改之 文化八辛未九月吉日写之 35
い
今の獨逸 313
陰陽聯絡 伯備線鐵道線路決定及速成請願書 243, 256
蔭涼軒日録 85, 87, 376
う
有漢町史 146-147, 378
お
岡山県川上郡宇治村治績 217, 383
岡山県古文書集 34, 36, 84, 375-376
岡山県史 100
岡山県の地名 151
御所替之節渡方諸事心得覚帳 144, 378, 382
き
吉備郡史 32-36, 40
旧制高等学校ドイツ人講師の見た四国 311

け

元禄検地帳 136

こ

鴻渓遺稿 216
交通機関に就いての私見 263, 332, 352, 385
国富論 188
心得方記録 154, 156

さ

漸庵詩集 226
山陽新聞 20, 225-226, 242, 250, 258, 263-265, 269, 271, 323, 373, 378, 380
山陽新報 223, 250, 258, 264-265, 269, 339

し

洒落瑣詩 216
趣味の和文独訳 313
秀太郎由緒書 30, 46, 150
上房郡誌 33, 216, 366, 378
正保郷帳 136

せ

昔夢一斑 148, 187, 190, 203, 377
先祖由緒書 27, 28, 54

そ

増補版高梁市史 117, 123, 153, 232, 352, 367, 377-378

た

第三帝国からの写真 315
高梁市史 29, 115, 124, 152, 166, 183, 185, 232-234, 246, 326, 343, 347, 366-367, 377-379
高梁市の歴史人物誌 17, 25, 283, 366-369
高梁歴史人物辞典 17, 366-368

ち

中国兵乱記 82
中国民報 223, 254, 261-264, 266, 268, 271-282, 378

つ

津々系譜 34-36, 40, 43-45, 47, 54, 60, 63-64, 66-67, 70, 73, 75-77, 79, 85, 87-93, 98-99, 104-105, 109, 114, 134, 376, 378, 381

て

天保郷帳 136

と

独逸1000熟語集 313
ドイツ語基礎熟語集 315
獨逸小文典 313
道徳感情論 188
独文手紙の実例と練習：社交文・商用文・公用文・儀式文 313
独文和訳受験百題 313

な

成羽町史 史料編 324

に

日本の一年 311

の

農業講話 216

は

伯備線南線中高梁線と成羽線との優劣比較表 256

ひ

備作名門八十家 29, 30, 32-33
備中集成志 172
備中高梁城下町散策絵図 231
備中松山城 231
備中松山城主庄氏の歴史 29

ふ

プロト工業化の時代 173
文明としてのイエ社会 74

へ

平家物語 6, 50, 53-54, 56, 59-60, 64-65
平家物語絵巻 60

ま

松山由緒書 28, 30, 32-33, 35-36, 40, 43-47, 60, 63, 91-92, 109, 134, 151, 154, 378

や

山田方谷全集 228

よ

萬日記 35, 138

ら

頼介伝 2, 14-16, 370, 374

●事項

欧文

MMT（現代的貨幣理論） 371

あ

上がり藤 232-234
アパシー 195, 197, 365
荒引 158, 159-160, 162

い

異国警固番役 72
頂見山の合戦 96, 381
入会（一権, 一地） 194-195, 378
伊部焼き 303
陰陽連結（一線, 一鉄道） 251, 322
陰陽連絡鉄道 266

う

上杉禅秀の乱 76
牛市 125, 344
内衆 78, 85-87, 91
運上銀 128

え

永荒引 158-160
永代売買 163, 165, 194

お

応仁の乱 85, 381
押妨 83-84
大坂冬の陣 121
大高檀紙 172
御勝手御内用方御用懸り 146
御広間御番入り 148

か

改易 115-117, 144, 178, 186-187, 377
外国掛 174
開発領主 55, 65
快風丸 172, 191
雅楽相心懸け 148
花崗岩 37, 124, 131-132
加地子米 165
家政改革規定書 8, 203, 223, 371
家畜市場 214-215, 242, 305, 344, 347
加徴米 70
勝手掛 174
紙釜敷 172
唐団扇 232-233
寛政札 147
関東合戦 79, 381
関東御陣 109, 114
関東大震災 258, 302, 384
管領 76-77, 79-80, 83-84, 87, 381

き

規定書 205
寄進 55, 60, 65, 84-85, 90-91, 377
肝煎役 180-182
経木モール 347
銀本位制 147
吟味役 146-167, 382
九人ミサキ 182

く

蔵屋敷 171-172
郡区町村編成法 193, 201
軍配団扇 231-232

け

京兆家 75-78, 80, 85-88, 91, 110, 115
慶長総検地 120
下々田 162-164
下克上 62, 89
闕国 63, 110, 114, 186, 382
下人 55, 70
家人 55, 65
限界集落 332
元弘の変 70
検地 120, 134
検地帳 134, 140, 179
検番 185
減封 116
建武の新政 74
元禄検地 7, 135-136, 140, 144, 161, 165, 377

こ

弘安の役 72
郷司 65
強訴 144
公領 62, 65, 77, 83-84, 376

国衙(制) 55, 70, 77, 83, 376
国司 63, 65
国人 77
御家人 72
小作料 165, 205, 302
児島攻め 104, 111
戸長 193-195, 198-199, 202-203, 208, 210, 212, 214, 269, 382, 383
小堀検地 120
小物成 158, 160
御領 31, 116-117
墾田 55

さ

斉田城の戦い 98
下がり藤 91, 230-234
桜並木 224-226, 228-229, 284, 302, 383
砂鉄 131, 172
侍所 65
参勤交代 167-168, 173
三平 210-211
山陽新幹線 346

し

士格 7, 145-146, 148, 150, 382
寺社奉行 174
下草 163
下地 83
下地中分 83
寺殿 89-90, 94
地頭 62, 65-66, 70, 72, 77, 82-83, 110
地頭給田 83
支那学 199-200, 383
シャウプ勧告 331
舟運 51, 126, 202
守護 29, 62, 65, 73, 75-78, 83-84, 86, 92, 110, 381
守護請 83
守護使 84
守護代 77-78, 80, 82-85, 92, 94, 110, 381
守護大名 75, 77, 91
守護段銭 83
守護領国制 77
荘園 55, 62, 65, 70, 73, 83-84, 376, 381
荘園公領制 65, 84, 91, 376
荘官 65, 83
承久の乱 66
庄屋 15, 26, 29-31, 50, 113, 132-135, 137-140, 142-145, 148, 151-152, 154, 156-157, 162-163, 171, 175, 178-182, 190, 193, 197, 199, 269, 276, 302, 371, 382
庄屋役 31, 180-181
所従 55
除封 115, 118-119, 125, 135
人口流出 332
壬申戸籍 151, 193
新補地頭 66

せ

生産要素 61
関ヶ原 50, 109-110, 114-116, 186, 193

そ

惣司 65
奏者番 174
諷歌 148, 150

た

大政奉還 175, 199
大物崩れ 88, 90
大里正 193
高瀬舟 51, 81-82, 93, 95, 119, 121, 126-128, 130-131, 160, 172, 247, 332, 335-338, 345, 363, 373
舘 70
立ち沢瀉 231-233

ち

地域経済圏 332
知行国(一国主) 65, 72
地租改正条例 194, 205, 371, 382
地方交付税 346
地方財政再建促進特別措置法 331
地方自治法 331
逃散 144
長子相続 25, 290, 293, 356
長州征討 174-175
町税 245, 327, 330-332
朝鮮出兵 114
町村制 195, 202, 213, 244, 383

つ

通行税 82
継舟制 119
継船法 127

て

鉄道敷設法 250, 267
天狗党の乱 174
電柱 122, 339, 342
天王寺の戦い 88
転封 110, 118-119, 125, 135, 140, 144, 178, 186

と

棟梁 55
鳥羽伏見の戦い 175

に

西廻り航路 119, 130
日獨伊三国同盟 314

ね

年貢 70, 77, 83, 121, 134, 136-137, 140, 144, 156, 159-164, 179, 182, 205-206, 223

の

野山西村一揆 178, 382

は

麦稈(一真田) 208, 210-212, 248, 347
藩札 146-147, 168, 170-171, 382
阪神淡路大震災 360, 385

ひ

東廻り航路 130
備前長船 131
備中鍬 173
備中守護 77, 81, 83-85, 87-88, 91, 381
備中守護代 84, 85
備中大合戦 15, 29, 85, 88, 90-91, 96, 110, 381
備中兵乱(動乱) 50, 103-104, 107, 121, 377

ふ

副戸長 193, 224
札座 146-147, 168, 170, 382
プロト工業化 173
文永の役 72
文禄・慶長の役 108

へ

閉鎖土地台帳 154

ほ

奉公衆 61-62
保司 65
奏任官 308, 383
補助金 212, 330-332
戊辰戦争 178, 382
細川殿の変 88
本種米 160, 162
本高免 136, 158-159
本年貢 160
本能寺の変 107
本補地頭 66

ま

政所 65

む

麦飯山の合戦 7, 103-104, 382
村役 30, 120, 134, 146, 154, 159, 181, 382
室戸台風 306, 380, 384

め

名誉助役 203, 214, 383
名誉町長 215
免相 159

も

没官領 62
元締役 167-169
問注所 65

や

矢掛合戦 97, 381

り

里正 193
律令制 55
領家 55, 60, 65
両守護代制 77

ろ

老中 174-175, 382
郎党 55
六波羅探題 66, 73

著者略歴

荘 芳枝（しょう・よしえ）

大正15（1926）年3月20日高梁町下町23番地生まれ。高梁尋常小学校・高等科、岡山県立順正高等女学校卒業。国民学校初等科訓導講習会を経て小学校教諭一級普通免許状取得（岡山県教育委員会）。高梁国民学校以降、高梁南小・北小・中井小・津川小・福地小で37年間教諭を勤める。その後、母・妹・姉の看病と趣味に生きる。

松原隆一郎（まつばら・りゅういちろう）

昭和31（1956）年神戸市出身、放送大学教授、東京大学名誉教授。灘高校・東京大学工学部都市工学科卒、同大学院経済学研究科単位取得退学。専攻は社会経済学・経済思想。著書は『頼介伝』（苦楽堂）、『経済政策』（放送大学教育振興会）、『ケインズとハイエク』（講談社現代新書）、『経済思想入門』（ちくま学芸文庫）、堀部安嗣との共著『書庫を建てる』（新潮社）他、多数。

荘直温伝——忘却の町高梁と松山庄家の九百年

令和2（2020）年4月20日 発行

著者 荘 芳枝
松原隆一郎

発行者 栗野哲郎
発売 吉備人出版
〒700-0823 岡山市北区丸の内2丁目11-22
電話 086-235-3456
ファクス 086-234-3210
ウェブサイト www.kibito.co.jp
メール books@kibito.co.jp

装幀 原 拓郎
編集・組版 苦楽堂
印刷・製本 中央精版印刷株式会社
ISBN 978-4-86069-612-2 C0021

©SHO Yoshie, MATSUBARA Ryuichiro 2020, Printed in Japan
乱丁本、落丁本はお取り替えいたします。ご面倒ですが小社までご返送ください。